改訂8版

36協定
締結の手引

労働調査会 編

労働調査会

はじめに

　長時間労働の是正は、今日において大変重要な課題となっています。長時間にわたって過重な労働を行わせることは、過労死等をはじめとする労働者の健康を害することにも繋がりかねません。令和4年度の「過労死等の労災補償状況」（令和5年6月30日公表）によると、過労死等に関する請求件数は3,486件（前年度比387件増）、そのうち支給決定件数は904件（同103件増）といずれも大幅な増加がみられるところです。

　さらに、その弊害は、仕事と家庭生活の両立（ワーク・ライフ・バランス）を困難にし、女性のキャリア形成や男性の家庭参加を阻む原因ともなっています。急速に進みつつある少子高齢化やそれに伴う労働力人口の減少という問題も、長時間労働と密接にかかわっているといえます。

　長時間労働が解消されることで労働者のワーク・ライフ・バランスは改善するとともに、単位時間（マンアワー）あたりの労働生産性の向上にもつながり、さらには女性や高齢者の方々にとっても就業しやすい社会になることが期待できるでしょう。

　そのための大きな柱の一つが時間外労働の規制です。かつては、時間外労働の規制は労使の自主的な取り決めにゆだねられていましたが、平成10年の労働基準法改正で厚生労働大臣が時間外労働の限度に関する基準を定めることができるとされたことを受け、「労働基準法第36条第1項の協定で定める労働時間の延長の限度等に関する基準」（限度基準告示）が定められ、平成11年4月より長年運用されてきました。

　さらに「働き方改革」による労働基準法改正では、従来の限度基準告示による上限が法律による上限へと格上げされたことが大きな特徴です。また、協定時間（特別条項）の上限や実労働時間の上限も導入され、これら時間外労働の上限規制に違反した場合には罰則の対象となることも明記されました。まさに労働時間の管理は、多様化・複雑化しつつあるといえます。しかしながら、「長時間労働が疑われる事業場に対する令和4年度の監督指導結果」（令和5年8月3日公表）によれば、対象となった33,218事業場のうち、42.6%にあたる14,147事業場で違法な時間外労働が確認されており、長時間労働の

削減に向けた取組みの重要性は依然として変わっていません。

　労働者を使用する企業などでは、上限規制をはじめとする労働時間管理の複雑な制度内容を正確に理解し、遵守していく対応が重要であるとともに、労使間で長時間労働・過重労働の抑制に取り組み、必要に応じて働き方そのものも見直すことも大切になってくるものと思われます。

　本書は、36協定に関する実務的な参考書として、その締結に際して現実に起こり得ると考えられる諸問題を行政通達等も盛り込みながら問答形式で丁寧に解説をしたものです。巻末には、参考資料として関係諸法令や解釈例規等も多数収録しています。

　改訂8版では、これまで上限規制の適用が猶予されてきた建設事業や自動車運転の業務、医師等について、その適用猶予期間が令和6年3月31日をもって終了することに伴い、適用される新たな上限規制の内容を反映させるとともに、令和4年12月23日に改正された改善基準告示にも触れています。さらには、36協定届の様式も一部新しくなりますので、それらの新様式も紹介しています。

　実務家や企業等の労務管理に携わる方々に本書が活用されることにより、適正な36協定の締結や労働時間管理の改善等に資することができれば幸いです。

　令和5年10月

編　　者

凡　　例

1　本書では、法令条文の引用においては、以下の略語を用いています。

　　法……労働基準法

　　規則……労働基準法施行規則

　　指針……労働基準法第三十六条第一項の協定で定める労働時間の延長及
　　　　び休日の労働について留意すべき事項等に関する指針（平成30年
　　　　9月7日厚生労働省告示第323号、改正：令和5年3月29日厚生
　　　　労働省告示第108号）

　　限度基準……労働基準法第三十六条第一項の協定で定める労働時間の延長
　　　　の限度等に関する基準（平成10年12月28日労働省告示第154号）

　※「働き方改革を推進するための関係法律の整備に関する法律」（平成30
　　年7月6日法律第71号）により改正された労働基準法は、平成31年4
　　月1日（中小事業主の場合、時間外労働の上限規制に関する規定につい
　　ては令和2年4月1日）に施行されています。また、最終改正は令和4
　　年6月17日法律第68号となっています。

　　　本書においては、原則として、単に「労働基準法」または「法」とあ
　　るのは上記改正後の労働基準法を指し、単に「規則」とあるのは令和5
　　年4月7日厚生労働省令第68号による改正後の労働基準法施行規則を指
　　します。

2　労働基準法関係の解釈などを示す通達（いわゆる解釈例規）のうち、

　「発基」は、厚生労働省事務次官の通達

　「基発」は、厚生労働省労働基準局長の発した通達

　「基収」は、厚生労働省労働基準局長が照会に対する回答として出した通
　　達です（平成13年1月5日以前は労働省）。たとえば、「昭23.7.5基発第
　　968号」は、昭和23年7月5日付けで労働省労働基準局長が発した通達と
　　いうことになります。

　　　なお、この通達（解釈例規）の引用によって示された見解は、厚生労働
　　省労働基準局の正式見解を示すものです。

目 次

はじめに

第1章 労働時間・休日の原則

第2章 時間外・休日労働と36協定

contents

contents

参考資料

本文において引用の条文中等、〔　〕で囲ったものは、編集により便宜上付したものです。

第 1 章

労働時間・休日の原則

1 | 1週40時間・1日8時間労働制の原則

　労働時間は、労働条件のもっとも基本的なものの1つです。労働基準法では、まず、第32条第1項で「使用者は、労働者に、休憩時間を除き1週間について40時間を超えて、労働させてはならない。」とし、法定労働時間が、1週40時間であることを労働基準法本則に掲げ、つぎに第32条第2項で、「使用者は、1週間の各日については、労働者に、休憩時間を除き1日について8時間を超えて、労働させてはならない。」としています。

　これは、労働時間規制のあり方を週単位を基本として、1週間の法定労働時間を40時間とし、1日の法定労働時間については、1週間の労働時間を各日に割り振る場合の上限を8時間としたものです。

　したがって、変形労働時間制によって労働させる場合や36協定の締結・届出をして割増賃金を支払う場合などを除き、使用者は1日8時間を超えて労働させることはできません。

　労働基準法にいう「労働時間」とは、一般的に、使用者の指揮監督のもとにある時間をいい、現実に精神または肉体を活動させているかどうかは直接関係がなく、したがって、いわゆる「手待時間」を含みます。簡単にいえば、始業時刻から終業時刻までのいわゆる拘束時間から休憩時間を除いた時間が労働時間であり、法は、この労働時間について、1週間と1日の両面から規制を行っているのです。

　「1週間について40時間を超えて、労働させてはならない」という場合の「1週間」については、就業規則などで、「日曜日から土曜日まで」あるいは「月曜日から日曜日まで」というように、具体的に定めてあればそれによることになりますが、そのような別段の定めがない場合には、日曜日から土曜日までの暦週をいうものとして取り扱うこととされています（昭63.1.1基発第1号）。したがって、1週40時間の制限とは、どの曜日から始まる7日間をとってみても40時間を超えてはならないという意味ではありません。

　「1日について8時間を超えて、労働させてはならない」という場合の「1日」の意味は、原則として、午前0時から午後12時までの1暦日を意味しています。しかしながら、16時間隔日勤務などのように1勤務が2暦日にまた

がる場合においては、この継続する勤務を、午前0時をもって2つの労働時間に分割してそれぞれの日の労働時間として適用するものではなく、継続勤務は、たとえ暦日を異にする場合でも、1勤務として取り扱うべきものとされ、このような2暦日にわたる1勤務については、全体が始業時刻の属する日の労働として取り扱うこととされています（昭63.1.1基発第1号）。

2 週休制の原則

　労働基準法でいう「休日」とは、労働契約上、労働の義務がないものとされている日のことですが、法は、この休日について、「使用者は、労働者に対して、毎週少くとも1回の休日を与えなければならない。」（法第35条第1項）と規定し、いわゆる週休制の原則を定めています。週休制の原則については、後に述べる変形休日制の特例が認められていますが、週休制（1週1日休日制）が原則であることはいうまでもありません（昭22.9.13発基第17号）。

　また、「毎週少くとも1回の休日を与えなければならない」という場合の「週」の意味については、前記の法第32条第1項の場合と同じですが、「1回の休日」の意味は、単に継続24時間の休業ではなく、原則として午前0時から午後12時までの1暦日の休業と解されています（昭23.4.5基発第535号）。

　しかしながら、8時間三交替制の場合においては、暦日の原則でいくと、3番方については2暦日の休日を与えなければならず、実情に即さないので、例外的に継続24時間の休業で足りるとされています（昭63.3.14基発第150号）。また、旅館の事業については、その特有の業態、勤務の態様等から、当面、フロント係、調理係、仲番および客室係の労働者に限って、正午から翌日正午までの24時間を含む継続30時間（当分の間は、27時間）の休憩時間が確保されている場合には、法第35条違反としては取り扱わないものとされています（なお、この場合、1年間における法定休日数のうち少なくとも2分の1は暦日によって与えること、1年間に法定休日数を含め60日以上の休日を確保すること等の指導が行われることとなっています）（昭57.6.30基発第446号、昭63.3.14基発第150号、平11.3.31基発第168号）。

　なお、法第35条が使用者に義務づけているのは、少なくとも週1回の休

日ですから、週 1 回の休日が与えられている限り、「国民の祝日に関する法律」により休日と定められている国民の祝日等に休ませなくても、法律上は違法として処罰されることはありません。しかし国民の祝日の趣旨に照らせば、労使間の話合いによって、国民の祝日には労働者を休ませ、その場合に賃金の減収を生じないようにすることが望ましいことはいうまでもありません（昭 41.7.14 基発第 739 号）。

　また、毎週 1 回の休日について、法は必ずしもこれをあらかじめ特定しておくことを要求していませんが、労働者保護の観点からは特定することが望ましいので、解釈例規も、「法第 35 条は必ずしも休日を特定すべきことを要求していないが、特定することがまた法の趣旨に沿うものであるから就業規則の中で単に 1 週間につき 1 日といっただけではなく具体的に一定の日を休日と定める方法を規定するよう指導されたい。」（昭 23.5.5 基発第 682 号、昭 63.3.14 基発第 150 号）としています。

3 変形労働時間制および変形休日制

　前に述べたように、労働基準法は、労働条件の最低の基準として、法定労働時間については 1 週 40 時間・1 日 8 時間制、休日については週休制を原則としていますが、他方でこれに対するいくつかの例外を認めています。この例外の第一は、いわゆる変形労働時間制と変形休日制です。

　このうち、変形労働時間制については、1 カ月単位の変形労働時間制、フレックスタイム制、1 年単位の変形労働時間制および 1 週間単位の非定型的変形労働時間制が規定されています。つぎに、それぞれの内容について説明します。

〔1 カ月単位の変形労働時間制〕

　1 カ月単位の変形労働時間制（**第 2 章問 4 参照**）は、一定期間の 1 週平均の労働時間は 40 時間以内におさまるが、特定の 1 日または 1 週についてみたときは、1 日 8 時間、1 週 40 時間の制限内におさまらないような場合に、労使協定または就業規則その他これに準ずるもの（常時 10 人未満の労働者を使

用する、就業規則の作成義務（法第89条）のない事業場については就業規則に準ずるもの。以下「就業規則その他」といいます）に労働時間について具体的な定めをすること、およびその定めの内容が1カ月以内の一定の期間を平均して1週間の労働時間が40時間（特例措置対象事業場（12頁参照）にあっては、44時間。以下同じ）を超えないことを条件として、1日に8時間を超え、あるいは週に40時間を超えて労働させることを認めるものです（法第32条の2）。労使協定により本制度を導入する場合は、使用者と当該事業場に労働者の過半数で組織する労働組合がある場合はその労働組合、そのような労働組合がない場合は、当該事業場の労働者の過半数を代表する者との間で協定を締結します。

なお、就業規則その他で定める際に、単に「4週間を平均し1週間の労働時間が40時間を超えて労働させることがある」などと規定するのみでは足りず、1日8時間の制限を超える日はもちろんのこと、それを超えない日も含めて、当該期間中の全労働日の所定労働時間が明らかとなるような定め方をすることが必要です。

〔フレックスタイム制〕

フレックスタイム制（**第2章問5参照**）は、一定の期間（清算期間）における総労働時間を定めておき、労働者がその範囲内で各日の始業および終業の時刻を選択して働くことにより、労働者がその生活と業務との調和を図りながら、効率的に働くことを可能とする制度です。平成30年に成立した「働き方改革を推進するための関係法律の整備に関する法律」（以下「働き方改革整備法」といいます）による労働基準法の改正において、フレックスタイム制における清算期間の上限がこれまでの1カ月から3カ月に延長されました（法第32条の3）。

このフレックスタイム制を採用するには、①労使協定により、対象となる労働者の範囲、清算期間、清算期間中の総労働時間、標準となる1日の労働時間、協定の有効期間（清算期間が1カ月を超え3カ月以内の場合に限る）を定めるほか、コアタイム（必ず労働しなければならない時間帯）、フレキシブルタイム（選択により労働することができる時間帯）を設ける場合には、その開始および終了の時刻を協定すること、②就業規則その他に始業および

終業の時刻を労働者の決定にゆだねることを規定することが必要です。

これにより、使用者は、清算期間を平均して1週間当たりの労働時間が法定労働時間を超えない範囲内で、労働者の選択により、特定の週または日に週法定労働時間または1日の法定労働時間を超えて、労働させることができます。

また、清算期間が1カ月を超える場合には、清算期間を1カ月ごとに区分した各期間（最後に1カ月未満の期間を生じたときにはその期間）ごとに当該各期間を平均し1週間当たりの労働時間が50時間を超えないようにしなければなりません。

なお、これまではフレックスタイム制を導入する場合、労使協定を所轄の労働基準監督署長に提出する義務はありませんでしたが、清算期間が1カ月を超え3カ月以内の場合に限り、様式第3号の3（31頁参照）により労使協定を所轄の労働基準監督署長に提出することが義務づけられました。

〔1年単位の変形労働時間制〕

1年単位の変形労働時間制（**第2章問4**参照）は、年間単位で休日増を図ることが所定労働時間の短縮のために有効であり、そのためには年間単位の労働時間管理をすることができるような制度を普及させる必要があることから、1年を平均して週40時間とすること等を要件とする変形労働時間制を設け、適正かつ計画的な時間管理をすることで、労働時間の短縮を図ろうとするものです（法第32条の4、第32条の4の2）。

この1年単位の変形労働時間制を採用するためには、労使協定で、対象期間（1カ月を超え1年以内の一定の期間）を平均して、1週間当たりの労働時間が40時間以下（特例措置対象事業場（12頁参照）にあっても、同じです）となるように定めるとともに、①対象労働者の範囲、②対象期間、③特定期間（対象期間中の特に業務が繁忙な期間として設定できます）、④対象期間における労働日および当該労働日ごとの労働時間、⑤有効期間について定めなければなりません。そして、このような労使協定をした場合には、特定の日において1日の法定労働時間（8時間）を超え、あるいは特定の週において週法定労働時間（40時間）を超えて労働させることができます。しかしながら、この場合の1日の所定労働時間の限度は10時間、1週間の所定労働時間

の限度は 52 時間となっており、また連続して労働させることができる日数の限度は原則 6 日、さらに対象期間が 3 カ月を超える場合は、1 年当たりの労働日数や週 48 時間を超える週数に制限がありますので、これらの限度内になるように所定労働時間を定めることが必要です。

　また、この労使協定は、所轄労働基準監督署長に届け出なければなりません。

〔1 週間単位の非定型的変形労働時間制〕

　1 週間単位の非定型的変形労働時間制（**第 2 章問 7 参照**）は、日ごとの業務に著しい繁閑の差が生ずることが多く、その繁閑が定型的に定まっていない場合に、1 週間を単位として、一定の範囲内で、就業規則その他であらかじめ定めることなく、1 日の労働時間を 10 時間まで延長することを認めることにより、労働時間のより効率的な配分を可能とするとともに、全体としての労働時間を短縮しようとするものです（法第 32 条の 5）。

　ただし、この 1 週間単位の非定型的変形労働時間制を採用できるのは、小売業、旅館、料理店および飲食店で規模 30 人未満の事業場に限られています。

　また、この制度を採用するに当たっては、一定の事項について労使協定を締結し、所轄労働基準監督署長に届け出なければなりません。

〔変形労働時間制の適用除外〕

　以上のそれぞれの変形労働時間制の適用については、つぎのように適用除外となる規定があることに注意を要します。

① 18 歳未満の年少者については、1 カ月単位の変形労働時間制、フレックスタイム制、1 年単位の変形労働時間制および 1 週間単位の非定型的変形労働時間制はすべて適用されません。ただし、満 15 歳以上で満 18 歳未満の年少者については、満 18 歳に達するまでの間（満 15 歳に達した日以後最初の 3 月 31 日までの間を除く）、1 週間について 48 時間、1 日について 8 時間を超えない範囲内であれば、1 カ月単位の変形労働時間制および 1 年単位の変形労働時間制の例によって、労働させることができることとされています（法第 60 条第 3 項第 2 号）。

② 妊産婦（妊娠中の女性および産後 1 年を経過しない女性）については、妊産婦が請求した場合においては、1 カ月単位の変形労働時間制、1 年単位

の変形労働時間制または 1 週間単位の非定型的変形労働時間制を採用している場合であっても、当該妊産婦をこれらの制度によって労働させることはできません（法第 66 条第 1 項）。ただし、フレックスタイム制については、始業および終業の時刻が労働者の決定にゆだねられており、妊産婦の不利にならないことから、適用除外とはされていません。

③　さらに、1 カ月単位の変形労働時間制、1 年単位の変形労働時間制および 1 週間単位の非定型的変形労働時間制により労働させる場合には、育児を行う者、老人などの介護を行う者、職業訓練または教育を受ける者その他特別の配慮を要する者については、これらの者が育児などに必要な時間を確保できるような配慮をするようにしなければならないとされています（規則第 12 条の 6）。

④　派遣労働者を 1 カ月単位の変形労働時間制、フレックスタイム制、1 年単位の変形労働時間制で労働させる場合の枠組みの設定に係る事項（労使協定の締結等）は、派遣元事業主が行うこととされています。

〔変形休日制〕

つぎに、週休制についても、4 週間を通じ 4 日以上の休日を与える使用者については、法第 35 条第 1 項の週休制の規定を適用しないとし、変形休日制（4 週 4 日休日制）が認められています（法第 35 条第 2 項）。

この変形休日制について定めている法第 35 条第 2 項は、変形労働時間制についての昭和 62 年の改正前の法第 32 条第 2 項[※]の場合と異なり、変形休日制を採用する場合について、就業規則その他で具体的な定めをすることを要求していません。しかしながら、週休制のところでも述べたように、休日を特定することが望ましいので、通達も、「法第 35 条第 2 項による場合にも、出来る限り第 32 条の 2 第 1 項に準じて就業規則その他これに準ずるものにより定めをするよう指導すること」としています（昭 22.9.13 発基第 17 号）。

※　昭和62年改正前の労働基準法第32条第2項
　　使用者は、就業規則その他により、4週間を平均し1週間の労働時間が48時間を超えない定をした場合においては、その定により前項の規定にかかわらず、特定の日において8時間又は特定の週において48時間を超えて、労働させることができる。

4　みなし労働時間制

　第3次産業の拡大や技術革新の進展等に伴い、①事業場外で労働する場合で、使用者の具体的な指揮監督が及ばず、労働時間の算定が困難な業務や、②業務の性質上、その業務の具体的な遂行については、労働者の裁量にゆだねる必要があるため、使用者の具体的な指揮監督になじまず、通常の方法による労働時間の算定によることが適切でない業務が増えてきました。このような事情を背景に、昭和62年の改正で、このような業務における労働時間の算定が適切に行われるようにするため、みなし労働時間制についての法制の整備が行われ、この時に「専門業務型裁量労働制」が創設されました。その後、平成10年、平成15年と数次の法改正で見直しが行われています。

　また、経済社会の構造変化や労働者の就業意識の変化等が進む中で、活力ある経済社会を実現していくために、事業活動の中枢にある労働者が創造的な能力を十分に発揮し得る環境づくりが必要となっています。労働者の側にも、自らの知識、技術や創造的な能力をいかし、仕事の進め方や時間配分に関し主体性をもって働きたいという意識が高まっています。

　こうした状況に対応した新たな働き方のルールを設定する仕組みとして、事業運営上の重要な決定が行われる企業の本社などにおいて企画、立案、調査および分析を行う労働者を対象とした「企画業務型裁量労働制」が平成10年の法改正で創設され、さらに平成15年の法改正で見直しが行われました。

〔事業場外労働〕

　まず「事業場外労働」に関しては、外交セールス等のため、労働時間の全部または一部について事業場外でこれらの業務に従事する場合で、労働時間の算定が困難なときには、つぎによって労働時間の算定を行います（法第38条の2）。

① 　原則として所定労働時間労働したものとみなす。

② 　その業務を遂行するためには、通常所定労働時間を超えて労働することが必要な場合には、その業務の遂行に、通常必要とされる時間、労働したものとみなす。

③　②の場合であって、労使協定を締結し、その協定で「当該業務の遂行に通常必要とされる時間」を定めたときは、その協定で定める時間が②の時間となる。

　しかしながら、つぎのような場合は、使用者による労働時間管理がなされていると認められるため、みなし労働時間制を適用することはできません（昭63.1.1. 基発第 1 号）。

①　グループで事業場外労働に従事する場合で、その中に労働時間の管理をする者がいる場合

②　無線やポケットベル〔編注：現在でいえば携帯電話〕などによって随時使用者の指示を受けながら労働している場合

③　事業場において、訪問先、帰社時刻など当日の業務の具体的な指示を受けたのち、事業場外で指示どおりに業務に従事し、その後事業場に戻る場合

　また、事業場外における業務の遂行に通常必要とされる時間は変化することから、労使協定には有効期間の定めをすることとされています（規則第 24 条の 2 第 2 項）。

　さらに、この労使協定については、みなし労働時間が法定労働時間以下である場合を除き、所轄労働基準監督署長に届け出なければなりません（規則第 24 条の 2 第 3 項）。

〔裁量労働制〕

　裁量労働制には、「専門業務型裁量労働制」と、「企画業務型裁量労働制」の 2 種があります。

　専門業務型裁量労働制は、その業務の性質上、業務遂行の方法を大幅に労働者の裁量にゆだねる必要があるため、つぎに掲げる対象業務のうちから、対象となる業務を労使協定で定め、労働者を実際にその業務に就かせた場合、労使協定で定める時間を労働したものとみなして労働時間を算定します（法第 38 条の 3）。専門業務型裁量労働制の対象業務は、つぎの業務です（規則第 24 条の 2 の 2 第 2 項）。

①　新商品もしくは新技術の研究開発または人文科学もしくは自然科学に関する研究の業務

②　情報処理システム（電子計算機を使用して行う情報処理を目的として複

数の要素が組み合わされた体系であってプログラムの設計の基本となるものをいう）の分析または設計の業務

③　新聞もしくは出版の事業における記事の取材もしくは編集の業務または放送番組の制作のための取材もしくは編集の業務

④　衣服、室内装飾、工業製品、広告等の新たなデザインの考案の業務

⑤　放送番組、映画等の制作の事業におけるプロデューサーまたはディレクターの業務

⑥　①～⑤のほか、厚生労働大臣の指定する業務（広告、宣伝等における商品等の内容、特長等に係る文章の案の考案の業務、システムコンサルタントの業務、インテリアコーディネーターの業務、ゲーム用ソフトウェアの創作の業務、証券アナリストの業務、金融工学等の知識を用いて行う金融商品の開発の業務、大学における教授研究の業務、公認会計士の業務、弁護士の業務、建築士（一級建築士、二級建築士、木造建築士）の業務、不動産鑑定士の業務、弁理士の業務、税理士の業務、中小企業診断士の業務）

専門業務型裁量労働制の労使協定も、有効期間の定めが必要です（規則第24条の2の2第3項）。また、この労使協定は所轄労働基準監督署長に届け出なければなりません（規則第24条の2の2第4項）。

企画業務型裁量労働制は、一定の要件を満たす労使委員会が設置された事業場において企画、立案、調査および分析を行う一定の労働者を対象としたものです。導入に当たっては、つぎの事項について労使委員会の委員の5分の4以上の多数による議決により決議し、所轄労働基準監督署長に届け出る必要があります（法第38条の4）。

①　対象とする業務

②　対象労働者の範囲

③　労働時間として算定される時間

④　労働時間の状況に応じた対象労働者の健康および福祉を確保するための措置を使用者が講ずること

⑤　対象労働者からの苦情の処理に関する措置を使用者が講ずること

⑥　本制度の適用について労働者からの同意を得なければならないことおよび不同意の労働者に不利益な取扱いをしてはならないこと

⑦　決議の有効期間（3年以内とすることが望ましい）

⑧　企画業務型裁量労働制の実施状況に係る記録を保存すること（決議の有効期間中およびその後 3 年間）

5 ｜ 零細規模の商業・サービス業等の労働時間の特例

　労働基準法は、業種・業態のいかんを問わず、労働者を使用するすべての事業に適用されます。ただし、事業の種類によって、前にみた 1 週 40 時間・1 日 8 時間制をそのまま適用したのでは不都合を生ずる場合については、「別表第一第 1 号から第 3 号まで、第 6 号及び第 7 号に掲げる事業以外の事業で、公衆の不便を避けるために必要なものその他特殊の必要あるものについては、その必要避くべからざる限度で、第 32 条から第 32 条の 5 までの労働時間及び第 34 条の休憩に関する規定について、厚生労働省令で別段の定めをすることができる。」（法第 40 条第 1 項）、「前項の規定による別段の定めは、この法律で定める基準に近いものであつて、労働者の健康及び福祉を害しないものでなければならない。」（同条第 2 項）と規定し、その調整を図っています。

　この法第 40 条に基づき、商業（法別表第一第 8 号）、映画・演劇業（同第 10 号。ただし、映画の製作の事業を除きます）、保健衛生業（同第 13 号）、接客娯楽業（同第 14 号）の事業のうち、常時 10 人未満の労働者を使用する事業（以下「特例措置対象事業（場）」といいます）については、その労働の実態等から、原則の週法定労働時間である 40 時間は適用せず、週法定労働時間 44 時間の特例が設けられています（規則第 25 条の 2 第 1 項）。

6 ｜ 労働時間、休憩および休日に関する法規制の適用除外

　労働時間、休憩および休日に関する法の規制については、事業の性質または労働者の業務の性質や態様によっては必ずしも労働時間の規制や休日の規制になじまなかったり、また規制する必要のないものもありますので、一定の業種、業務の労働者については、労働時間、休憩および休日に関する法の

規定を適用しないことが定められています（法第 41 条および第 41 条の 2）。

〔法第 41 条による適用除外〕

　法第 41 条によって、①農業の事業または畜産、養蚕もしくは水産の事業に従事する労働者（同条第 1 号）、②監督もしくは管理の地位にある労働者または機密の事務を取り扱う労働者（同条第 2 号）、③監視または断続的労働に従事する労働者で、適用除外につき使用者が所轄労働基準監督署長の許可を受けたもの（同条第 3 号）については、労働時間、休憩および休日に関する法の規定の適用が除外されています。

　ただ、この場合、「労働時間」と「深夜業」とは区別されており、深夜業に関する規定、すなわち、法第 61 条による年少者の深夜業禁止の規定、法第 66 条の妊産婦が請求した場合の深夜業禁止の規定および法第 37 条の規定のうち深夜業の割増賃金を定めた部分は、適用が除外されません。また「休日」と「休暇」も区別されていますから、法第 39 条の年次有給休暇の規定も適用が除外されません。

〔法第 41 条の 2 による適用除外〕

　平成 30 年の法改正により、「特定高度専門業務・成果型労働制（高度プロフェッショナル制度）」に関する法第 41 条の 2 が新設され、同条の規定により職務の範囲が明確で一定の年収（1,075 万円以上）を有する労働者が、高度の専門的知識を必要とする等の業務（5 業務に限定）に従事する場合に、年間 104 日の休日を確実に取得させること等の健康確保措置を講じること、本人の同意や委員会の決議（所轄労働基準監督署長に届け出る必要がある）等を要件として、法第 4 章に定める労働時間、休日、深夜の割増賃金に関する規定の適用が除外されています。

　なお、この場合には、健康確保措置として、年間 104 日の休日確保措置の義務に加えて、①継続した休息時間の確保（インターバル措置）および深夜業の回数制限、②1 カ月または 3 カ月の在社時間等の上限措置、③2 週間連続の休日確保措置、④臨時の健康診断のいずれかの措置の実施が義務づけられています（選択的措置）。また、制度の対象者について、健康管理時間（在社時間等）が 1 週間当たり 40 時間を超え、その超えた時間が 1 カ月当たり

100 時間を超える場合には、事業者は、その者に必ず医師による面接指導を受けさせなければならないこととされています（労働安全衛生法第 66 条の 8 の 4）。

7 ｜ 時間外および休日労働

　これまで述べましたように、労働基準法は、労働時間については、原則として、1 週 40 時間・1 日 8 時間以内という限度を定め、また、休日については、週休制の原則（または 4 週 4 日休日制）を定めています。しかしながら、実際に事業を経営していく場合、業務の都合によっては、この原則によりがたい場合が発生することは否定できません。そこで法は、このような必要に対処するために、災害その他避けることのできない事由が発生した臨時の必要がある場合には、所轄労働基準監督署長の許可（事前に許可を受ける暇がない場合には、事後の届出）を要件として、時間外労働および休日労働を認めています。また、公務のために臨時の必要がある場合には、非現業の公務員について時間外労働および休日労働を認めています（法第 33 条）。

　また、非常災害等の場合以外の時間外、休日労働の必要性のあることを考慮して、法第 36 条第 1 項の規定により、労使協定（法第 36 条の協定ということから、一般に「３６協定」といわれています）を締結し、所轄労働基準監督署長に届け出ることを要件として、法定労働時間を超える時間外労働および法定休日における休日労働を認めています（法第 36 条）。そして、時間外労働の場合は通常の労働時間または労働日の賃金の計算額の 2 割 5 分増し以上、1 カ月 60 時間を超えた場合には、その超えた時間について 5 割増し以上の割増賃金の支払いが必要とされ、法定休日の労働の場合は 3 割 5 分増し以上の支払いが必要とされます（法第 37 条、割増賃金率令、162 頁参照）。

　また、法第 36 条第 1 項の労使協定による場合については、18 歳未満の年少者は、時間外労働、休日労働とも認められません（法第 60 条）。なお、女性について、かつては時間外労働、休日労働および深夜業に関する法の規制が設けられていましたが、平成 11 年 4 月 1 日以降撤廃されています。

　さらに、18 歳以上の労働者の場合でも、坑内労働や、規則第 18 条に定め

る健康上特に有害な業務については、時間外労働は1日2時間以内という制限があります（法第36条第6項第1号）。

　ところで、法第36条は、従来からこれ以外の場合には時間外労働を無制限に認めるというものでなく、通常予想される臨時の必要のある場合に限って必要最小限の時間外労働を認める趣旨の規定でしたが、平成10年の法改正により、平成11年4月1日からは法第36条について厚生労働大臣が労働時間の延長の限度等について基準を定めることができることとされ（旧法第36条第2項）、時間外労働に法律上の上限が設けられることになりました。これを受けて、「労働基準法第36条第1項の協定で定める労働時間の延長の限度等に関する基準」（平成10年労働省告示第154号。以下「限度基準告示」といいます）等が定められていました。

　そして、平成30年改正により限度基準告示が法律に格上げされ、罰則による強制力をもたせるとともに、従来上限なく時間外労働が可能となっていた「臨時的な特別の事情がある場合」として労使が合意した場合であっても、上回ることのできない上限が設定されました。この上限規制は、一部の猶予期間が設けられた業務や事業を除き、平成31年4月1日から適用されています。

　なお、この改正内容の中小企業に対する取扱いは、働き方改革整備法附則第3条第1項の規定により令和2年3月31日まで適用を除外されていましたが、令和2年4月1日から適用されています。

　この改正により、時間外労働の上限規制は、従来の限度基準告示と同様、労働基準法に規定する法定労働時間を超える時間に対して適用されるものとし、

- **上限は原則として月45時間、かつ、年360時間とする。かつ、この上限に対する違反には、以下の特例の場合を除いて罰則を科す。**
- 1年単位の変形労働時間制（対象期間が3カ月を超える場合に限る）にあっては、あらかじめ業務の繁閑を見込んで労働時間を配分することにより、突発的なものを除き恒常的な時間外労働はないことを前提とした制度の趣旨に鑑み、**上限は原則として月42時間かつ年320時間とする。**
- 上記を原則としつつ、特例として、**臨時的な特別の事情がある場合として、労使が合意して労使協定を結ぶ場合においても上回ることができない時間外労働の限度を年720時間、原則である月45時間（対象期間**

が 3 カ月を超える 1 年単位の変形労働時間制の場合は 42 時間）の時間外労働を上回る回数は、年 6 回までとする。

・　さらに、最低限、上回ることのできない上限として、①休日労働を含み、2 カ月ないし 6 カ月平均で 80 時間以内、②休日労働を含み、単月で 100 時間未満とする。

とされています。

8 労働者の過半数代表者の要件

　労働基準法で規定する各種の労使協定の労働者側の協定当事者は、事業場の労働者の過半数で組織する労働組合がある場合はその労働組合（以下「過半数労働組合」といいます）、事業場に労働組合がないか、またはあっても過半数の労働者で組織されていない場合は、事業場の労働者の過半数を代表する者（以下「過半数代表者」といいます）です。

　この場合の過半数代表者とは、つぎのいずれにも該当する者でなければなりません（規則第 6 条の 2）。

①　法第 41 条第 2 号に規定する監督または管理の地位にある者でないこと。

②　法に規定する協定等をする者を選出することを明らかにして実施される投票、挙手等の方法による手続きにより選出された者であって、使用者の意向に基づき選出されたものでないこと。

　なお、平成 30 年の省令（労働基準法施行規則）の改正により、②については「使用者の意向に基づき選出されたものでないこと」という文言が追加されました。これは、「使用者の意向による選出」は手続き違反に当たるなど通達の内容が省令に規定されたものです。

　また、過半数代表者の要件を満たさない者と 36 協定を締結したとしても、当該協定は無効となります。

　さらに、使用者は、労働者が過半数代表者であること、過半数代表者になろうとしたこと、または過半数代表者として正当な行為をしたことを理由として不利益な取扱いをしてはなりません（規則第 6 条の 2 第 3 項）。また、「過半数代表者が法に規定する協定等に関する事務を円滑に遂行することができ

るよう必要な配慮を行わなければならない。」（規則第6条の2第4項）とされています。

9　労働時間の状況の把握方法

　平成30年の働き方改革整備法により労働安全衛生法が改正され、医師による面接指導を実施するため、事業者は、労働者の労働時間の状況を把握しなければならないことが法律に明記されました（同法第66条の8の3、2019（平成31）年4月1日施行）。ここで、労働時間の状況の把握方法は、タイムカードによる記録、パーソナルコンピュータ等の電子計算機の使用時間の記録等の客観的な方法その他の適切な方法によらなければならないとされています（労働安全衛生規則第52条の7の3第1項）。また、事業者は、このような方法により把握した労働時間の状況の記録を作成し、3年間保存するための必要な措置を講じなければならないこととされています（同条第2項）。

第2章

時間外・休日労働と36協定

1 ｜ 36協定が必要な場合

1 いわゆる法定内残業の場合

問1　事業場の所定労働時間が1日7時間30分、1週37時間30分の場合、1日30分ずつ毎日所定労働時間を超えて労働をさせるには、36協定が必要ですか。

答｜36協定がなくても法違反ではない

　法第36条は、36協定の締結と行政官庁への届出を条件として、法第32条から第32条の5まで、もしくは第40条の労働時間に関する規定にかかわらず、その協定で定めるところにより労働時間を延長することができると規定していますので、36協定の締結をしなければ労働させることができないのは、次の場合です。

① 法第32条に規定する時間、すなわち、1週間について40時間、1日について8時間を超えて労働させる場合

② 法第32条の2から第32条の5の規定による変形労働時間制を採用している事業場において、あらかじめ定められた労働時間を超えて労働させる場合（法定労働時間の範囲内に収まる場合を除きます）

③ 法第40条の労働時間の特例の対象である10人未満の商業・サービス業等（特例措置対象事業場、12頁参照）においては、1週44時間、1日8時間を超えて労働させる場合（なお、①および③については**問3**、②については**問4、5、7**参照）

　行政解釈は、「就業規則に実労働時間を1週38時間と定めたときは、1週38時間を超え1週間の法定労働時間まで労働時間を延長する場合、法第36条第1項の規定に基き労働組合と協定する必要があるか。」との問いに対し、「各日の労働時間が8時間を超えない限り労働基準法第36条第1項に基く協

定の必要はない。」（昭 23.4.28 基収第 1497 号、昭 63.3.14 基発第 150 号、平 11.3.31 基発第 168 号）としています。

　設問は、就業規則などで、1 日の労働時間が 7 時間 30 分、1 週 37 時間 30 分と定められ、各労働日について労働時間を 30 分ずつ延長するものであり、その結果、1 日 8 時間、1 週 40 時間となるもので、これは 1 週 40 時間、1 日 8 時間の法定労働時間の範囲内での延長ですから、法第 36 条第 1 項に基づく労使協定（36 協定）は必要ないということになります。

　しかしながら、労働協約などにおいて、このようないわゆる法定内超勤の場合においても協定をするとの特約があれば、当該協約に基づくものとして、協定の締結が必要となります。

2　法定休日以外の休日の労働

問 2　事業場の所定労働時間が 1 日 7 時間、1 週 35 時間で、毎週土曜日、日曜日が休日という週休 2 日制の場合、土曜日に出勤させるには、36 協定が必要ですか。

答　法定休日以外の休日の労働は、週の法定労働時間を超えなければ 36 協定不要

　休日労働に関し、法第 36 条第 1 項に基づく協定（36 協定）の締結・届出の必要があるのは、法第 35 条に規定されている「毎週 1 回」または「4 週 4 日」の休日（法定休日）に労働させる場合です。

　このことについては、行政解釈でも、「休日労働について 4 週間に 4 日以上の休日があり、その基準以上の休日に労働させ 4 週間に 4 日の休日は確保する場合、協定届出の義務はない」（昭 23.12.18 基収第 3970 号）としています。

　したがって、法定休日以外の休日の出勤については、週の法定労働時間の範囲内（40 時間）であれば、36 協定の締結・届出の必要はありません。

3　週休 3 日制で 1 日の所定労働時間が 8 時間を超える場合

問 3　当社では、週休 3 日制を導入していますが、1 日の労働時間を 8 時間 30 分とすることができますか。また、この場合、36 協定を結ぶ必要がありますか。

答　変形労働時間制をとり、1 週間当たりの労働時間が法定労働時間を超えなければ 36 協定不要

　労働時間に関する原則については、法第 32 条の規定により「1 週間について 40 時間」、「1 日について 8 時間」を超えてはならないとされています。

　この原則は、労働時間について、1 週間および 1 日の両面から規制しているものです。

　設問のように、週の労働日を 4 日間とし、1 日について 8 時間 30 分の労働時間をとるとすれば、1 週間の労働時間は 34 時間となり、労働時間に関する 1 週間の規制についてはその範囲内に収まるものの、1 日の規制（8 時間）に抵触することになります。

　こうしたケースは、1 日 16 時間の勤務を隔日に行うような場合など変則的な勤務制度をとる場合にも生ずるものですが、法は、こうした場合については、法第 32 条の 2 において、1 カ月単位の変形労働時間制に関する規定を設けています。

　この 1 カ月単位の変形労働時間制に関する規定は、1 カ月以内の一定の期間を平均し 1 週間当たりの労働時間が法定労働時間以内であれば、特定の日または特定の週に法定労働時間を超えて労働させることができる、とするものです。

　この「特定の日」とは、必ずしも 1 日に限られるものではありませんから、設問の労働時間についても、この変形労働時間制の規定に従えば、「特定の日」（設問の場合は所定労働日のすべてになりますが）に 8 時間 30 分の労働時間としても、法に抵触しないことになり、設問の場合には、36 協定の締結は必要ありません。

　ただし、この変形労働時間制をとる場合は、労使協定または就業規則その

他これに準ずるもの（常時労働者数10人未満の就業規則の作成義務（法第89条）のない事業場の場合は、就業規則に準ずるもの。以下「就業規則その他」といいます）にその旨の定めをしなければなりません。たとえば、つぎのように各労働時間を特定しておかなければなりません。

（勤務時間・休日）

第○○条

　1週間の所定労働時間は、34時間とする。月曜日から木曜日までの所定労働時間は、1日8時間30分とし、始業および終業時刻、休憩時間は、つぎのとおりとする（以下略）。

　休日は、金曜日、土曜日および日曜日とする。

また、規則第12条の2により、労使協定または就業規則その他には変形期間の起算日を明らかにしておく必要があります。

さらに、この場合、1日の労働時間が8時間を超えていますので、1日の休憩時間は必ず1時間以上としなければなりません（法第34条第1項）。

なお、法第32条の2の変形労働時間制によることなく、法第32条第2項による原則に従い、1日の所定労働時間は8時間としておき、これを超える30分について、36協定を結び、時間外労働とする扱いも考えられますが、この扱いは、1日の労働時間を8時間と定めた法の趣旨に形式的には従いながら、実質的には、毎日30分間の時間外労働を恒常的に行うということとなり、時間外労働は例外的な場合のものとする考えからも好ましいものではありません。

4　1カ月単位・1年単位の変形労働時間制の場合

問4　1カ月単位または1年単位の変形労働時間制を採用したいと考えていますが、時間外労働として36協定が必要なのはどの時点からの労働でしょうか。

答 1日・1週について法定労働時間を超える時間を定めた場合はその時間、変形期間（対象期間）中の法定労働時間の総枠を超える労働が時間外労働となる

(1) 1カ月単位の変形労働時間制の概要

1カ月単位の変形労働時間制とは、労使協定または就業規則その他において、1カ月以内の期間を平均し1週間当たりの労働時間が法定労働時間を超えないように各日、各週の労働時間を具体的に定めた場合には、その定めによって特定された日または特定された週に法定労働時間を超えて労働させることができるとするものです（法第32条の2。**問3**参照）。

(2) 1年単位の変形労働時間制の概要

1年単位の変形労働時間制は、季節などによって業務に繁閑の差がある場合に、1年以内の期間で変形労働時間制を認めることにより、労働時間のより効果的な配分を可能とし、時間外労働を原則としてなくし、全体としての労働時間を短縮しようとするものです（法第32条の4、第32条の4の2）。

具体的には、つぎの範囲内で対象期間における労働日と労働時間を定めることにより、特定の日において1日8時間を超えて、また特定の週において1週40時間を超えて労働させることができます。

① 1カ月を超え1年以内の一定期間を平均して1週間の労働時間が40時間を超えない（特例措置対象事業場にあっても同じ）

② 1日の労働時間の上限は10時間、1週の労働時間の上限は52時間

③ 連続労働日数の上限は6日（後述の特定期間を設定する場合は、特定期間中は1週に1日の休日が確保できる日数まで）

④ 対象期間が3カ月を超える場合は、さらにつぎの要件を満たすこと
・1年当たりの労働日数の上限は280日（ただし労働時間または労働日数の設定によってはさらに短くなる）
・週48時間を超える労働時間となる週の連続は3週まで
・対象期間を初日から3カ月ごとに区分した各期間において週48時間を超える週の初日の日数は3以下

1年単位の変形労働時間制を導入する場合には、つぎの内容を労使協定で

定め、所轄労働基準監督署長に様式第4号により届け出なければなりません。

① 対象となる労働者の範囲

② 対象期間

③ 特定期間（対象期間中の特に業務が繁忙な期間）を設ける場合はその期間

④ 対象期間における労働日および当該労働日ごとの労働時間（対象期間を1カ月以上の期間に区分するときは、最初の期間における労働日とその労働日ごとの労働時間、ならびに最初の期間を除く他の期間における労働日数および総労働時間。この場合、各期間の初日の少なくとも30日前に各期間における労働日および当該労働日ごとの労働時間を定めることが必要）

⑤ 労使協定の有効期間

　なお、就業規則その他には、変形（対象）期間における各日の始業、終業時刻を定める必要があります（法第89条第1号）。

　また、1カ月単位または1年単位の変形労働時間制を採用する場合には、就業規則その他または労使協定において、変形（対象）期間の起算日を明らかにすることとされています（規則第12条の2第1項）。

(3)　時間外労働となる時間

　1カ月単位または1年単位の変形労働時間制を採用した場合、時間外労働となる時間はつぎのとおりとなります。

① 1日については、変形労働時間制を採用するに当たり1日の法定労働時間（8時間）を超える時間を定めた日はその時間、それ以外の日は1日の法定労働時間を超えて労働した時間

② 1週間については、変形労働時間制を採用するに当たり週法定労働時間※を超える時間を定めた週はその時間、それ以外の週は週法定労働時間※を超えて労働した時間（①で時間外労働となる時間を除く）

③ 変形（対象）期間については、変形（対象）期間における法定労働時間の総枠を超えて労働した時間（①または②で時間外労働となる時間を除く）

　これを図で説明すると次頁**図1**のようになります。

※　1カ月単位の変形労働時間制の場合は40時間（特例措置対象事業場は44時間）、1年単位の変形労働時間制の場合は40時間（特例措置対象事業場も40時間）

図1　１カ月単位の変形労働時間制の例と時間外労働となる時間

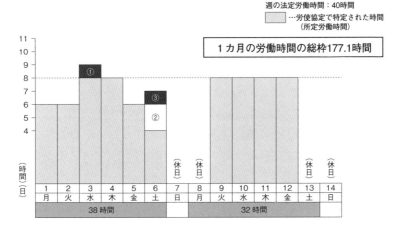

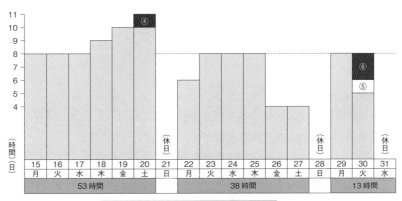

❶ 1 日の法定労働時間（8 時間）および所定労働時間（8 時間）を超えているので時間外労働（1 時間）。

② 1 日の所定労働時間（4 時間）は超えているが、1 日 8 時間、1 週 40 時間を超えず、また、1 カ月の総枠（177.1 時間）を超えていないので時間外労働でない。

❸ 1 日 8 時間を超えていないが、❶を除いて 1 週 40 時間を超え、かつ所定労働時間（4 時間）を超えているので時間外労働（1 時間）。

❹ 1 日 8 時間を超え、かつ所定労働時間（10 時間）を超えているので時間外労働（1 時間）。

⑤ 1 日の所定労働時間（5 時間）は超えているが、1 日 8 時間、1 週 40 時間を超えず、また、❶❸❹を除いて 1 カ月 177.1 時間を超えていないので時間外労働でない。

❻ 1 日 8 時間、1 週 40 時間を超えていないが、❶❸❹を除いても 1 カ月 177.1 時間を超えているので時間外労働（1.9 時間）。

5　フレックスタイム制の場合

問 5　フレックスタイム制を採用する場合の要件はどうなっていますか。また、この場合の時間外労働はどのように考えたらよいのでしょうか。

答　就業規則その他に始業・終業時刻を労働者の決定にゆだねることを、労使協定で制度の内容を定める。清算期間における法定労働時間の総枠を超えた時間は時間外労働となる

(1)　フレックスタイム制

　フレックスタイム制とは、労働者が各日の始業および終業の時刻を選択して働くことにより、労働者がその生活と仕事との調和を図りながら、効率的に働くことを可能とするものです（法第32条の3）。

　フレックスタイム制を採用するには、就業規則その他これに準ずるものにおいて始業および終業の時刻を労働者の決定にゆだねることを規定するとともに、労使協定において、つぎの事項を定める必要があります。

① 対象となる労働者の範囲

② 清算期間（3カ月以内の期間）

③ 清算期間における総労働時間（清算期間を平均して1週間当たりの労働時間が週法定労働時間以内となるように定めること）

④ 標準となる1日の労働時間

⑤ コアタイム（必ず勤務しなければならない時間帯）を設ける場合は、その開始と終了の時刻

⑥ フレキシブルタイム（労働者がその選択により労働することができる時間帯）を設ける場合は、その開始と終了の時刻

⑦ 協定の有効期間（清算期間が1カ月を超え3カ月以内の場合）

(2)　清算期間が1カ月を超え3カ月以内の場合

　平成30年の法改正により、フレックスタイム制の清算期間の上限が、1カ月から3カ月に延長されました（法第32条の3第1項第2号）。

　清算期間を3カ月以内に延長することにより、清算期間内の働き方によっては、各月における労働時間の長短の幅が大きくなることが生じ得るため、対象労働者の過重労働を防止する観点から、清算期間が1カ月を超える場合には、当該清算期間を1カ月ごとに区分した各期間（最後に1カ月未満の期間を生じたときには、当該期間）ごとに当該各期間を平均し1週間当たりの労働時間が50時間を超えないこととされています（法第32条の3第2項）。

　また、フレックスタイム制の場合にも、使用者には各日の労働時間の把握を行う責務があり、清算期間が1カ月を超える場合には、対象労働者が自らの各月の時間外労働時間数を把握しにくくなることが懸念されるため、使用者は、対象労働者の各月の労働時間数の実績を対象労働者に通知等することが望ましいとされています（平30.9.7基発0907第1号）。

　なお、これまではフレックスタイム制を導入する場合、労使協定を所轄の労働基準監督署長に届け出る義務はありませんでしたが、清算期間が1カ月を超え3カ月以内の場合に限り、使用者には、様式第3号の3（31頁参照）により労使協定を届け出ることが義務づけられました。

(3) 完全週休2日制のもとでの清算期間における労働時間の限度

　完全週休2日制のもとで働く労働者（1週間の所定労働日数が5日の労働者）についてフレックスタイム制を適用する場合においては、曜日のめぐり次第で、1日8時間相当の労働でも清算期間における法定労働時間の総枠を超え得るという課題を解消するため、完全週休2日制の事業場において、労使協定により、所定労働日数に8時間を乗じた時間数を清算期間における法定労働時間の総枠とすることができることとされています（法第32条の3第3項）。なお、この場合においては、つぎの式で計算した時間数を1週間当たりの労働時間の限度とすることができることとなっています。

（完全週休2日制をとる場合の1週間当たりの労働時間の限度）

$$8 \times 清算期間における所定労働日数 \div \frac{清算期間における暦日数}{7}$$

⑷ **法定時間外労働となる時間**

　フレックスタイム制を採用した場合に法定時間外労働となるのは、以下の①および②に示す労働時間となりますが、この場合は、⑶で触れた完全週休2日制の特例に留意する必要があります。

① **清算期間が1カ月以内の場合**

　清算期間における実労働時間数のうち、法定労働時間の総枠を超えた時間が法定時間外労働となります。具体的な計算方法は、つぎのとおりです。

② **清算期間が1カ月を超え3カ月以内の場合**

　つぎのaおよびbを合計した時間が法定時間外労働となります。

a　清算期間を1カ月ごとに区分した各期間（最後に1カ月未満の期間を生じたときには、その期間）における実労働時間のうち、各期間を平均し1週間当たり50時間を超えて労働させた時間。この場合の具体的な計算方法は、つぎの式によることとなります。

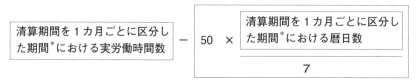

＊最後に1カ月未満の期間を生じたときは当該期間

b　清算期間における総労働時間のうち、その清算期間の法定労働時間の総枠を超えて労働させた時間（aで算定された時間外労働時間を除く）

　なお、特例措置対象事業場（12頁参照）において、清算期間が1カ月以内の場合には、清算期間中の労働時間を週平均44時間までとすることが可能ですが、清算期間が1カ月を超える場合には、特例措置対象事業場であって

も、週平均 40 時間までであり、これを超えて労働させる場合には、36 協定の締結・届出と、割増賃金の支払いが必要です（規則第 25 条の 2 第 4 項）。

清算期間が 1 カ月を超えるフレックスタイム制における時間外労働の計算手順

最終月以外　（1 カ月ごとの各区分期間（最後の期間を除く））

（ⅰ）その月の実労働時間が週平均50時間を超過しているか？

　　┗━▶ 超過していれば　　　　　━━━▶　(A)超過時間をその月の時間外労働としてカウント
　　（実労働時間＞週平均50時間）

最終月

（ⅰ）最終月の実労働時間が週平均50時間を超過しているか？

　　┗━▶ 超過していれば　　　　　━━━▶　(B)超過時間を時間外労働としてカウント
　　（実労働時間＞週平均50時間）

（ⅱ）【清算期間を通じた総実労働時間－((A)＋(B)の合計)】が清算期間における総労働時間を超過しているか？

　　┗━▶ 超過していれば　　　　　━━━▶　(C)超過時間を時間外労働としてカウント
　　（総実労働時間－((A)＋(B))
　　　＞清算期間における総労働時間）

（ⅲ）(B)＋(C)の合計時間を、最終月の時間外労働としてカウント

⑸　36 協定の締結・届出

　前記の法定時間外労働が想定される場合には、36 協定の締結・届出が必要となります。

　36 協定には、「対象期間における 1 日、1 箇月及び 1 年のそれぞれの期間について労働時間を延長して労働させることができる時間又は労働させることができる休日の日数」を定めなければなりません（法第 36 条第 2 項第 4 号）。しかし、フレックスタイム制については、1 日について延長することができる時間を協定する必要はなく、1 カ月および 1 年について協定すれば足りることとされています（平 30.12.28 基発 1228 第 15 号の第 1 の問 2）。

フレックスタイム制に関する労使協定届の記載例　様式第3号の3

様式第3号の3（第12条の3第2項関係）

清算期間が1箇月を超えるフレックスタイム制に関する協定届

事業の種類	事業の名称	事業の所在地（電話番号）	常時雇用する労働者数	協定の有効期間
ソフトウェア業	○○ソフト株式会社 △△支店	（〒○○○-○○○○）○○市○○町1-2-3 （電話番号：○○○-○○○○-○○○○）	100人	○○○○年4月1日から一年間

業務の種類	該当労働者数	清算期間（起算日）	清算期間における総労働時間
営業 開発	10人 30人	3箇月 4月1日、7月1日、10月1日、1月1日	7時間×所定労働日数

標準となる1日の労働時間	コアタイム	フレキシブルタイム
7時間	午前10時　～　午後3時	午前6時　～　午前10時　午後3時　～　午後7時

協定の成立年月日　○○○○年　3月　12日

協定の当事者である労働組合（事業場の労働者の過半数で組織する労働組合）の名称又は労働者の過半数を代表する者の
職名　営業部　係長　氏名　○○　○○

協定の当事者（労働者の過半数を代表する者の場合）の選出方法（　投票による選挙　）

上記協定の当事者である労働組合が事業場の全ての労働者の過半数で組織する労働組合である又は上記協定の当事者である労働者の過半数を代表する者が事業場の全ての労働者の過半数を代表する者であること。□（チェックボックスに要チェック）

上記労働者の過半数を代表する者が、労働基準法第41条第2号に規定する監督又は管理の地位にある者でなく、かつ、同法に規定する協定等をする者を選出することを明らかにして実施される投票、挙手等の方法による手続により選出された者であつて使用者の意向に基づき選出されたものでないこと。□（チェックボックスに要チェック）

○○○○年　3月　15日

使用者　職名　代表取締役社長　氏名　○○　○○

○○○○　労働基準監督署長殿

記載心得
1　「清算期間（起算日）」の欄には、当該労働時間制における時間通算の期間の単位を記入し、その起算日を（　）内に記入すること。
2　「清算期間における総労働時間」の欄には、当該清算期間の清算期間において、労働契約上労働者が労働すべき時間を記入すること。
3　「標準となる1日の労働時間」の欄には、当該労働時間制において、年次有給休暇を取得した際に支払われる賃金の算定基礎となる労働時間の長さを記入すること。
4　「コアタイム」の欄には、労働基準法施行規則第12条の3第1項第2号の労働者が労働しなければならない時間帯を定める場合には、その時間帯の開始及び終了の時刻を記入すること。
5　「フレキシブルタイム」の欄には、労働基準法施行規則第12条の3第1項第3号の労働者がその選択により労働することができる時間帯に制限を設ける場合には、その時間帯の開始及び終了の時刻を記入すること。
6　協定については、労働者の過半数で組織する労働組合がある場合はその労働組合、労働者の過半数で組織する労働組合がない場合は労働者の過半数を代表する者と協定すること。なお、労働者の過半数を代表する者は、労働基準法第41条第2号に規定する監督又は管理の地位にある者でなく、かつ、同法に規定する協定等をする者を選出することを明らかにして実施される投票、挙手等の方法による手続により選出された者であつて、使用者の意向に基づき選出されたものでないこと。これらの要件を満たさない場合には、有効な協定とはならないことに留意すること。また、これらの要件を満たしていても、当該要件に係るチェックボックスにチェックがない場合には、協定の形式上の要件に適合していないことに留意すること。
7　本様式をもつて協定とする場合においても、協定上明らかにする必要があることから、協定当事者たる労使双方の合意があることを明らかにする方法により締結すること。

(6)　割増賃金の支払い

　(4)の計算方法により算定された法定時間外労働となる時間については、労働基準法第 37 条の規定に従い、割増賃金の支払いが必要となります。

　また、清算期間が 1 カ月を超える場合は、清算期間を 1 カ月ごとに区分した各期間を平均して 1 週間当たり 50 時間を超えて労働させた時間について、清算期間の途中であっても、時間外労働としてその各期間に対応した賃金支払日に割増賃金を支払わなければなりません。さらに、当該時間が月 60 時間を超える場合は、5 割以上の率で計算した割増賃金を支払わなければなりません（法第 37 条第 1 項ただし書）。そして、清算期間を 1 カ月ごとに区分した各期間の最終の期間においては、当該最終の期間を平均して 1 週間当たり 50 時間を超えて労働させた時間に加えて、当該清算期間における総実労働時間から、①当該清算期間の法定労働時間の総枠および②当該清算期間中のその他の期間において時間外労働として取り扱った時間を控除した時間が時間外労働時間として算定され、この時間が 60 時間を超える場合には 5 割以上の割増賃金を支払わなければなりません（法第 37 条第 1 項ただし書）（図 2）。

図 2　賃金支払いのイメージ

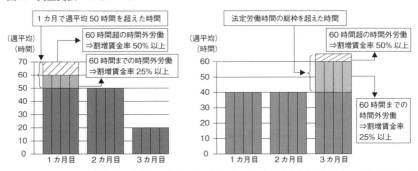

資料出所：厚生労働省パンフレット「フレックスタイム制のわかりやすい解説 & 導入の手引き」

(7)　時間外・休日の実労働時間の上限の適用

　清算期間が 1 カ月を超える場合は、時間外・休日労働の上限である「月 100 時間未満、2 ～ 6 カ月平均 80 時間以内」（法第 36 条第 6 項第 2 号、第 3 号）の規制は、清算期間を 1 カ月ごとに区分した各期間（最終の期間を除く）を平均して 1 週間当たり 50 時間を超えて労働させた時間に対して適用されます。

そして最終の期間においては、当該期間の週当たり50時間を超えた時間に加えて、清算期間における総実労働時間から、①清算期間の法定労働時間の総枠および②清算期間中のその他の期間において時間外労働とされた時間を控除した時間について法第36条第6項第2号および第3号が適用されます。

　いずれにしても、フレックスタイム制は、労働者があらかじめ定められた総労働時間の範囲内で始業および終業の時刻を選択し、仕事と生活の調和を図りながら働くための制度であり、長時間の時間外労働を行わせることは、制度の趣旨に合致しないことに留意する必要があります。

⑻　清算期間が1カ月を超える制度で労働させた期間が短い者の取扱い

　清算期間が1カ月を超える場合は、フレックスタイム制により労働させた期間が当該清算期間よりも短い労働者については、当該労働させた期間を平均して1週間当たり40時間を超えて労働させた時間について、法第37条の規定の例により、割増賃金を支払わなければなりません（法第32条の3の2）。

6　フレックスタイム制における休日労働

問6　フレックスタイム制のもとで休日労働を行った場合、割増賃金の支払いや時間外労働の上限規制との関係はどのようになりますか。

答　法定休日の労働を休日労働として時間外労働とは別にカウントする

　フレックスタイム制のもとで休日労働（1週間に1日の法定休日に労働すること）を行った場合には、その休日労働の時間は清算期間における総労働時間や時間外労働とは別個のものとして取り扱われます（次頁図3）。

　したがって、法定休日に労働した時間はすべて休日労働としてカウントし、3割5分以上の割増賃金率で計算した賃金の支払いが必要です。そして、休日労働以外の時間について、問5⑷の方法で時間外労働を算出します。

図3　フレックスタイム制のもとで休日労働を行った場合

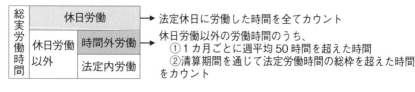

なお、時間外労働の上限規制との関係については、時間外労働と休日労働を合計した時間に関して、①単月 100 時間未満、②複数月平均 80 時間以内の要件を満たさなければなりません。

7　1 週間単位の非定型的変形労働時間制の場合

問 7　1 週間単位の非定型的変形労働時間制を採用した場合、1 週 40 時間の範囲内で、忙しい日に 11 時間労働をさせるには 36 協定が必要でしょうか。

答　1 日 10 時間が限度、これを超える場合には 36 協定が必要

(1) 1 週間単位の非定型的変形労働時間制

1 週間単位の非定型的変形労働時間制とは、日ごとの業務に著しい繁閑の差が生じることが多く、かつその繁閑が定型的に定まっていないために原則的な変形労働時間制を採用することが困難な事業について、労使協定に基づいて、労働者ごとに 1 週間の各日の労働時間を定め、あらかじめ当該労働者に通知したうえで、1 日について 10 時間まで労働させることができることとしたものです（法第 32 条の 5）。

たとえば、旅館業その他では間際に団体客の予約があるなど業務の繁閑に著しい差の生じることがあります。しかもそのような事態は予測しがたいため、あらかじめ就業規則その他で各日、各週の労働時間を特定することが要件とされている原則的な変形労働時間制は採用しがたいところです。

そこで、このような事業でも忙しい日には比較的長く働き、そうでない日

には短時間働くことにより、全体として労働時間を短縮しようとするのが、1週間単位の非定型的変形労働時間制です。

これを採用できる事業場は、小売業、旅館、料理店および飲食店のいずれかの事業であって、しかも常時使用する労働者の数が30人未満のものに限られます。

(2)　導入要件

1週間単位の非定型的変形労働時間制を採用するには、労使協定において、本制度を導入する旨を定め、様式第5号により所轄労働基準監督署長に届け出ることが必要です。この制度を採用した場合には、1週間の各日の労働時間を労働者にあらかじめ通知することによって、特定の日に10時間まで働かせることができます。

この場合の事前の通知は、1週間の各日の労働時間について、その週の開始する前までに書面で行わなければなりません。ただし、台風の接近、豪雨等天候の急変など緊急でやむを得ない事由がある場合には、使用者は、あらかじめ通知した労働時間を変更しようとする日の前日までに書面で当該労働者に通知することにより、あらかじめ通知した労働時間を変更することができます（規則第12条の5第3項）。

また、使用者は各日の労働時間を定める場合、労働者の意思を尊重するよう努めなければならない（規則第12条の5第5項）とされ、また、妊産婦については請求がある場合は、法定労働時間を超えて労働させることはできません（法第66条第1項）。

なお、特例措置対象事業場（12頁参照）であっても、この制度を採用する場合には、週の所定労働時間を40時間以下とする必要があります。

(3)　時間外労働となる時間

1週間単位の非定型的変形労働時間制を採用した場合の時間外労働となる時間は、つぎのとおりです。

(ア)　1日については、事前通知において1日の法定労働時間（8時間）を超える時間を定めた日の時間を超えて労働した時間、それ以外の日は1日の法定労働時間を超えて労働した時間

(イ)　1 週間については、(ア)で時間外労働となる時間を除き、週の法定労働時間（40 時間）を超えて労働した時間

これを図を用いながら具体的にみてみましょう。

図 4 は、常時使用する労働者数が 1 ～ 9 人の事業場が 1 週間単位の非定型的変形労働時間制を採用し、1 週間の所定労働時間を労使協定で 39 時間と定めた場合の例です。

図中の①～⑤までの、事前通知で示された所定労働時間を超える労働時間（規則第 12 条の 5 第 3 項ただし書の緊急でやむを得ない事由がない場合とします）は、つぎのように扱うこととなります。

図 4　1 週間単位の非定型的変形労働時間制の例と時間外労働となる時間

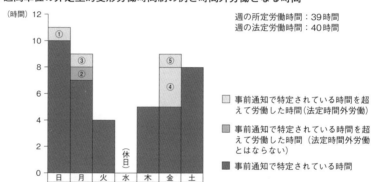

①は、1 日 8 時間を超え、事前通知で定められている 10 時間の所定労働時間を超えていますので、時間外労働です。

②は、1 日の所定労働時間を超えていますが、1 日 8 時間、1 週 40 時間を超えていませんので、時間外労働ではありません。

③は、事前通知で 1 日 8 時間を超えて労働することが定められていない日（所定労働時間は 7 時間）について、1 日 8 時間を超えていますので時間外労働です。

④は、1 日 8 時間を超えていませんが、①および③を除いた 1 週間の実労働時間の合計が 40 時間を超えていますので時間外労働です。

⑤は、1日8時間、1週40時間を超えていますので、時間外労働です。

したがって、時間外労働となる①、③、④および⑤については36協定の締結・届出および割増賃金の支払いが必要です。

したがって、設問の「忙しい日に11時間労働させる」場合は、当該日について事前通知で所定労働時間を何時間としたかによって、時間外労働となる時間が異なってきますが、いずれにしても、1日10時間が限度ですから、当該日についてあらかじめ10時間で通知した場合でも、1時間については時間外労働となり、36協定が必要となります。

8　休日労働と代休

問 8
休日に出勤させても、事後に必ず代休を与えるようにしているならば、36協定はいりませんか。

答｜当初の休日に労働させた後に代休を与えても休日労働であることに変わりはない

休日について、法第35条第1項は、「毎週少くとも1回の休日を与えなければならない。」とし、同条第2項は、「4週間を通じ4日以上の休日を与える」場合は必ずしも毎週1回以上でなくてもよいことを認めています。なお、休日を特定の日にすべきことについては、特に規定していません。

したがって、休日をいつにするかは、各企業内において自由に定める事項になります。

もっとも、「休日をどのように決めるか」は、労働契約の締結に当たって、使用者が明示しなければならない事項ですし（法第15条第1項、規則第5条第2号）、また、就業規則に必ず定めておかなければならない事項でもあります（法第89条第1号）。行政解釈では、「法第35条は必ずしも休日を特定すべきことを要求していないが、特定することがまた法の趣旨に沿うものであるから就業規則の中で単に1週間につき1日といっただけではなく具体的に一定の日を休日と定める方法を規定するよう」にとしています（昭23.5.5

基発第 682 号、昭 63.3.14 基発第 150 号）。

　さて、その事業場において、休日と定められている日に（法第 33 条の非常災害の場合以外に）、やむを得ない理由によって労働させるには、つぎの方法によることになります。

① 　法第 36 条の規定により、36 協定の締結・届出による。ただし、休日労働が禁止されている年少者については除かなくてはならない。

② 　あらかじめ、休日と定められている日を労働日に変更し、その代わり他の労働日を休日とするいわゆる休日の振替による。この場合、振り替えるべき日は、休日が 4 週 4 日となる週の範囲内になければならない。休日の振替は休日労働の扱いではないので、36 協定は必要としない。

　設問の休日である日に労働させ、事後に代休を与えることは、「休日」の労働に先立って、他の日に休日を変更しているか（したがって、当日は休日ではなくて通常の労働日となっています）、事前に変更することなく「休日」に労働させた後、その代償として通常の労働日を休ませるか（したがって、労働契約上あるいは就業規則上、労働させた日は、依然として休日です）によって分けて考える必要があります。

　前者の場合であれば、前記②の休日の振替に当たり、あらかじめ就業規則に定めておくこと、事前に労働者に振替を通告すること、振り替えた他の日に休日を与えることなどの要件を満たすことは必要ですが、36 協定は必要ありません。

　これに対し、後者の場合は、休日労働になりますから、36 協定が必要となります。36 協定による休日労働を行わせながら、かつ、代休を与えるという方法で、代休日は、休日に労働させたことに対する代償としての休暇とみられるものです。

9　宿日直勤務の場合

問 9　夜間や休日に、宿日直勤務をさせる場合には、36 協定は必要ですか。

答　所轄労基署長の許可を受けた宿日直勤務は法 36 条にいう時間外・休日労働に当たらない

　宿直や日直も法定労働時間外や休日に行われるものは、一種の時間外・休日労働に当たります。しかし、一般的に、宿日直勤務は、留守番的なかたちのものであり、労働の質の面からみる限り、所定内であれ所定外であれ通常の労働とは異なります。

　そこで、法第 41 条第 3 号、規則第 23 条の規定により、宿直または日直の勤務で断続的な業務について、所轄労働基準監督署長の許可を受ければ、36 協定によることなく、時間外あるいは休日に、宿日直勤務をさせることができます。

　この許可を得て行う宿日直勤務は、法第 36 条による時間外・休日労働ではありませんから、法第 37 条による割増賃金の支払う必要はありません（ただし、深夜業に係る規定は適用されます）。

　ところで、この宿日直勤務の許可を得るためには、つぎの条件が整っていなければなりません（昭 22.9.13 発基第 17 号、昭 63.3.14 基発第 150 号）。

① 宿日直勤務については、原則として通常の労働の継続であってはならず、定時的巡視、緊急の文書または電話の収受、非常事態に備えての待機などを目的とするものであること。

② 宿直勤務については、睡眠設備を設けること。

③ 宿日直勤務の一定期間の回数は、原則として、宿直勤務については週 1 回以内、日直勤務については月 1 回以内であること。

④ 1 回の宿日直勤務手当の最低額は、宿日直に就くことが予定されている同種の労働者に対して支払われている賃金の 1 人 1 日平均額の 3 分の 1 を下らないこと。

　以上のような態様による宿日直勤務であっても、所轄労働基準監督署長の許可を得ていなければ、法第 41 条第 3 号、規則第 23 条による宿日直勤務として扱われませんから、36 協定を要する時間外・休日労働の扱いをしなければならないものです。

　また、先の許可基準を満足しない条件による宿日直勤務であれば、当然許可が与えられませんから、この場合には、36 協定を締結、届出のうえ、時間外・休日労働として処理しなければなりません。

　宿日直勤務の許可申請は、様式第 10 号「断続的な宿直又は日直勤務許可申請書」に、所要事項を記載して行うものですが、許可はこの申請内容を条件として行われることとなっていますので、許可されるに当たって条件とされた事項について労働者側に不利となる変動があった場合には、改めて許可を受けなければなりません。

　なお、宿日直手当については基本賃金の上昇に伴い最低基準額が上昇するわけですから、これに併せ引上げが必要となるものですが、この引上げを怠りますと、許可の取消しを受けることになります。ただし、こうした場合に、最低基準額に見合うように、宿日直手当の引上げがされている限り、改めて許可を受ける必要はないものとされています。

10　事業場外労働および裁量労働の場合

問 10　事業場外で働く外交セールス、あるいは事業場内の研究部門で働く職員の時間外労働はどのようになり、また 36 協定はどのように締結すればよいのでしょうか。

答　「当該業務の遂行に通常必要とされる時間」「みなし労働時間」が法定労働時間を超える時間について 36 協定が必要

⑴　事業場外労働の場合の時間外労働の取扱い

　まず、事業場外で働く外交セールスなどの業務に従事する場合で、労働時間の算定が困難なときには、つぎのように労働時間の算定を行います（法第 38 条の 2）。

① 原則として所定労働時間労働したものとみなす。

② その業務を遂行するためには、通常所定労働時間を超えて労働することが必要な場合には、その業務の遂行に、通常必要とされる時間労働したものとみなす。

③ ②の場合であって、労使協定を締結し、その協定で「当該業務の遂行に通常必要とされる時間」を定めたときは、その定めた時間が②の時間となる。

　これらの場合の時間外労働についてみると、①の場合は、所定労働時間内の労働とみなされますから、別段の時間外労働の指示がない限り、時間外労働となることはあり得ません。②の場合は、「通常所定労働時間を超えて労働する」ということになり、この所定労働時間を超えた部分が法定労働時間を超えている場合には、時間外労働となります。③の場合は、事業場外労働に関する労使協定を行うこととなりますが、協定で定める時間が法定労働時間の範囲内であれば36協定の必要はありません。法定労働時間を超える場合は、超えた部分は時間外労働となり、36協定が必要となります。なお、この労使協定は、労使協定で定める時間が法定労働時間を超える場合は、「事業場外労働に関する協定届」（様式第12号）により、所轄労働基準監督署長に届け出なければなりません。

　また、この労使協定の内容を法第36条の規定による届出に付記して届け出ることもできます。

(2)　専門業務型裁量労働制の場合の時間外労働の取扱い

　つぎに、事業場内の研究部門に従事する職員の裁量労働（専門業務型裁量労働制）の場合ですが、この場合の労働時間の算定は、労使協定において専門業務型裁量労働制を適用する業務を定め、みなし労働時間を定めた場合には、その労働者は協定で定めた時間労働したものとみなされます。そしてこの協定に定める時間が法定労働時間を超えていれば、時間外労働となり、36協定が必要となります（法第38条の3、規則第24条の2の2）。

　裁量労働制に関する労使協定は、協定に定める時間の長短に関係なく、「専門業務型裁量労働制に関する協定届」（様式第13号）により、必ず所轄労働基準監督署長に届け出ることとされています。また、協定で定める時間が法定労働時間を超える場合は、別途36協定を締結して所轄労働基準監督署長に

届け出なければなりません。

　また、企画業務型裁量労働制を導入している事業場で、法定労働時間を上回るみなし労働時間を決議した場合も、別途 36 協定を締結して、所轄労働基準監督署長に届け出ることが必要です。

11　技能検定受験希望者に対する終業後の講習

問 11

技能検定の受験希望者などに、1 日の終業後に工場内または外部で特別の技能講習を受けさせるのは、時間外労働になり、36 協定が必要となりますか。なお、当社で各種の講習を開催する理由としては、①従業員の積極的な希望による場合、②会社側が業務の都合上積極的に採用する場合があり、これらいずれの場合も、講習参加費用は会社がもちます。また、所定の勤務時間は 1 日 8 時間です。

答　参加が義務づけられ、労働時間とみられれば時間外労働となり得る

　設問のポイントは、所定の勤務時間外に行われる技能講習に従業員が参加する時間が労働時間であるかどうかです。

　まず、この問題については、一般的な考え方としては、従業員が当該講習に参加し、出席することが使用者から義務づけられている場合には労働時間であり、そうではなく講習参加が従業員の自由意思によるときには労働時間には当たらない、といえます。そして、これが義務づけられているかどうかは、実態に即して総合的に判断しなければなりませんから、設問のいくつかの要素について具体的に検討してみます。

① 技能講習の性格

　設問では、技能講習の参加者は技能検定の受験希望者となっていますが、一般に労働者が一定の資格を取得することは労働者自身の利益になるものの、他方直接あるいは間接に雇い主側にも利益をもたらすものと思われます。したがって、明確な業務命令として参加の指示がなされ、これに従わ

ない場合は就業規則などで制裁その他の不利益な取扱いがなされる場合は労働時間であることはいうまでもありませんが（昭26.1.20基収第2875号、平11.3.31基発第168号）、明示の指示がなくても当該労働者の参加またはそれによる資格取得が事業運営において必要性が高い場合には黙示の指示があると認められることもあるでしょう。

② 企業内の講習と企業外の講習

　　講習を行う主体が、当該企業であるか、あるいは企業外の講習機関によるものであるかは、これに参加することが義務づけられているかどうかとは直接関係がありません。会社が行う講習であっても、その参加が従業員の自由意思にゆだねられていたり、福利厚生的な意味で行われているようなときは、その参加は義務づけられているとはいえません。

③ 講習参加の費用負担

　　講習参加の費用を会社が負担するかどうかも、講習参加が義務づけられているかどうかの決定的要素とはなりませんが、一般的には、講習参加の費用が本人負担であれば、任意参加である場合が多いでしょう。

　結局、①～③に掲げた事項などを総合的に判断して講習参加が義務づけられていると認められる場合には、その参加した時間は労働時間となり、これを含めて1日の労働時間が8時間を超える場合は、時間外労働となります。

　仮に設問の講習の受講時間が労働時間に該当する場合は、36協定を締結し、その範囲内でないと参加させることはできず、法定労働時間を超える参加時間に対しては割増賃金を支払わなければなりません。したがって、このような講習を年少者や妊産婦に受けさせる場合には、その者の労働時間と講習時間について、十分注意する必要があります。

12　工場防火のための呼出し

問 12　午後 5 時終業後、いったん帰宅したのち、午後 9 時ごろ隣接工場に火災が発生したので、防火のため呼出しをかけ、午後 9 時 30 分から 1 時間工場の警戒に当たらせました。このような場合には、36 協定が必要でしょうか。

答　災害等により臨時の必要がある場合は、事前の許可（事態急迫の場合は事後の届出）を受ければ、36 協定は不要

　労働基準法は、災害その他避けることができない事由によって、臨時の必要がある場合においては、使用者は、行政官庁の許可を受けて、その必要な限度において労働時間を延長し、または休日に労働させることができる旨定めています（法第 33 条第 1 項）。時間外労働や休日労働が、法第 33 条第 1 項の定めている場合に該当するときは、36 協定は必要ありません。

　問題は、設問の事例が、

① 「災害その他避けることのできない事由」に該当するかどうか

② 必要な限度の範囲内にあるかどうか

③ いったん帰宅させたのち、呼出しをかけて警戒に当たらせたのは労働時間の延長といえるかどうかにあります。

　①の問題については、「災害その他避けることのできない事由」というのは天災地変その他これに準ずるもので、法第 36 条の規定との関係から、業務運営上通常予想し得ない、したがって、その事由のためあらかじめ必要な時間外労働または休日労働の協定を結んでおくことが困難な場合と解されます。具体的には、天災地変のほか、事業の運営を不可能ならしめるような突発的な機械の故障の修理、ボイラーの破裂など人命または公益の保護に必要な行為がこれに該当しますが、単なる業務の繁忙その他これに準ずる経営上の必要はこれに含まれないとされています（昭 22.9.13 発基第 17 号、昭 26.10.11 基発第 696 号）。一般には、火災のような場合はこれに該当すると考えてよいと思われます。ただ隣接工場の火災がただちに当該事業場の火災になると考えることはできませんが、隣接工場の火災により当該事業場の工場などに類

焼することが客観的に予見される場合には「災害その他避けることのできない事由」に該当することになります（昭33.2.13基発第90号）。

　また、②の「必要な限度」というのは、具体的にどの範囲までいうかは、難しい問題ですが、この設問の事例でいえば、社会通念上、工場の防火のため必要な範囲と考えることができます。

　つぎに、「労働時間の延長」といった場合に、設問の事例のように労働者がいったん帰宅した後、呼出しをかけて労働させることを含むかどうかという③の問題ですが、労働基準法上の1日当たりの労働時間の制限やその例外は、労働時間の継続を前提としているものではなく、1日の労働時間の合計について規制しているので、所定労働時間内の労働と時間外の労働が分断していても「労働時間の延長」に当たることはいうまでもありません。

　したがって、設問の事例が前記①、②に述べたような要件に該当する場合には、事前に所轄労働基準監督署長の許可を受けたときは、時間外労働について36協定は必要がないことになります。

　事態急迫のために、事前に所轄労働基準監督署長の許可を受ける暇がない場合には、事後に遅滞なく届け出なければなりません（法第33条第1項ただし書き）。

　事後に届け出た場合において、所轄労働基準監督署長は、その労働時間の延長または休日の労働を不適当と認めるときは、その後にその時間に相当する休憩または休日を与えるべきことを命ずることができます（法第33条第2項）。これを「代休付与命令」といいます。すなわち、所轄労働基準監督署長は、既に行われた時間外労働または休日労働が「災害その他避けることのできない事由」に該当しないにもかかわらず行われたと認めた場合、あるいは「必要な限度」を超えて行われたと認めた場合に、前者の場合には既に行われた時間外労働時間または休日労働時間の全部、後者の場合にはその「必要な限度」を超えて行われた時間外労働時間または休日労働時間に見合う時間の休憩または休日を与えるべきことを命ずることができるものです。

13　遅刻時間相当の時間延長

問 13　1 時間遅刻したら所定終業時刻後 1 時間労働時間を延長するという場合にも、36 協定は必要でしょうか。

答　実労働時間で 1 日 8 時間を超えなければ 36 協定は不要

　36 協定が必要となるのは、法第 32 条から第 32 条の 5 までもしくは第 40 条に規定されている労働時間を延長し、または法第 35 条に規定されている休日に労働させる場合です（法第 36 条）が、この場合の「労働時間」というのは、就業規則なり労働契約で定められたいわゆる所定労働時間ではなく、実際の労働時間を意味します。たとえば、就業規則、労働契約などで所定労働時間が 1 日 7 時間となっているときは、1 日に 1 時間の労働時間の延長をしても、実際の労働時間は 8 時間となり、法第 32 条第 2 項の法定労働時間（8 時間）の範囲内にありますから、36 協定は必要ありません。また、労働基準法上は、使用者は割増賃金を支払う必要もありません（法第 37 条参照）。

　就業規則、労働契約などで、労働者に 1 時間遅刻したら所定終業時刻後 1 時間労働時間を延長して労働することを義務づける設問の事例においては、実際の労働時間は所定労働時間と変わらず、したがって、その時間は当然法第 32 条第 2 項の定める時間の範囲内にありますから、36 協定は必要ありません。また、時間外労働の割増賃金の支払いも必要ないことになります（昭 29.12.1 基収第 6143 号、昭 63.3.14 基発第 150 号、平 11.3.31 基発第 168 号）。もっとも、所定労働時間を 1 時間延長することによって深夜（午後 10 時から午前 5 時までの時間）に労働させることとなる場合には、使用者は、その深夜業については深夜業としての割増賃金を支払わなければなりません。

2 ┃ 36協定の結び方

1　36協定の締結当事者

問 14 ┃ 36協定は、誰と誰が結ぶのですか。

答 過半数労働組合（これがない場合は過半数代表者）と使用者（社長や各事業場の所長等）とで結ぶ

　まず、36協定の労働者側の締結当事者となり得るのは、①その事業場の労働者の過半数を組合員として組織している労働組合があるときはその労働組合（過半数労働組合）、②そのような労働組合がないときは労働者の過半数を代表する者（過半数代表者）です。

⑴　「事業場」の判断と「労働者」の範囲

　「事業場」については、原則として同一場所にあるものは一の事業場として取り扱います。1つの会社に複数の工場があるような場合は、通常はその各工場がそれぞれ1つの事業場に当たりますから、労働者の過半数が加入している労働組合があるか否かは、その工場ごとに判断する必要があります。「労働者」は、その事業場で働いている労働者の全数のことです。管理監督者であっても、年少者であっても、臨時工やパートタイマーであっても、事業場の労働者であることに変わりはありませんから、全部算入されます。なお、労働者派遣事業から派遣される派遣労働者は、派遣先では労働契約関係がないため除かれますが、派遣元の事業場の労働者に含まれます。

(2)　過半数労働組合の要件

　「労働組合」とは、「労働者が主体となって自主的に労働条件の維持改善その他経済的地位の向上を図ることを主たる目的として組織する団体又はその連合団体」(労働組合法第 2 条)と定義されています。労働組合は労働者の自主的な組織であって、その設立について内部的な手続きはともかく使用者などに対する特別な手続きや形式を必要としませんし、行政官庁などへの届出などもしなくてよいので、このような組織ができあがったら、使用者はこれを団体交渉などの相手方としなければなりません。36 協定の相手方になる労働組合もまた、このようなものをいいます。

　労働組合は労働者の自由な組織ですから、事業場ごとに 1 つずつできるとは限りません。第 1 組合と第 2 組合というように複数の組合ができることもあれば、会社を通じて 1 つ労働組合があり、事業場単位では単位労働組合がない場合、あるいは事業場ごとに組織された労働組合が会社単位で連合団体を作っている場合などがあります。また、我が国の労働組合は企業内組合が一般的ですが、これと異なり、地域の労働者が企業の枠を超えて労働組合を組織する例もあります。

　36 協定の当事者となるのは、事業場の労働者の過半数が加入している労働組合です。つまり、その事業場の過半数の労働者が加入しているという事実があれば、その労働組合がどのような組織であるかは問題ではありません。その事業場の労働者が作った労働組合はもちろんのこと、会社単位の組合でその事業場には支部組織のないもの、企業外の労働組合であってもよいのです。事業場内に支部分会組織がないことを理由に当該事業場には労働組合がないものとして取り扱うことは許されません(昭 36.9.7 基収第 4932 号、平 11.3.31 基発第 168 号)。たとえば、会社には A、B、C の 3 つの事業場があり、甲、乙の 2 つの労働組合があって、A 事業場では甲組合が過半数を占め、B 事業場では乙組合が過半数を占め、C 事業場では甲乙両組合とも過半数に達していない場合における 36 協定の相手方は、A 事業場については甲組合、B 事業場については乙組合、C 事業場についてはつぎに説明する労働者の過半数代表者ということになります。

　1 つの事業場に 2 つの労働組合がある場合、一方の組合が事業場の労働者の過半数を占めていれば、この組合が協定の当事者であって、他方の組合と

協定する必要はありません（昭23.4.5基発第535号）。36協定の効果は、当然に少数組合の組合員である労働者にも及ぶことになります。

(3)　過半数代表者

　以上のような事業場の労働者の過半数で組織する労働組合がない場合、つまり労働組合がまったくないか、あっても事業場の過半数の労働者が加入していない場合には、36協定を結ぶのは、その事業場の「労働者の過半数を代表する者」であると定められています。この労働者の過半数代表者の要件については、規則第6条の2に定められており、投票や挙手などの適正な手続きにより選出された者であって、使用者の意向に基づき選出されたものでないことが必要となります（過半数代表者の決め方については、**問21**参照）。

(4)　使用者側当事者

　36協定を結ぶ使用者側の代表者については、会社内部の権限分配の問題となります。会社に複数の事業場があるような場合には、各事業場の所長などにその権限を与えておく場合もありますし、社長自ら各事業場の36協定を締結する場合もあります（昭36.9.7基収第1392号、平11.3.31基発第168号）。

2　本社・工場一括で結べるか

問 15
本社、支店、工場などを一括して36協定を結ぶことができますか。

答
協定当事者である労働組合が各事業の過半数労働組合であれば一括協定可能

(1)　「事業場」の解釈

　36協定は、事業場ごとに結ばなければなりません。どのような単位をもって事業場というかについては、概ねつぎのように解釈されています（昭22.9.13発基第17号、昭23.3.31基発第511号、昭33.2.13基発第90号、昭

63.3.14基発第150号・婦発第47号、平11.3.31基発第168号）。

　まず、「事業とは、工場、鉱山、事務所、店舗等の如く一定の場所において相関連する組織のもとに業として継続的に行われる作業の一体をいうのであって、必ずしもいわゆる経営上一体をなす支店、工場等を総合した全事業を指称するものではない」、そして、「一の事業であるか否かは主として場所的観念によって決定すべきもので、同一場所にあるものは原則として分割することなく1個の事業とし、場所的に分散しているものは原則として別個の事業とする」ということになっています。つまり、同じ場所で一体的な作業が行われている場合に、これを事業場としてとらえるという考え方で、これによって、1つの工場は原則として1つの事業場であり、本社と工場が離れた場所にあれば別個の事業場だということになるわけです。しかし、事業場の単位はこれだけで決まるのではなく、たとえば工場内の診療所や食堂のように、同じ構内にあっても著しく労働の態様が違い、従事する労働者も労務管理も区別されているようなときには、その部門だけを取り出して1つの事業場として取り扱うことにしています。また逆に、場所的には独立していても、規模の小さい出張所、支所のようなものは、1つの事業場というほどの独立性はないので、その上の機構と一括して、1つの事業場として扱われる場合があります。

(2)　事業場単位での締結と締結当事者

　ところで、36協定が以上に説明したような事業場の単位で結ぶべきであるというのは、必ずしもその事業場の中で組織されている労働組合と事業場の長（工場長、所長など）とで協定すべきであるということを意味するわけではありません。

　会社側でいえば、工場長や所長に36協定を結ぶ権限を与えるかどうかは会社の内部問題であって、本社の労務部長や社長が36協定を結んで悪い理由はありませんし、労働者側でいえば、労働組合の組織の範囲が事業場を超えている場合もあり、その事業場に労働組合の支部組織のようなものがなくても（事業場の労働者の過半数がその組合に加入していれば）、その労働組合が当事者になります。つまりこの場合、会社の社長と事業場を超えた組織の労働組合の代表者とがその事業場についての36協定を結ぶことになるわけです。

(3)　一括届出の可否

　さらにもう一歩進めて、A、B両事業場を一緒にした36協定ができないものかという要請が当然起こってきます。甲組合がA、B両事業場の労働者のそれぞれの過半数を組織しているとしますと、A事業場およびB事業場のそれぞれの36協定を会社の社長と甲組合の代表者とが結ぶことができるのですから、これを一括して1本の協定にしても形式的には差し支えないでしょう。

　設問の本社、支店、工場などを一括する36協定ができないかということについても、前述したように、これらの各事業場について労働者の過半数が加入している労働組合が同じ労働組合である場合は可能であるということになります。しかし、注意すべきことは、形式上の協定は1本の協定でも、法律上は各事業場ごとの協定を一括した協定であって、所轄労働基準監督署長への届出は、原則として各事業場ごとに行わなければならないということです。

　なお、平成15年2月15日付の通達（基発第0215002号）により、複数の事業場を有する企業においては、以下の要件を満たした場合には、いわゆる本社機能を有する事業場の使用者が、一括して本社の所轄労働基準監督署長に届出を行うと、本社以外の事業場の所轄労働基準監督署長に届出があったものとして差し支えないこととされています。

① 　本社と全部または一部の本社以外の事業場に係る協定の内容が同一であること。

　　この場合の「同一」とは、36協定の様式（第9号など）における記載事項のうち、「事業の種類」、「事業の名称」、「事業の所在地（電話番号）」、「労働者数」以外の事項が同一であることをいいます。

② 　本社の所轄労働基準監督署長に対する届出の際には、本社を含む事業場数に対応した部数の協定書を提出すること。

　また、法が各事業場ごとに36協定を結ぶような仕組みにしているのは、各事業場によって具体的な事情が違うこと、時間外労働はなるべく必要最小限度の範囲内にとどめることとして協定の内容は具体的にすべきであるという要請を表すものといえますから、本社、支店、工場などその労働の態様と事情の違う可能性の強い各々の事業場について一括した36協定を結ぶことが適当であるかどうかは多分に疑問があります。このような点についても労使間でよく協議することが望まれます。

3　本社直轄の出張所も別に結ぶ必要があるか

問 16｜本社で直轄する従業員 5 人ほどの出張所でも、時間外労働をするには 36 協定を別に出張所単独で結ぶ必要がありますか。

答｜36 協定の締結は事業場単位が原則。事業場といえるかどうかは個別に判断

　労働基準法に基づく報告、届出、許可申請などは、同法の適用単位である個々の事業場ごと、すなわち、支店、営業所、工場などで行うことが原則とされています。

　また、設問の 36 協定をはじめ社内預金や賃金控除などを行うための労使協定を締結したり、就業規則の作成、変更に際して労働組合などの意見を聴いたりするのも、事業場単位を原則としています。

　ところで、設問の趣旨は、時間外労働や休日労働を行う場合、法の適用単位である「事業場」をどのように取り扱うかということ、すなわち、①本社と出張所をそれぞれ個々の事業場として取り扱うのか、②本社と出張所を合わせて 1 つの事業場として取り扱うのかという問題です。

　この点に関して、行政解釈では、

(1)　個々の事業に対して労働基準法を適用するに際しては、当該事業の名称または経営主体等にかかわることなく、相関連して一体をなす労働の態様によって事業としての適用を定めること。

(2)　事業とは、工場、鉱山、事務所、店舗等のごとく一定の場所において相関連する組織のもとに業として継続的に行われる作業の一体をいうのであって、必ずしもいわゆる経営上一体をなす支店、工場等を総合した全事業を指称するものではないこと。

(3)　①　したがって、一の事業であるか否かは主として場所的観念によって決定すべきもので、同一場所にあるものは原則として分割することなく 1 個の事業とし、場所的に分散しているものは原則として別個の事業とすること。

②　しかし、同一場所にあっても、著しく労働の態様を異にする部門が存する場合に、その部門が主たる部門との関連において従事労働者、労務管理等が明確に区別され、かつ、主たる部門と切り離して適用を定めることによって労働基準法がより適切に運用できる場合には、その部門を一の独立の事業とすること。たとえば工場内の診療所、食堂等のごときはこれに該当すること。なお、個々の労働者の業務による分割は認めないこと。

③　また、場所的に分散しているものであっても、出張所、支所等で、規模が著しく小さく、組織的関連ないし事務能力等を勘案して一の事業という程度の独立性がないものについては、直近上位の機構と一括して一の事業として取り扱うこと。たとえば、新聞社の通信部のごときはこれに該当すること。

となっています（昭 22.9.13 発基第 17 号、昭 23.3.31 基発第 511 号、昭 33.2.13 基発第 90 号、昭 63.3.14 基発第 150 号・婦発第 47 号、平 11.3.31 基発第 168 号）。

したがって、出張所は一律に法の適用単位になるかならないかということではなく、1 つの事業として独立性があるかどうかなど前記の基準に照らし、ケース・バイ・ケースで判断することになりますが、基本的には、法の適用が適切に行われるかどうかによるわけです。

設問の出張所については、本社の業務内容、規模、出張所に対する指揮命令、出張所における業務内容、具体的な業務命令（たとえば時間外・休日労働の命令など）の発令、所長など管理者の存否・権限などを総合して判断することになりましょう。

なお、参考までにつけ加えておきますと、**問 15** で説明したとおり、36 協定の締結単位と締結当事者を誰にするかは別個の問題です。たとえば、設問の出張所が適用単位である場合についても、協定を本社において締結する（出張所の労働者の過半数、すなわち、本設問については 3 人以上が加入している労働組合があり、その組合と本社の社長などの間で締結する）ことは差し支えないとされています。

4　使用者側の締結当事者

問 17　36 協定を結ぶ場合、人事部長、支店長、工場長などを、会社側の締結当事者とすることができますか。

答　労働時間管理一般について権限があれば使用者側の締結当事者となり得る

⑴　締結当事者である「使用者」

　36 協定の使用者側の締結当事者について、法第 36 条は、単に「使用者」と規定するにとどまり、たとえば、取締役以上でなければ使用者側の締結当事者になれないというような具体的な定めはなされていません。

　そこで、この使用者とは誰のことをいうのかが問題となります。

　ところで、法第 10 条は、使用者の定義として、使用者とは、①事業主、②事業の経営担当者、③事業の労働者に関する事項について事業主のために行為をするすべての者をいうと規定しています。

　このように、法における使用者の概念は極めて広く、事業主だけでなく、いわゆる社長、専務などと呼ばれる者をはじめ、人事部長のようにその事業の労働者に関する事項について事業主のために行為するすべての者が使用者としての地位にあるといえます。これは、いいかえるならば、労働者に関する事項——たとえば、時間外労働を命ずること——について実質的権限をもっている者のことで、具体的なケースによって異なってくる（前述の時間外労働を命ずる権限を持つ者が必ずしも賃金支払義務の主体ではないことなど）ためだといえます。

⑵　「使用者」の定義とその判断

　使用者の定義について、もう少し詳しく説明しておきます。

①　事業主

　事業主とは、事業の経営の主体ということです。すなわち、個人企業にあってはその企業主個人、会社その他法人組織の場合は法人そのものです。

② 事業の経営担当者

　事業の経営担当者とは、事業主から経営の全部または一部を包括的にまかされ、労働者に関する事項について決定、処分をなす権限を有し、決定または処分をした事項について責任を負う者です。

　法人の代表者、理事、会社の代表者、取締役、支配人などはこれに該当すると思われます。もっとも、これらの者は、強いて経営担当者と解さなくても、つぎの「事業の労働者に関する事項について、事業主のために行為するすべての者」に該当することは明らかで、いずれにせよ法律上使用者に該当することとなります。

③ 事業の労働者に関する事項について、事業主のために行為をするすべての者

　「事業の労働者に関する事項」とは、労働関係において現実に労働者に対して行われる決定ないし処分の内容たる事項であり、人事、給与はもとより、厚生その他労務管理など労働条件の決定やあるいは業務命令の発令、具体的な業務の指揮監督を行うなどすべて含まれると解されています。

　したがって、このような事項に関して、直接または間接の授権に基づきその決定や執行、管理につき指揮命令をし、また監督をする者はすべて使用者ということになります。

　判例でもこのことは明らかにされています。たとえばつぎのような裁判例があります。「……被告人Y(1)は労働基準法第10条所定中、事業主ではないが、事業の経営担当者、または、少なくとも事業の労働者に関する事項について事業主のために行為をする者として使用者に該当するものであったことは明らかであり、そしてたとえ被告人Y(1)が同被告人の検事に対する供述調書により認められるように一定の給料の支払を受けて被告人Y(2)に雇われている同工場の従業員であり、同法第9条にいう労働者であったとしても、被告人Y(1)が同時に叙上主旨において使用者であることを妨げないことは論を俟たないところである」(昭35.2.22東京高裁判決曽根清市等年少者時間外労働違反被告事件)。厚生労働省の行政解釈でも、「『使用者』とは本法各条の義務についての履行の責任者をいい、その認定は部長、課長等の形式にとらわれることなく各事業において、本法各条の義務について実質的に一定の権限を与えられているか否かによるが、かかる権限が与えられておらず、単に上司の命令の伝達者にすぎぬ場合は使用

者とみなされないこと」（昭22.9.13発基第17号）とされています。

　ところで設問の人事部長、支店長、工場長が36協定の使用者側の当事者になれるかどうかについて考えてみますと、先に説明しましたように、これらの者が、法律上の使用者であって、実質的に36協定締結に関する権限（すなわち労働時間管理一般についての権限）を与えられているかどうかがポイントになります。一般的にいえば、支店長、工場長は当該支店あるいは工場の経営について包括的にまかされているのが通常ですので、使用者であり、36協定の締結当事者になり得るといえるし、人事部長についても、特定部門（たとえば人事部）だけでなく企業全般についての労働時間管理などをまかされていれば、当該企業の使用者側の締結当事者となり得るといえるでしょう。

5　過半数労働組合かどうかの判断

問18

「労働者の過半数で組織する労働組合」かどうかは、どのようにして判断したらよいのでしょうか。
この場合の「労働者」の中には、時間外労働が禁止されている年少者や、労働時間などの規定が適用されない、いわゆる管理監督者や守衛が含まれますか。また、時間外労働をしないパートタイマーや病気欠勤者、出張中の者、解雇したがその効力を争って裁判中の者などはどうしたらよいでしょうか。さらに、派遣社員の扱いはどうすればよいのでしょうか。

答　年少者、管理監督者、パートタイマー等を含め当該事業場におけるすべての労働者の過半数で組織されるかどうかで判断する

⑴　「当該事業場の労働者の過半数」

　時間外労働や休日労働をさせる場合の36協定は、「当該事業場に、労働者の過半数で組織する労働組合がある場合においてはその労働組合〔過半数労働組合〕、労働者の過半数で組織する労働組合がない場合においては労働者の

過半数を代表する者〔過半数代表者〕」と結ばなければならないこととなっています（法第36条第1項）。したがって、この36協定を結ぶ場合には、ある労働組合が当該事業場の労働者の過半数で組織されているかどうか、あるいは、ある者が当該事業場の労働者の過半数を代表する者であるかどうかが問題となります。

　そこで、「当該事業場の労働者の過半数」とは、当該事業場の「労働者」の人数を分母とし、労働組合の組合員の人数または代表者を支持する者の人数を分子とする分数の値が2分の1を超えることを意味しています。これを式で表すと

$$\frac{労働組合員数（または代表者の支持者数）}{当該事業場の労働者数} > \frac{1}{2}$$

となります。したがって、過半数かどうかの判断については、まず分母となる当該事業場の「労働者」の人数を正確に数えることが必要です。

(2) 時間外・休日労働の取扱いが一般労働者と異なる労働者

　「当該事業場の労働者の過半数」の「労働者」とは、法第9条で定義されている労働者のすべてです。ところが、この労働者の中には、設問にあるように、法によって時間外・休日労働が禁止されている年少者も含まれます。そこで、時間外・休日労働の協定に当たって、法によって時間外・休日労働が禁止されている年少者を過半数の労働者の基礎に入れて意見を聴く必要があるかどうかの疑問が生じます。設問もこのような趣旨のものと思われます。

　同様に、法第41条第2号の「監督若しくは管理の地位にある者又は機密の事務を取り扱う者」や、第3号の守衛などで「監視又は断続的労働に従事する者で、使用者が行政官庁の許可を受けたもの」については、法の労働時間、休憩および休日の規定が適用されませんから、もともと法でいう時間外・休日労働というものがありません。また、パートタイマーは一般に所定労働時間が通常の労働者に比べ短いか、所定労働日数が少ないので、時間外労働あるいは休日労働が通常ない場合もあると思われます。そして、設問にあるように病気欠勤中の者や出張中の者も当該事業場で労働しないので、時間外労働などは起こり得ません。さらに、解雇された者は、裁判中でその効力が争われていても、通常就労していませんから時間外労働などはありません。

(3)　すべての労働者の過半数とする法の趣旨

　このように、労働者といっても、時間外・休日労働に直接関係しない者がいることは確かです。そこで、これらの者は、36 協定の締結に関しては、前述の分母となる「労働者」の中に入れなくてよいのではないかという疑問が生ずるわけです。つまり、本当に時間外・休日労働を行う労働者だけを基礎にして、その中の過半数の意思が時間外・休日労働を行うのに賛成するかどうかによって、これを法的に認めるかどうかを決めたらよいのではないかという疑問であろうと思います。

　しかしながら、この点については、前述したように、結論は、「当該事業場に使用されているすべての労働者」を含むものであると取り扱われています（昭 46.1.18　45 基収第 6206 号、昭 63.3.14 基発第 150 号、平 11.3.31 基発第 168 号）。

　なぜならば、法が 36 協定の制度を定めているのは、原則として禁止されている時間外・休日労働について、経営上の都合その他の臨時的必要に応ずるため、当該事業場の労働者の多数の意見がそれを許すならば、その範囲で、法もそれに基づく時間外・休日労働を認めようとする趣旨だからです。そしてこの場合、法は、これを認める条件を、時間外・休日労働を行う労働者個人の同意に求めたのではなく、当該事業場の労働者の集団の多数意思に求めたのです。この趣旨からいえば、それは、年少者であれ、管理監督者、監視・断続的労働従事者であれ、また、パートタイマーや病気欠勤者、出張中の者であれ、当該事業場の「労働者」である限り、すべての在籍労働者を基礎として、その過半数の意思が時間外・休日労働を許容するかどうかを問うているものと考えるべきでしょう。

　このことは、また、つぎの理由からも明らかです。

①　法第 36 条第 1 項は、当該事業場の「労働者」の過半数と規定しているだけで労働者の範囲について特別の規定を置いていませんから、それは、法第 9 条の「労働者」のすべてをいうと解されます。

②　法第 36 条第 1 項の「当該事業場に、労働者の過半数で組織する労働組合がある場合においてはその労働組合、労働者の過半数で組織する労働組合がない場合においては労働者の過半数を代表する者」という文言は、このほかに、法第 18 条第 2 項（貯蓄金管理協定）、法第 24 条第 1 項ただし

書（賃金の一部控除）、法第32条の2第1項（1カ月単位の変形労働時間制）、法第32条の3第1項（フレックスタイム制）、法第32条の4第1項および第2項（1年単位の変形労働時間制）、法第32条の5第1項（1週間単位の非定型的変形労働時間制）、法第34条第2項ただし書（一斉休憩の除外）、法第37条第3項（月60時間を超える時間外労働に係る代替休暇）、法第38条の2第2項（事業場外労働）、法第38条の3第1項（専門業務型裁量労働制）、法第38条の4第2項第1号（企画業務型裁量労働制）、法第39条第4項（年次有給休暇の時間単位の付与）、第6項（年次有給休暇の計画的付与）および第9項ただし書（年次有給休暇を取得した日の賃金）、法第90条第1項（就業規則の作成、変更についての意見聴取）において、まったく同じように用いられています。これらの協定や意見聴取は、いずれの場合も、特定の労働者にだけ関係があるという性質のものではなく、当該事業場に籍を置くすべての労働者にかかわりがあり、利害関係がありますから、これらの場合の「労働者」は全労働者を基礎にしその過半数で決められるべきものです。そして、法第36条第1項を含めて、これらの各条における同一の文言を、それぞれ異なる意味に解することは極めて困難といわなければなりません。したがって、法第36条第1項の場合にも、この「労働者」は当該事業場に在籍するすべての労働者を含むものと解さざるを得ません。

③　以上は形式面からみた理由です。つぎに実質面から考えた場合も、年少者などは時間外労働などが禁止されており、いわゆる管理監督者や監視・断続的労働従事者は労働時間の規制がなく、病気欠勤者、出張中の者などは一般に時間外労働などがあり得ないなどの理由から、これらの者は時間外労働などには無関係だと先に述べましたが、実際はこれらの者も時間外労働などに決して無関係ではありません。確かにこれらの者は、自分自身が直接時間外労働などの対象とはなりませんが、同じ事業場で他の者が時間外労働などをすれば、管理監督者や監視・断続的労働従事者も、それにつれて自らの労働時間が実際上延長されることにもなり、また、欠勤者や出張者はいずれ当該事業場で現実に就労することとなる者です。さらに、他の者が時間外労働などを行えば、割増賃金が支払われることなどから、自分自身の労働条件に種々の影響を受けることになるでしょう。このように

自らは直接時間外労働などの対象とならなくても、事業場に在籍する労働
者にとって、当該事業場で時間外労働などが行われるか否かは、自らの労
働条件に間接的に影響し、利害関係を有することがわかります。したがっ
て、36 協定の当事者かどうかの判断に当たっては、当該事業場に在籍する
全労働者数を分母とし、組合員数または代表者の支持者数を分子として、
その値が 2 分の 1 を超えるかどうかをみることになります。

　ただし、設問のうち、解雇されて裁判でその効力を争っている労働者につい
ては、これを分母の労働者数の中に入れる必要はないと解されています（昭
24.1.26 基収第 267 号、昭 63.3.14 基発第 150 号、平 11.3.31 基発第 168 号）。

　なぜならば、解雇について、裁判で争われていても、それが確定するまで
は、実務上は一応解雇がなされたものとして取り扱わざるを得ないからです。

⑷　派遣労働者の取扱い

　最後に、派遣労働者の取扱いについてですが、結論として派遣先の労働者
にはカウントしません。労働者派遣事業の適正な運営の確保及び派遣労働者
の保護等に関する法律（以下「労働者派遣法」といいます）による派遣労働
者の位置づけは、そもそも派遣労働者は、派遣元事業主との間にのみ労働契
約関係が存在し、派遣先事業主との間には、派遣契約に基づく使用関係があ
り、この使用関係について、同法の特例規定に基づき、派遣先事業主に一定
の使用者責任が生ずるものとされています。同法の特例規定により、派遣労
働者に関しては、36 協定の締結は派遣元事業主が、実際の労働時間管理は派
遣先事業主が、それぞれ分担することとなっています。したがって、派遣元
における 36 協定の内容については、派遣先において十分承知していなければ
ならない事柄といえます。

6　労組の企業連は締結当事者になれるか

問 19　同一企業に属するＡ、Ｂ、Ｃの３工場に、それぞれ過半数で組織される労働組合があり、その３つの組合が企業連を作っている場合には、この企業連は、各工場の36協定の締結当事者となれますか。

答　労働組合としての実体（社団性）があれば36協定の締結当事者になり得る

　法第36条第１項本文は、36協定の労働者側の当事者について、「当該事業場に、労働者の過半数で組織する労働組合がある場合においてはその労働組合、労働者の過半数で組織する労働組合がない場合においては労働者の過半数を代表する者」と規定しています。ここで「当該事業場に、労働者の過半数で組織する労働組合がある場合」とは、要するに、その事業場の労働者の過半数が組合員となっている労働組合のことであって、その事業場の労働者だけで組織している労働組合のみに限定されるものではありません。したがって、36協定を締結しようとする事業場（工場）の労働者の過半数が組合員となっている労働組合であれば、他の事業場の労働者が組合員となっていても、その事業場における36協定の労働者側の締結当事者となるわけです。

　そこで、設問の場合を考えてみますと、Ａ、Ｂ、Ｃの３工場に、それぞれ過半数で組織される労働組合があり、しかもその３つの労働組合が１つの企業連を作っているので、労働者側の協定の締結当事者は、各工場ごとに３つの労働組合なのか、それとも、それらで結成された上部団体としての企業連が各工場の36協定の締結当事者となれるのかが問題になります。これを考えてみますと、Ａ、Ｂ、Ｃの３工場の３つの労働組合が、それぞれの工場における「労働者の過半数で組織する労働組合」に該当するのは当然ですが、つぎにこれら３つの労働組合が作っている企業連が、各々の工場についてみて各工場の労働者の過半数で組織する労働組合に該当するかどうかは、この企業連の性格によって異なってきます。つまり、この企業連が単に３つの労働組合の協議体であって、それ自体に労働組合としての実体（社団として必要

な、決議機関、執行機関、財政を有すること）がなければ、そもそも「労働組合」とはいえないでしょう。そうではなくて企業連自体も労働組合である場合には、3つの労働組合の組合員は各組合の組合員であると同時にこの企業連の組合員であり、また各労働組合に共通する事項などについて企業連が対外的に各労働組合の意思を代表するというような場合には、この企業連も、A、B、Cの3工場それぞれについて「労働者の過半数で組織する労働組合」に該当することになります。

　そこで、この場合には結局、A、B、Cの3工場それぞれに、「労働者の過半数で組織する労働組合」が2つずつ存在することになります。そして、どちらが各工場での36協定の当事者となるかは、この企業連と各工場のそれぞれの労働組合A'、B'またはC'との2つの労働組合の内部間で決定される権限分配の結果に基づいて、労働組合が自主的に決定するものです。権限分配の結果、企業連が各工場の36協定の締結当事者とされた場合には、この企業連が各工場において、「労働者の過半数で組織する労働組合」として36協定の締結当事者となります。そして、会社も、各工場ごとに企業連と36協定を締結すれば、別にそれぞれの3つの労働組合との間に36協定を締結する必要はなくなるわけです。

7　企業連加盟組合が過半数で組織されていない場合

問 20　問19の場合で、C工場の労働組合が過半数を割っている場合はどうなりますか。また、C工場に、企業連に加盟していない労働組合があり、それが「過半数」で組織されている場合はどうですか。

答　組合が締結当事者となるのは、労働者の過半数で組織される場合

　36協定は、各事業場ごとに締結するものであることは当然ですが、当該事業場の36協定締結の労働者側の当事者は、その事業場に過半数で組織する労働組合があればその労働組合であり、そのような労働組合がなければ労働者の過半数を代表する者です。また、各事業場ごとの労働組合が企業連を作っ

ている場合に、各事業場の36協定の締結当事者が各労働組合であるか企業連であるかについては、**問19**で説明したとおりです。

　この場合に、C工場の労働組合が工場の労働者の過半数で組織されておらず、他に労働者の過半数で組織する労働組合がない場合は、C工場については「当該事業場に労働者の過半数で組織する労働組合がない場合」に当たりますので、C工場での36協定の締結当事者は、C工場の労働者の過半数を代表する者がこれに当たることになります。したがって、C工場の労働組合はもとより、その上部団体である企業連も36協定の締結当事者にはなれません。

　つぎに、C工場に、企業連に加盟している労働組合とは別に、企業連に加盟していない労働組合があり、それがC工場の労働者の過半数で組織する労働組合である場合には、その労働組合は、法第36条第1項にいう当該事業場の「労働者の過半数で組織する労働組合」に該当しますから、C工場においてはこの労働組合が36協定の締結当事者となります。

8 過半数代表者の決め方

問 21 事業場の労働者の過半数で組織する労働組合がないので、労働者の過半数を代表する者と協定を結ぶつもりですが、過半数を代表する者をどのように決めたらよいでしょうか。

答 管理監督者以外の者から、使用者の意向ではなく民主的な手続きにより選出する

(1) 過半数代表者の要件

　「労働者の過半数を代表する者（過半数代表者）」の選出方法については、規則第6条の2に規定されています。

　これによれば、過半数代表者の要件は、

① 法第41条第2号に規定する監督または管理の地位にある者でないこと

② 法に規定する協定などをする者を選出することを明らかにして実施される投票、挙手などの方法による手続きにより選出されたものであること

とされており、加えて、②については「法に規定する協定等をする者を選出
することを明らかにして実施される投票、挙手等の方法による手続きにより
選出された者であつて、使用者の意向に基づき選出されたものでないこと。」
（規則第6条の2第1項第2号）とされ、「使用者の意向による選出」は手続
き違反に当たるなど通達の内容が規則に規定されています。

(2)　選出方法

　これを具体的にみると、まず、選出手続きについては、つぎの2つの要件
を満たさなければなりません。

① 　労働者代表になろうとする者（候補者）が労働者の過半数を代表して36
協定を締結することについて、賛成するかしないかを判断する機会がその
事業場のすべての労働者に与えられていること。したがって、たとえば、
親睦会の代表としてその事業場の過半数労働者の支持を得ていても、それ
だけでは36協定の締結のための代表として選出されたとはいえませんの
で、36協定の締結の資格はないということになります。

② 　その事業場の過半数の労働者がその候補者を支持していると認められる
手続きがとられていること。この場合、必ずしも投票による方法だけでな
く、挙手などでもよいわけです。

　以上のような観点から、選出方法として適当と認められるもの・認められ
ないものをいくつか例示しますと、以下のようになります。

〈適当と認められる例〉

・ 　投票を行い、過半数の労働者の支持を得た者を選出する方法
・ 　朝礼、集会などにおいて挙手を行い、過半数の労働者の支持を得た者を
選出する方法
・ 　候補者を決めておいて投票や挙手によって信任を求め、過半数の支持が
あった場合に選出する方法

〈適当と認められない例〉

・ 　労働者を代表する者を、使用者が一方的に指名している場合
・ 　親睦会の代表者が、自動的に労働者代表となっている場合
・ 　一定の役職者が自動的に労働者代表となることとされている場合
・ 　一定の範囲の役職者が互選により労働者代表を選出することとしている

場合

(3)　労働者代表としての適格性

つぎに、労働者代表としての適格性をその者の事業場における職務上の地位の面からみてみますと、事業場全体の労働時間などの労働条件について計画したり管理したりする立場にある者（労務部長や労務課長など）は労働者代表としての適格性を有しません。このような者は、たとえ使用者側の当事者として協定に名を連ねていなくても、実質的にみれば36協定の締結に関連する事項について使用者側の立場を代表している者だからです。したがって、このような協定は、労使間の協定として適正な基盤をもたないものといえます。

なお、以上述べたようなことから判断して、労働者代表として適格性を有しない者が締結した協定は、適法な36協定とはいえませんので、これに基づいて行わせた時間外労働または休日労働は、たとえ届出がなされていたとしても、法第32条または第35条違反となります。

(4)　使用者の配慮義務

使用者の配慮義務については、「使用者は、過半数代表者が法に規定する協定等に関する事務を円滑に遂行することができるよう必要な配慮を行わなければならない。」と規定されています（規則第6条の2第4項）。この規定にある「必要な配慮」には、たとえば、過半数代表者が労働者の意見集約等を行うに当たって必要となる事務機器（イントラネットや社内メールを含む）や事務スペースの提供を行うことなどが挙げられます（平30.12.28基発1228第15号、第5の問1）。

3 ┃ 時間外労働の上限規制

1 ┃ 時間外労働の上限規制の趣旨と概要

問 22 平成 30 年の改正から時間外労働の上限規制が法律に規定されていますが、この上限規制の趣旨と概要をご教示ください。

答 限度時間を超えて労働させることができる場合であっても上回ることのできない上限が罰則付きで設けられている

　労働基準法は 1 週 40 時間、1 日 8 時間労働制を原則としていますが、法第 36 条第 1 項で労使協定（36 協定）を締結し、これを所轄労働基準監督署長に届け出ることを要件として、法定労働時間を超える時間外労働を認めています。

　しかしながら、法第 36 条第 1 項の規定は、時間外労働を無制限に認める趣旨ではなく、時間外労働は本来臨時的なものとして必要最小限の範囲でなされるべきものです。

　時間外労働は、長期雇用慣行のもとで景気変動に対する雇用調整の機能を果たしてきた面はありますが、他方、労働福祉、労働安全衛生等の観点からみれば、恒常的な長時間労働は決して好ましいものではありません。

　これまで、労働時間対策を総合的に推進するうえで必要な時間外労働に関する改善を図るため、昭和 57 年に「労働基準法第 36 条の協定において定められる 1 日を超える一定の期間についての延長することができる時間に関する指針」（昭和 57 年労働省告示第 69 号）が労働大臣により定められ、行政指導によって目安時間の範囲内で協定するように図られてきました。そして、平成 10 年の法改正においても、法文上に厚生労働大臣が労働時間の延長の限度等について基準（限度基準）を定めることができる旨の根拠規定（旧法第 36 条第 2 項）が定められるとともに、労使双方に対して 36 協定をこの基準

に適合したものとすることが義務づけられました（同条第3項）。さらに所轄労働基準監督署長が限度基準について労使に対して必要な助言、指導を行うことができることとなりました（同条第4項）。

そして、平成30年の法改正により、時間外労働の上限について、従来の限度基準に基づく指導ではなく、これまで上限なく時間外労働が可能となっていた臨時的な特別の事情がある場合として労使が合意した場合であっても、上回ることのできない上限を法律に規定し、これを罰則により担保することとされ、中小企業事業主の適用除外や適用猶予とされる事業・業務を除き、平成31年4月1日から適用されており、中小企業事業主の適用除外についても令和5年3月31日で終了し、同年4月1日から適用されています。

長時間労働は、健康の確保だけでなく、仕事と家庭生活との両立を困難にし、少子化の原因や、女性のキャリア形成を阻む原因、男性の家庭参加を阻む原因になっています。これに対し、長時間労働を是正すれば、ワーク・ライフ・バランスが改善し、女性や高齢者も仕事に就きやすくなり、労働参加率の向上に結びつきます。

こうしたことから、平成30年の改正は、「過労死等ゼロ」を実現するとともに、マンアワー当たりの生産性を上げつつ、ワーク・ライフ・バランスを改善し、女性や高齢者が働きやすい社会に変えていくため、長時間労働の是正が喫緊の課題となっていたことに対応するものとなっています。

2　原則としての時間外労働の限度（限度時間）

問 23　原則としての時間外労働の限度（限度時間）について、その内容をご教示ください。

答　当該事業場の業務量等から通常予見される時間外労働の範囲内において、1カ月45時間、1年360時間を超えない範囲に限る

36協定において、労働時間を延長して労働させる時間を定めるに当たっては、36協定を締結する事業場の業務量、時間外労働の動向その他の事情を考

慮して通常予見される時間外労働の範囲内において、「限度時間」を超えない時間に限るものとされ（法第 36 条第 3 項）、その「限度時間」は、1 カ月について 45 時間および 1 年について 360 時間（対象期間が 3 カ月を超える 1 年単位の変形労働時間制により労働させる場合は、1 カ月について 42 時間および 1 年について 320 時間）とされています（法第 36 条第 4 項）。

　なお、この場合においても、使用者は、36 協定で定めるところにより時間外・休日労働を行わせる場合、以下の①から③までの要件を満たすものとしなければならないこととされています（法第 36 条第 6 項）。

① 　坑内労働その他厚生労働省令で定める健康上特に有害な業務について、1 日における時間外労働時間数が 2 時間を超えないこと。なお、坑内労働その他厚生労働省令で定める健康上特に有害な業務については、**問 67** を参照。

② 　1 カ月における時間外・休日労働時間数が 100 時間未満であること。

③ 　対象期間の初日から 1 カ月ごとに区分した各期間の直前の 1 カ月、2 カ月、3 カ月、4 カ月および 5 カ月の期間を加えたそれぞれの期間における時間外・休日労働時間数が 1 カ月当たりの平均で 80 時間を超えないこと。

　なお、以上の②および③の要件を満たしている場合であっても、連続する月の月末・月初に集中して時間外労働を行わせるなど、短期間に長時間の時間外労働を行わせることは望ましくないものとされています（平 30.9.7 基発 0907 第 1 号）。

　また、③は、36 協定の対象期間におけるいずれの 2 カ月間ないし 6 カ月間においても労働時間を延長して労働させ、および休日において労働させた時間の 1 カ月当たりの平均時間が 80 時間を超えてはならないことを意味しています（平 30.9.7 基発 0907 第 1 号）。

　また、法第 36 条第 7 項の規定に基づき、「労働基準法第 36 条第 1 項の協定で定める労働時間の延長及び休日の労働について留意すべき事項等に関する指針」（平 30.9.7 厚生労働省告示第 323 号。以下「指針」といいます）が定められています。この指針では、1 カ月に満たない期間において労働する労働者についての延長時間の目安について、「労使当事者は、期間の定めのある労働契約で労働する労働者その他の 1 カ月に満たない期間において労働する労働者について、時間外・休日労働協定において労働時間を延長して労働させることができる時間を定めるに当たっては、別表の上欄〔編注：左欄〕に

掲げる期間の区分に応じ、それぞれ同表の下欄〔編注：右欄〕に掲げる目安時間を超えないものとするように努めなければならない。」（指針第6条）としていることに留意する必要があります。

別表（第6条関係）

期間	目安時間
1週間	15時間
2週間	27時間
4週間	43時間

備考　期間が次のいずれかに該当する場合は、目安時間は、当該期間の区分に応じ、それぞれに定める時間（その時間に1時間未満の端数があるときは、これを1時間に切り上げる。）とする。
一　1日を超え1週間未満の日数を単位とする期間　15時間に当該日数を7で除して得た数を乗じて得た時間
二　1週間を超え2週間未満の日数を単位とする期間　27時間に当該日数を14で除して得た数を乗じて得た時間
三　2週間を超え4週間未満の日数を単位とする期間　43時間に当該日数を28で除して得た数を乗じて得た時間（その時間が27時間を下回るときは、27時間）

　なお、前記の指針では、労使当事者の責務として、「法第36条第1項の規定により、使用者は、時間外・休日労働協定をし、これを行政官庁に届け出ることを要件として、労働時間を延長し、又は休日に労働させることができることとされているが、労働時間の延長及び休日の労働は必要最小限にとどめられるべきであり、また、労働時間の延長は原則として同条第3項の限度時間を超えないものとされていることから、時間外・休日労働協定をする使用者及び当該事業場の労働者の過半数で組織する労働組合がある場合においてはその労働組合、労働者の過半数で組織する労働組合がない場合においては労働者の過半数を代表する者（以下「労使当事者」という。）は、これらに十分留意した上で時間外・休日労働協定をするように努めなければならない。」（指針第2条）としていることに留意する必要があります。

3　1 年単位の変形労働時間制の対象期間の一部が含まれている場合の限度時間

問 24

対象期間とする 1 年間の中に、対象期間が 3 カ月を超える 1 年単位の変形労働時間制の対象期間の一部が含まれている場合の限度時間は、どうなりますか。

答｜対象期間 3 カ月超の 1 年単位変形労働時間制の上限が適用される

　36 協定により労働時間を延長して労働させることができる時間は、当該事業場の業務量、時間外労働の動向その他の事情を考慮して通常予見される時間外労働の範囲内において、限度時間を超えない時間に限るとされています（法第 36 条第 3 項）。この限度時間は月 45 時間および年 360 時間ですが、対象期間が 3 カ月を超える 1 年単位の変形労働時間制による場合は月 42 時間および年 320 時間となります（同条第 4 項）。

　設問のように 36 協定で対象期間として定められた 1 年間の中に、対象期間が 3 カ月を超える 1 年単位の変形労働時間制の対象期間が 3 カ月を超えて含まれている場合には、限度時間は月 42 時間および年 320 時間となります。

4　特別条項を設ける場合の延長時間等

問 25

当社は、水産食料品の製造を事業としており、残業が必要な場合でも、通常は限度時間内で十分処理できます。しかし、時期によっては、原料をその日のうちに処理しなければならない関係上、限度時間をオーバーしないとどうしても困るときがあります。どのように対処したらよいでしょうか。

答｜限度時間を超えて労働させる臨時的な必要がある場合に特別条項付き協定を締結すれば可能。ただし、時間外・休日労働の上限規制に注意

(1)　特別条項を設けることができる場合

　限度時間は、恒常的な長時間労働を改善する趣旨で定められたものです。したがって、現在の時間外労働の実態からみても、それを超える延長時間が必要になることは、労働時間が適正に管理されている企業では、通常の場合ほとんど見込まれないものと思われます。

　しかしながら、業種、業態によっては、たとえば予測していない注文があり納期がせまっているときや、時期的に原料が予想以上に入荷され、早急に処理しないと製品の品質を落とすといった予想外の事態から、その時期に限って限度時間を超えて時間外労働を行わざるを得ない場合もあります。

　そこで、36協定においては、限度時間までの時間外労働を行わせる事情のほか、その事業場における通常予見することのできない業務量の大幅な増加等に伴い臨時的に限度時間を超えて労働させる必要がある場合において、1カ月について労働時間を延長して労働させ、および休日において労働させることができる時間、ならびに1年について労働時間を延長して労働させることができる時間を定めることができるものとされています。

　そして、この場合において、1カ月について労働時間を延長して労働させ、および休日において労働させることができる時間については、1カ月についての限度時間である45時間（対象期間が3カ月を超える1年単位の変形労働時間制により労働させる場合は42時間）の範囲内での協定時間を含め100時間未満の範囲内としなければならず、1年について労働時間を延長して労働させることができる時間については、1年についての限度時間である360時間（対象期間が3カ月を超える1年単位の変形労働時間制により労働させる場合は、320時間）の範囲内での協定時間を含め720時間を超えない範囲内としなければならないこととされています。

　さらに、対象期間において労働時間を延長して労働させることができる時間が1カ月について45時間（対象期間が3カ月を超える1年単位の変形労働時間制により労働させる場合は42時間）を超えることができる月数を1年について6カ月以内の範囲で定めなければならないこととされています（以上、法第36条第5項）。

⑵　**36 協定で定めるところにより労働させる場合の実労働時間数の上限**

　使用者は、36 協定で定めるところにより時間外・休日労働を行わせる場合であっても、以下の①から③までの要件を満たすものとしなければなりません（法第 36 条第 6 項）。

①　坑内労働その他厚生労働省令で定める健康上特に有害な業務について、1 日における時間外労働時間数が 2 時間を超えないこと。なお、坑内労働その他厚生労働省令で定める健康上特に有害な業務については、**問 67** を参照。

②　1 カ月における時間外・休日労働時間数が 100 時間未満であること。

③　対象期間の初日から 1 カ月ごとに区分した各期間の直前の 1 カ月、2 カ月、3 カ月、4 カ月および 5 カ月の期間を加えたそれぞれの期間における時間外・休日労働時間数が 1 カ月当たりの平均で 80 時間を超えないこと。

　なお、以上の②および③の要件を満たしている場合であっても、連続する月の月末・月初に集中して時間外労働を行わせるなど、短期間に長時間の時間外労働を行わせることは望ましくないものとされています（平 30.9.7 基発 0907 第 1 号）。

　また、③は、36 協定の対象期間におけるいずれの 2 カ月間ないし 6 カ月間における労働時間を延長して労働させ、および休日において労働させた時間の 1 カ月当たりの平均時間が 80 時間を超えてはならないことを意味しています（平 30.9.7 基発 0907 第 1 号）。

　以上により、あらかじめ特別条項付き協定を締結していれば、通常予見することのできない業務量の大幅な増加等に伴い臨時的に限度時間（月 45 時間、年 360 時間）を超えて労働させる必要がある場合、年 720 時間以内、単月 100 時間未満（休日労働を含む）、複数月平均 80 時間以内（休日労働を含む）、および 1 年について時間外労働が 1 カ月 45 時間を超えることができる月数は 6 カ月以内の範囲で、時間外および休日に労働させることができます。

時間外労働の法による上限

	時間外労働の上限		協定の定めるところにより労働させる場合の実労働時間の上限
（原則）限度時間	月45時間 ［42時間］ （時間外労働のみ）	年360時間 ［320時間］ （時間外労働のみ）	①〈単月〉100時間未満 　　　　（時間外＋休日労働） ②〈複数月〉平均80時間以内 　　　　（時間外＋休日労働）
（例外）臨時的な特別の事情がある場合（特別条項）	①年720時間（時間外労働のみ） ②〈月45時間［42時間］を超えることができる月数〉6カ月以内		

［　］内は対象期間が3カ月を超える1年単位の変形労働時間制をとる場合

⑶　**特別条項により限度時間を超えて延長時間を定めるに当たっての留意事項**

　指針では、限度時間を超えて延長時間を定めるに当たっての留意事項として、以下のように示しています（指針第5条）。

「　1　労使当事者は、時間外・休日労働協定において限度時間を超えて労働させることができる場合を定めるに当たっては、当該事業場における通常予見することのできない業務量の大幅な増加等に伴い臨時的に限度時間を超えて労働させる必要がある場合をできる限り具体的に定めなければならず、「業務の都合上必要な場合」、「業務上やむを得ない場合」など恒常的な長時間労働を招くおそれがあるものを定めることは認められないことに留意しなければならない。

　　2　労使当事者は、時間外・休日労働協定において次に掲げる時間を定めるに当たっては、労働時間の延長は原則として限度時間を超えないものとされていることに十分留意し、当該時間を限度時間にできる限り近づけるように努めなければならない。

　　一　法第36条第5項に規定する1箇月について労働時間を延長して労働させ、及び休日において労働させることができる時間

　　二　法第36条第5項に規定する1年について労働時間を延長して労働させることができる時間

　　3　労使当事者は、時間外・休日労働協定において限度時間を超えて労働時間を延長して労働させることができる時間に係る割増賃金の率を定

るに当たっては、当該割増賃金の率を、法第 36 条第 1 項の規定により延
長した労働時間の労働について法第 37 条第 1 項の政令で定める率を超え
る率とするように努めなければならない。」

(4)　健康福祉確保措置

　限度時間を超えて延長時間を定める場合（特別条項を設ける場合）は、限
度時間を超えて労働させる労働者に対して行う健康福祉確保措置を協定で定
めることとされ（規則第 17 条第 1 項第 5 号）、具体的にどのような措置を講
ずるかは、次に掲げるもののうちから協定することが望ましいとされていま
す（指針第 8 条）。

①　労働時間が一定時間を超えた労働者に医師による面接指導を実施する
こと。

②　法第 37 条第 4 項に規定する時刻の間において労働させる回数を 1 カ月
について一定回数以内とすること。

③　終業から始業までに一定時間以上の継続した休息時間を確保するこ
と。

④　労働者の勤務状況およびその健康状態に応じて、代償休日または特別
な休暇を付与すること。

⑤　労働者の勤務状況およびその健康状態に応じて、健康診断を実施する
こと。

⑥　年次有給休暇についてまとまった日数連続して取得することを含めて
その取得を促進すること。

⑦　心とからだの健康問題についての相談窓口を設置すること。

⑧　労働者の勤務状況およびその健康状態に配慮し、必要な場合には適切
な部署に配置転換をすること。

⑨　必要に応じて、産業医等による助言・指導を受け、または労働者に産
業医等による保健指導を受けさせること。

(5)　休日労働について協定で定めるに当たっての留意事項

　36 協定の労使当事者は、「時間外・休日労働協定において休日の労働を定め
るに当たっては労働させることができる休日の日数をできる限り少なくし、

及び休日に労働させる時間をできる限り短くする」ように努めなければなりません（指針第7条）。

(6)　使用者の責務

　使用者の責務として、指針でつぎのように示されている点にも留意する必要があります（指針第3条）。

「1　使用者は、時間外・休日労働協定において定めた労働時間を延長して労働させ、及び休日において労働させることができる時間の範囲内で労働させた場合であっても、労働契約法第5条の規定に基づく安全配慮義務を負うことに留意しなければならない。

　2　使用者は、「血管病変等を著しく増悪させる業務による脳血管疾患及び虚血性心疾患等の認定基準について」（令和3年9月14日付け基発第1号厚生労働省労働基準局長通達）において、1週間当たり40時間を超えて労働した時間が1箇月においておおむね45時間を超えて長くなるほど、業務と脳血管疾患及び虚血性心疾患（負傷に起因するものを除く。以下この項において「脳・心臓疾患」という。）の発症との関連性が徐々に強まると評価できるとされていること並びに発症前1箇月間におおむね100時間又は発症前2箇月間から6箇月間までにおいて1箇月当たりおおむね80時間を超える場合には業務と脳・心臓疾患の発症との関連性が強いと評価できるとされていることに留意しなければならない。」

5 限度時間を超えて労働させる必要がある場合

問 26 特別条項を設けることが認められる「通常予見することのできない業務量の大幅な増加等に伴い臨時的に限度時間を超えて労働させる必要がある場合」とは具体的にどのような状態をいうのでしょうか。

答 一時期に突発的な業務量の増加など事業・業務の態様等に即してできる限り具体的に定める

　法第36条第5項は、「通常予見することのできない業務量の大幅な増加等に伴い臨時的に（法第36条）第3項の限度時間を超えて労働させる必要がある場合」に、①1カ月について時間外・休日労働をさせることができる時間（限度時間の範囲内での協定時間を含め100時間未満）、②1年について時間外労働をさせることができる時間（限度時間の範囲内での協定時間を含め720時間以下）、③時間外労働が月45時間（対象期間が3カ月を超える1年単位の変形労働時間制をとる場合には42時間）を超えることができる月数（年6カ月以内）を協定で定めることにより（特別条項）、例外として限度時間を超えて労働させることを認めています。

　上記の「通常予見することのできない業務量の大幅な増加等に伴い臨時的に限度時間を超えて労働させる必要がある場合」とは、全体として1年の半分を超えない一定の限られた時期において一時的・突発的に業務量が増える状況等により限度時間を超えて労働させる必要がある場合をいうものであり、「通常予見することのできない業務量の増加」とは、こうした状況の1つの例として規定されたものです（平30.12.28基発1228第15号、第2の問6）。

　その上で、具体的にどのような場合を協定するかについては、労使当事者が事業または業務の態様等に即して自主的に協議し、可能な限り具体的に定める必要があります。ですから、「業務の都合上必要な場合」とか、「業務上やむを得ない場合」のように、恒常的な長時間労働を招くおそれがあるものを定めることは認められません（指針第5条第1項）。

　なお、法第33条の非常災害時等の時間外労働に該当する場合はこれに含ま

れません。

6　「時間外・休日労働が2～6カ月平均で80時間以下」の意義

問 27

時間外労働と休日労働の合計が、2～6カ月間のいずれの平均でも月80時間以内とされていますが、この2～6カ月は、36協定の対象期間となる1年間についてのみ計算すればよいのでしょうか。

答｜隣り合うどの2～6カ月の平均をとっても80時間を超えてはならないということで、36協定の対象期間にかかわらない

　時間外労働の上限規制では、時間外労働と休日労働との合計時間が①単月で100時間未満、②2～6カ月平均で80時間以内という実労働時間の上限を設けています（法第36条第6項第2号、第3号）。

　上記②は、36協定の対象期間におけるいずれの2～6カ月間における時間外労働と休日労働の合計時間数も、1カ月当たりの平均で80時間以内でなければならないとするものです。隣接するどの2～6カ月の平均をとっても、80時間以下でなければなりません。したがって、実際の時間外労働と休日労働の合計が2～6カ月平均で80時間超となった場合には、法違反となります。

　このため、時間外労働と休日労働の合計を2～6カ月平均80時間以内とすることを協定する必要があります。36協定届の新しい様式では、この点について労使で合意したことを確認するためのチェックボックスが設けられています。

　この規制については、36協定の対象期間にかかわらず計算する必要があります（具体的には次頁の算定例を参照）。なお、上限規制が適用される前の36協定の対象期間については計算する必要はありません。

前年度の 36 協定の対象期間の時間数も含めた「2 〜 6 カ月平均」の算定例

たとえば、2023 年 4 月について計算するためには、直前の 5 カ月分（2022 年 11 月〜 2023 年 3 月）の実績も必要

※経過措置の期間については上限規制が適用されないため、2〜6カ月平均の算定に含める必要はない。

	前の協定期間					
	2022 /11	2022 /12	2023 /1	2023 /2	2023 /3	2023 /4
時間外労働	45	45	30	20	45	80
休日労働		10				
合計	45.0	55.0	30.0	20.0	45.0	80.0

算定期間	平均値（時間）	
2カ月平均	⇒ 62.5	…3〜4月の平均
3カ月平均	⇒ 48.3	…2〜4月の平均
4カ月平均	⇒ 43.8	…1〜4月の平均
5カ月平均	⇒ 46.0	…12〜4月の平均
6カ月平均	⇒ 45.8	…11〜4月の平均

7　法違反になる場合

問 28　どのような場合に、法律に違反してしまうのでしょうか。

答　36 協定を締結せずに時間外・休日労働をさせた場合に限らず、協定時間や実労働時間の上限を超えて労働させた場合にも刑事罰の対象となる

　時間外・休日労働を行わせるためには、36 協定の締結・届出が必要です。したがって、36 協定を締結せずに時間外労働をさせた場合や、36 協定で定めた時間を超えて時間外労働をさせた場合には、法第 32 条違反となります（法第 119 条第 1 号。6 カ月以下の懲役または 30 万円以下の罰金）。また、36 協定を締結せずに法定休日に労働（休日労働）させた場合や、協定で定めた範囲を超えて休日労働させた場合には、法第 35 条違反となります（法第 119 条第 1 号。6 カ月以下の懲役または 30 万円以下の罰金）。

　なお、36 協定で定める時間数についての上限が設けられています。

また、36 協定で定めた時間数にかかわらず、

① 時間外労働と休日労働の合計時間が月 100 時間以上となった場合
② 時間外労働と休日労働の合計時間について、2〜6 カ月の平均のいずれかが 80 時間を超えた場合

には、法第 36 条第 6 項違反となります（法第 119 条第 1 号。6 カ月以下の懲役または 30 万円以下の罰金）。

8 時間外労働の上限規制の適用除外

問 29 当社研究所では、主として専門技術者によって新製品の研究開発を行っていますが、業務の性格上長時間にわたる継続試験などが必要であることも多く、時間管理が難しい実態にあります。このような分野にも限度時間等は適用されますか。

答 新技術・新商品等の研究開発業務に従事する労働者には上限規制が適用されない

法第 36 条第 11 項では、「新たな技術、商品又は役務の研究開発に係る業務」については、限度時間（法第 36 条第 3 項および第 4 項）、36 協定に特別条項を設ける場合の要件（法第 36 条第 5 項）、1 カ月について労働時間を延長して労働させ、および休日において労働させた時間の上限（法第 36 条第 6 項第 2 号および第 3 号）についての規定は適用しないこと（適用除外）としています。

「新たな技術、商品又は役務の研究開発に係る業務」とは、専門的、科学的な知識、技術を有する者が従事する新技術、新商品等の研究開発の業務をいい、既存の商品やサービスにとどまるもの、商品をもっぱら製造する業務などはここに含まれません。これらの業務の特殊性から、前記の各規定の適用が除外されています。

設問の業務はこのような業務に該当するものと考えられますので、時間外労働の上限規制が適用されません。

　なお、新技術・新商品等の研究開発業務の従事者に対しては、医師の面接指導、代替休暇の付与等の健康確保措置が設けられています。これらの者を対象とする医師による面接指導は、新技術・新商品等の研究開発業務に従事する労働者について、1 週間当たり 40 時間を超えて労働した場合におけるその超えた時間（時間外・休日労働時間）が月 100 時間を超えた場合に、医師による面接指導を実施することが事業者に義務づけられています（労働安全衛生法第 66 条の 8 の 2）。そして、面接指導実施後は、面接指導を行った医師の意見を勘案し、必要があるときには就業場所の変更や職務内容の変更、有給休暇の付与などの措置を講じなければなりません。

　また、この面接指導は、本人の申出の有無にかかわらず、上記の時間外・休日労働時間の要件に該当すれば必ず実施しなければならず、これを怠ると罰則（同法第 120 条）の対象となります。

9　時間外労働の上限規制（建設事業）

問 30

令和 6 年 4 月 1 日以降も「災害時における復旧及び復興の事業」（法第 139 条第 1 項）については、時間外労働と休日労働の合計が「単月 100 時間未満」「複数月平均 80 時間以内」とする規制が適用されないとのことですが、この「災害時における復旧及び復興の事業」と「災害その他避けることのできない事由によって、臨時の必要がある場合」（法第 33 条第 1 項）との関係はどのようなものですか。

答　「災害時における復旧及び復興の事業」は法第 33 条第 1 項の許可申請等ではなく、36 協定を締結して届出を行うことが必要

　「災害時における復旧及び復興の事業」（法第 139 条第 1 項）とは、災害により被害を受けた工作物の復旧及び復興を目的として発注を受けた建設の事業をいい、工事の名称等にかかわらず、特定の災害による被害を受けた道路や鉄道の復旧、仮設住宅や復興支援道路の建設などの復旧及び復興の事業が

対象となります。

　これには、発生が予見困難である地震等の全ての災害時における復旧及び復興の事業が含まれ、当該事業に従事する時間も見込んだ上で 36 協定を締結することが可能であり、対象の事業については法第 36 条第 6 項第 2 号及び第 3 号（労働者の時間外・休日労働について、単月 100 時間未満、複数月平均 80 時間以内とする規制）が適用されません。

　他方、法第 33 条第 1 項の「災害その他避けることのできない事由によって、臨時的に必要がある場合」については、業務運営上通常予見し得ない災害等が発生した場合が対象であり、法第 33 条第 1 項が適用される労働時間については、法第 36 条及び第 139 条による規制がかからず、時間外労働の上限規制からは除外されます。なお、適切な労働時間管理と割増賃金の支払いは必要であることには留意が必要です。

　基本的には、「災害時における復旧及び復興の事業」を行う可能性のある事業場については、法第 139 条第 1 項に基づく 36 協定を締結して、届出を行う必要がありますが、既に締結していた 36 協定で協定された延長時間を超えて労働させる臨時の必要がある場合や 36 協定を締結していなかった場合などにおいては、法第 33 条第 1 項の許可申請等を行うこととなります。

10　時間外労働の上限規制（建設事業）

問 31　ある月に、一般の工事（①）と「災害時における復旧及び復興の事業」（②）に該当する工事の両方に従事した場合について、時間外労働と休日労働の合計が「単月 100 時間未満」「複数月平均 80 時間以内」とする要件は、どのように適用されますか。

答　これらの要件は、一般の工事（①）に従事した期間のみ適用

　時間外労働と休日労働の合計で、単月 100 時間未満とする要件（法第 36 条第 6 項第 2 号）及び複数月平均 80 時間以内とする要件（法第 36 条第 6 項第 3 号）については、「災害時における復旧及び復興の事業」（②）に該当する

工事に従事した時間については適用されず、一般の工事（①）に従事した時間のみに適用されることとなります。

　なお、時間外労働が月 45 時間を超える月は 6 回まで、時間外労働は年 720 時間以内とする要件は、①及び②の両方の時間について適用されます。

11　改善基準告示改正による経過措置（自動車運転の業務）

問 32

当社では、毎年 1 月 1 日〜 12 月 31 日を有効期間とする拘束時間等延長の労使協定を締結し、実拘束時間についても同じ期間で計算しています。
①　今回の改善基準告示の改正を踏まえ、令和 6 年 4 月 1 日開始の協定を締結し直さなければならないのでしょうか。
②　また、実拘束時間はどの時点から、新告示が適用されるのでしょうか。1 年間の拘束時間は按分して計算するのでしょうか。

答　協定を締結し直す必要はなく、令和 6 年 4 月 1 日以降に新たに定める協定から新告示に対応

　自動車の運転の業務については、これまで時間外労働の上限規制の適用が猶予されていましたが、令和 6 年 3 月 31 日をもって猶予期間が終了します。また、新しい改善基準告示（令 4.12.23 厚生労働省告示第 367 号）も令和 6 年 4 月 1 日から適用となります。

　そこで、令和 6 年 3 月 31 日以前に締結した労使協定で拘束時間等を延長している場合であって、当該協定の有効期間の終期が令和 6 年 4 月 1 日以後である場合には、同年 3 月 31 日以前開始の協定を締結し直す必要はなく、4 月 1 日以後に新たに定める協定から、新告示に対応することになります。例えば、令和 5 年 10 月 1 日〜令和 6 年 9 月 30 日など、令和 6 年 4 月 1 日をまたぐ労使協定を締結している場合には、令和 6 年 10 月 1 日以降の協定から新告示に対応するということです。

　また、労使協定を締結していない場合には、令和 6 年 4 月 1 日から新告示に対応していただくことになります。なお、この取扱いは、法に基づく 36 協定の経過措置の考え方を踏まえたものです。

　なお、36 協定で定める時間外労働の限度時間は 1 か月 45 時間及び 1 年 360 時間となりますが、臨時的にこれを超えて労働させる場合であっても 1 年 960 時間以内となります。

【解説】自動車運転者への改善基準告示の適用

　改善基準告示（**問 32 参照**）は、トラック、バス、タクシーなどの自動車運転者に関して、その勤務形態の特殊性から労働基準法による規制が難しい拘束時間や休息期間、運転時間等についての基準を定めたものです。具体的には、「拘束時間」の上限を設けるとともに、一定の継続した「休息期間」の確保を義務づけています。

　「拘束時間」とは、始業時刻から終業時刻までの時間のことをいい、休憩時間を含みます。これに対して「休息期間」とは、勤務と次の勤務との間の自由な時間のことです。なお、改善基準告示によると、拘束時間は「労働時間、休憩時間その他の使用者に拘束されている時間」をいい、休息期間は「使用者の拘束を受けない期間」をいうものとされています（第 2 条第 1 項）。

　自動車運転者に対しては、従来から改善基準告示が適用され、限度基準告示の適用は除外されていました。働き方改革による法改正では、時間外労働の上限規制を直ちに適用することはなじまないことから、その改正法の施行後 5 年間は適用を猶予されています。そこで、令和 6 年 3 月 31 日までの猶予期間中は、これまでと同様に改善基準告示が適用され、時間外労働の上限規制は適用されません。

　令和 6 年 4 月 1 日からは、自動車運転の業務に時間外労働の上限規制とともに、新しく改定された改善基準告示（令 4.12.23 厚生労働省告示第 367 号）が適用されることとなります。改正後の改善基準告示における拘束時間や休息時間は次のとおりです。

改善基準告示における拘束時間等（概要）

	トラック	バス		タクシー
拘束時間（休憩時間を含む）	（原則）1 年：3,300 時間 1 カ月：284 時間	（原則）①②のいずれかを選択		【日勤】※ 1 カ月：288 時間
		① 1 年：3,300 時間 1 カ月：281 時間	② 52 週：3,300 時間 4 週平均 1 週：65 時間	
	1 日：13 時間 上限 15 時間、14 時間超は週 3 回（トラックは週 2 回）までが目安			
休息期間	継続 11 時間以上与えるよう努めることを基本とし、9 時間を下回らない			

※　隔日勤務や車庫待ち（タクシー）等の場合については、別途定められている。

12　時間外労働の上限規制〈医業に従事する医師〉

問 33
「医業に従事する医師」と「特定医師」はどう違うのですか。

答
「医業に従事する医師」についてさらなる限定をかけたものが「特定医師」で、法第 141 条第 1 項は特定医師にのみ適用

　「医業に従事する医師」（法第 141 条第 1 項、第 4 項）とは、医行為（当該行為を行うに当たり、医師の医学的判断及び技術をもってするのでなければ人体に危害を及ぼし、又は危害を及ぼすおそれのある行為）を反復継続する意思をもって行う医師のことをいいます。「医業に従事する医師」は、これまで上限規制の適用が猶予されてきましたが、令和 6 年 3 月 31 日をもって猶予期間は終了します。

　この「医業に従事する医師」のうち、「医療提供体制の確保に必要な者として厚生労働省令で定める者」（法第 141 条条第 1 項）として、同項の適用においてさらなる限定をかけており、これを「特定医師」といいます。この「厚生労働省令で定める者」（法第 141 条第 1 項）について、規則では、病院若しくは診療所で勤務する医師（医療を受けるものに対する診療を直接の目的とする業務を行わない者を除く。）又は介護老人保健施設若しくは介護医療院において勤務する医師と定めています（規則の附則第 69 条の 2）。したがって、勤務場所が医療法上の病院や診療所、介護保険法上の介護老人保健施設、介護医療院に該当しない施設の場合や、病院等に該当する施設における勤務であっても診療を直接の目的として行う業務に従事しない場合には、特定医師に該当ないこととなります。

　このように、「特定医師」は「医業に従事する医師」のうち、さらに一定の者を指すものです。法第 141 条第 4 項は「医業に従事する医師」に適用されますが、同条第 1 項は「医業に従事する医師」のうち「特定医師」にのみ適用されるという点に違いがあります。

　なお、血液センター等の勤務医や産業医は、「医業に従事する医師」には該

当しますが、病院や診療所等に該当する施設に勤務しておらず、また、診療を直接の目的とする業務を行う者ではないため、「特定医師」には該当しません。ただし、産業医であっても、事業場内の診察室や診療所等に該当する施設において、労働契約の内容や勤務の実態も鑑みて、当該医師が通常従事する業務として診療に関する業務が予定されているといえる場合には特定医師に該当する場合があることに留意が必要です。

　大学病院に勤務し、教授研究の業務に従事して専門業務型裁量労働制が適用される医師は、「医業に従事する医師」には該当しますが、診療を直接の目的とする業務を行っていない場合には「特定医師」には該当しません。また、歯科医師や獣医師については、「医業に従事する医師」「特定医師」が医師法上の医師に限定されることから、これらには該当しないこととなります。

> **【解説】時間外労働の上限規制の適用猶予について（令和6年3月31日まで）**
>
> 　工作物の建設の事業、自動車の運転の業務、医業に従事する医師および鹿児島県・沖縄県における砂糖の製造業については、その性格上、直ちに時間外労働の上限規制を適用することになじまないため、猶予措置が設けられています。その適用猶予期間が終了した後、令和6年4月1日からの上限規制に関する取扱いは次のとおりです。
>
> **【工作物の建設の事業】**
> - 　災害時における復旧及び復興の事業を除き、上限規制がすべて適用されます。
> - 　災害時における復旧及び復興の事業には、時間外労働と休日労働の合計について、「月100時間未満」「2〜6カ月平均80時間以内」とする規制は適用されません。

【自動車運転の業務】
- 特別条項付き 36 協定を締結する場合の年間の時間外労働の上限が年 960 時間となります。
- 時間外労働と休日労働の合計について、「月 100 時間未満」「2〜6 カ月平均 80 時間以内」とする規制が適用されません。
- 時間外労働が月 45 時間を超えることができるのは年 6 カ月までとする規制は適用されません。
- ※　自動車運転の業務に従事する労働者は、別途、運転時間や勤務間インターバルについて定めた「改善基準告示」（改正：令 4.12.23 厚生労働省告示第 367 号。83 頁参照）を遵守する必要があります。

【医業に従事する医師】
- 特別条項付き 36 協定を締結する場合の年間の時間外・休日労働の上限が最大 1860 時間（※）となります。
- 時間外労働と休日労働の合計について、「月 100 時間未満」「2〜6 カ月平均 80 時間以内」とする規制が適用されません。
- 時間外労働が月 45 時間を超えることができるのは年 6 カ月までとする規制は適用されません。
- 医療法等に追加的健康確保措置に関する定めがあります。
- ※　特別条項付き 36 協定を締結する場合、特別延長時間の上限（36 協定上定めることができる時間の上限）については、

　　A水準、連携B水準では、年 960 時間（休日労働含む）
　　B水準、C水準では、年 1,860 時間（休日労働含む）となります。
　なお、医業に従事する医師については、特別延長時間の範囲内であっても、個人に対する時間外・休日労働時間の上限として副業・兼業先の労働時間も通算して、時間外・休日労働を、
　　A水準では、年 960 時間 / 月 100 時間未満
　　（例外的につき 100 時間未満の上限が適用されない場合がある）
　　B・連携B水準・C水準では、年 1,860 時間 / 月 100 時間未満
　　（例外的に月 100 時間未満の上限が適用されない場合がある）
とする必要があります。

【鹿児島県及び沖縄県における砂糖製造業】
- 上限規制がすべて適用されます。

　　出所：厚生労働省 HP
　　　　「時間外労働の上限規制と適用猶予事業・業務について」より

上限規制の適用猶予事業・業務の取扱い（まとめ）

対象となる事業・業種		猶予期間中（〜2024年3月31日まで）	猶予期間経過後（2024年4月1日〜）
(1)建設事業	①土木、建築その他工作物の建設、改造、保存、修理、変更、破壊、解体またはその準備の事業 ②建設業に属する事業の本店、支店等 ③工作物の建設の事業に関連する警備の事業（建設事業において交通誘導警備の業務を行う労働者のみ）	上限規制は適用されない	［災害の復旧・復興の事業以外］ 　上限規制を適用 ［災害の復旧・復興の事業］ 　時間外・休日労働時間が「月100時間未満/2〜6カ月平均80時間以内」は適用されない
(2)自動車運転業務	①一般乗用旅客自動車運送事業（タクシー・ハイヤー）の業務 ②貨物自動車運送事業（トラック運転者）の業務 ③一般乗合旅客自動車運送事業（乗合バス）、一般貸切旅客自動車運送事業（貸切バス）の業務 ④その他の4輪以上の自動車運転の業務		◆特別条項付き36協定を締結する場合の時間外労働は「年960時間以内」 ◆「月100時間未満/2〜6カ月平均80時間以内」の規制は適用されない ◆「時間外労働が月45時間を超えるのは年6カ月まで」の規制は適用されない
(3)医師			労働基準法施行規則第69条の2、第69条の3、第69条の4、第69条の5（197頁〜199頁参照）
(4)鹿児島県・沖縄県の砂糖製造業		「月100時間未満/2〜6カ月平均80時間以内」の規制は適用されない	上限規制を適用

13 一般則適用業務と適用除外・猶予業務等との間で転換した場合

問 34 法第 36 条の規定が全面的に適用される業務（一般則適用業務）と法第 36 条の適用除外・猶予業務等との間で業務転換した場合や出向した場合の取扱いはどのようになるのでしょうか。

答 一般則適用業務へ転換した場合は協定の延長時間から転換前業務における時間外労働時間数を差し引いた時間まで時間外労働が可能。出向の場合は出向先の協定の範囲で時間外・休日労働が可能

(1) 業務転換の場合

　同一の 36 協定によって時間外労働を行わせる場合は、対象期間の途中で業務を転換した場合においても、対象期間の起算日からの当該労働者の時間外労働の総計を当該 36 協定で定める延長時間の範囲内としなければなりません。したがって、たとえば法第 36 条の適用除外・猶予業務から一般則適用業務に転換した場合、当該協定における一般則適用業務の延長時間（最大 1 年 720 時間）から、適用除外・猶予業務において行った時間外労働時間数を差し引いた時間数まで時間外労働を行わせることができ、適用除外・猶予業務において既に年 720 時間を超える時間外労働を行っていた場合は、一般則適用業務への転換後に時間外労働を行わせることはできないことになります。

　なお、法第 36 条第 6 項第 2 号および第 3 号の規定（時間外・休日労働を合わせて月 100 時間未満、2 ～ 6 カ月平均 80 時間以内）は、36 協定の内容にかかわらず、一般則適用業務に従事する期間における実労働時間についてのみ適用されるものとなっています。

(2) 出向の場合

　出向先において出向元とは別の 36 協定の適用を受けることとなる場合は、出向元と出向先との間において特段の取決めがない限り、出向元における時間外労働の実績にかかわらず、出向先の 36 協定で定める範囲内で時間外・休

日労働を行わせることができます。ただし、一般則適用業務の実労働時間については、法第36条第6項第2号および第3号の要件を満たす必要があり、「労働時間は、事業場を異にする場合においても、労働時間に関する規定の適用については通算する。」と定める法第38条第1項により出向の前後で通算されます。

14　海外出向の場合における時間外労働の上限規制

問 35 | 労働者が海外企業に出向する場合や、出向先で役員となる場合の時間外労働の上限規制の考え方を教えてください。

答 | 海外出向者は、原則的には時間外労働の上限規制が及ばない

本問については、個別の事情に応じて判断されることとなります。一般的には、海外の出向先において日本法が適用されないため、出向している期間については、時間外労働の上限規制が適用されません。

15　育児・介護労働者の時間外労働の制限

問 36 | 育児や介護をする労働者に関する「時間外労働の制限」について、その内容をご教示ください。

答 | 育児・介護をする労働者から請求があれば、月24時間、年150時間を超えて時間外労働をさせてはならない

育児休業、介護休業等育児又は家族介護を行う労働者の福祉に関する法律（育児・介護休業法）には、育児・介護をする男女労働者のための「時間外労働の制限」が定められています（同法第17条、第18条）。

これにより、小学校就学前の子の養育または要介護状態にある対象家族の

介護を行う労働者は、1 カ月当たり 24 時間、1 年当たり 150 時間を超える時間外労働の免除を請求できます。

　ここで、この措置の対象となる介護労働者について、「要介護状態」とは、負傷、疾病、身体・精神上の障害により、2 週間以上の期間にわたり常時介護を必要とする状態にあることいい、また、「対象家族」とは、本人の配偶者（事実上婚姻関係にある者を含む）、父母、子、祖父母、兄弟姉妹、孫、配偶者の父母をいいます。

　この措置は、男女労働者一般を対象とするものではなく、法令等で定める一定範囲の育児や介護を行う労働者が事業主に請求した場合だけを対象とするものであり、対象労働者に該当する場合でも、労働者本人が措置の適用を求めない場合は、措置の対象になりません。

　「時間外労働の制限」の請求は、つぎの事項を記載した書面を事業主に提出することによって行わなければなりません。なお、事業主が適当と認める場合には、ファックスまたは電子メール等（「等」には、例えば、イントラネット（企業内 LAN）を利用した申出が含まれます）によることも可能です。

(1)　育児を行う労働者の「時間外労働の制限」の請求書の記載事項

　　a　請求の年月日

　　b　労働者の氏名

　　c　請求に係る子の氏名、生年月日および労働者との続柄（子が出生していない場合は、出産予定者の氏名、出産予定日および労働者との続柄）

　　d　制限を開始しようとする日および終了しようとする日

　　e　請求に係る子が養子である場合には養子縁組の効力発生日

(2)　介護を行う労働者の「時間外労働の制限」の請求書の記載事項

　　a　請求の年月日

　　b　労働者の氏名

　　c　請求に係る対象家族の氏名および労働者との続柄

　　d　請求に係る対象家族が要介護状態にあること

　　e　制限を開始しようとする日及び制限を終了しようとする日

　なお、制限の請求は、1 回につき、1 カ月以上 1 年以内の期間について、その開始の日および終了の日を明らかにして制限開始予定日の 1 カ月前までにしなければなりません。

16　副業・兼業の場合の労働時間の把握

問 37　自社、副業・兼業先の両方で雇用されている場合の、労働基準法における労働時間等の規定の適用はどうなるのかご教示ください。

答　事業場・事業主を異にする場合でも、労働時間を通算して算定する

　法第 38 条第 1 項では「労働時間は、事業場を異にする場合においても、労働時間に関する規定の適用については通算する。」と規定されており、「事業場を異にする場合」とは事業主を異にする場合をも含みます（昭 23.5.14 基発第 769 号）。

　このため、労働時間を通算した結果、法第 32 条または第 40 条に定める法定労働時間を超えて労働させる場合には、使用者は、自社で発生した法定外労働時間について、36 協定を締結しなければなりません。また、法第 37 条に定める割増賃金を支払わなければなりません。

　副業・兼業をする労働者の労働時間の取扱いについては、平成 30 年 1 月に策定された「副業・兼業の促進に関するガイドライン」やその補足資料の Q&A でも示されていますが、複数の事業場で通算された労働時間が法定労働時間を超える場合、労働基準法上の義務を負うのは、当該労働者を使用することにより、法定労働時間を超えて当該労働者を労働させるに至った（すなわち、それぞれの法定外労働時間を発生させた）使用者です。

　したがって、一般的には、通算により法定労働時間を超えることとなる所定労働時間を定めた労働契約を時間的に後から締結した使用者が、契約の締結に当たって、当該労働者が他の事業場で労働していることを確認した上で契約を締結すべきことから、同法上の義務を負うこととなります。

　また、通算した所定労働時間が既に法定労働時間に達していることを知りながら労働時間を延長するときは、先に契約を結んでいた使用者も含め、延長させた各使用者が同法上の義務を負うこととなります。

　なお、労働者が自社、副業・兼業先の両方で雇用されている場合には、使用者は、当該労働者の他社での労働時間も適正に把握する責務を有していま

例1　甲事業主と「所定労働時間8時間」という労働契約を締結している労働者Aが、甲事業場における所定労働日と同一の日について、乙事業主と新たに「所定労働時間3時間」という労働契約を締結し、それぞれの労働契約のとおりに労働した場合

| 甲事業場：8時間 | ➡ | 乙事業場：3時間 |

労働時間が法定労働時間（8時間）に達する

乙事業場での3時間の労働は法定時間外労働となる

⬇

乙事業場では、36協定の締結・届出がなければ労働者Aに労働させることはできない。
3時間の労働について、乙事業主が割増賃金の支払義務を負う。

例2　甲事業主と「所定労働日は月曜日から金曜日、所定労働時間8時間」という労働契約を締結している労働者Bが、乙事業主と新たに「所定労働日は土曜日、所定労働時間5時間」という労働契約を締結し、それぞれの労働契約のとおりに労働した場合

日

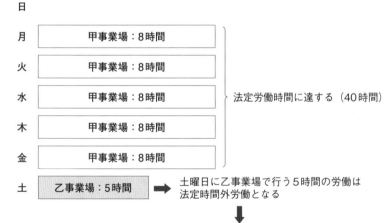

月	甲事業場：8時間
火	甲事業場：8時間
水	甲事業場：8時間	法定労働時間に達する（40時間）
木	甲事業場：8時間
金	甲事業場：8時間

| 土 | 乙事業場：5時間 | ➡ |

土曜日に乙事業場で行う5時間の労働は法定時間外労働となる

⬇

乙事業場では、36協定の締結・届出がなければ労働者Bに労働させることはできない。
5時間の労働について、乙事業主が割増賃金の支払義務を負う。

すが、実務的には労働者からの自己申告により副業・兼業先での労働時間を把握することが考えられます。他方、副業・兼業者の長時間労働や不規則な労働による健康障害を防止する観点から、働き過ぎにならないよう、たとえば、自社での労務と副業・兼業先での労務との兼ね合いの中で、時間外・休

日労働の免除や抑制等を行うなど、それぞれの事業場において適切な措置を講じることができるよう、労使で話し合うことが適当であるとされています（同ガイドライン）。

　さらに、36協定の定めにより労働させる場合の時間外・休日労働の実労働時間の上限である以下の①から③までの要件については、法第38条に基づき通算した労働時間により判断する必要があります（法第36条第6項）。

①　坑内労働その他健康上特に有害な業務（**問67**参照）について、1日における時間外労働時間数が2時間を超えないこと。

②　時間外・休日労働時間数が月100時間未満であること。

③　時間外・休日労働時間数が2～6カ月平均で80時間を超えないこと。

　なお、以上の②および③の要件を満たしている場合であっても、連続する月の月末・月初に集中して時間外労働を行わせるなど、短期間に長時間の時間外労働を行わせることは望ましくないものとされています（平30.9.7基発0907第1号）。

　また、③は、時間外・休日労働協定の対象期間におけるいずれの2カ月間ないし6カ月間における労働時間を延長して労働させ、及び休日において労働させた時間の1カ月当たりの平均時間が80時間を超えてはならないことを意味しています（平30.9.7基発0907第1号）。

17　転勤と時間外・休日労働時間の通算

問 38　同一企業内の A 事業場から B 事業場へ転勤した労働者について、①法第 36 条第 4 項に規定する限度時間、②同条第 5 項に規定する 1 年についての延長時間の上限、③同条第 6 項第 2 号および第 3 号の時間数の上限は、両事業場における当該労働者の時間外労働時間数を通算して適用されるのでしょうか。

答　限度時間や特別条項付き協定の 1 年の上限時間については通算せず、時間外・休日労働の実労働時間の上限については通算

労働時間の限度については、次のように定められています。

(1)　時間外労働（休日労働は含まない）の上限は、原則として、月 45 時間および年 360 時間となり、臨時的な特別の事情がなければ、これを超えることはできません。

(2)　臨時的な特別の事情があって労使が合意する場合でも、

・　時間外労働……年 720 時間以内

・　時間外労働＋休日労働……月 100 時間未満、

2 ～ 6 カ月平均 80 時間以内

とする必要があります（法第 36 条第 4 ～ 6 項）。

設問の①法第 36 条第 4 項に規定する限度時間（原則：月 45 時間、年 360 時間）、および②同条第 5 項に規定する 1 年についての延長時間の上限（720 時間）は、事業場における 36 協定の内容を規制するものであり、特定の労働者が転勤した場合は通算されません。

これに対して、③同条第 6 項第 2 号および第 3 号の時間数の上限（時間外・休日労働時間を合わせて月 100 時間未満、2 ～ 6 カ月平均 80 時間以下）は、労働者個人の実労働時間を規制するものであり、特定の労働者が転勤した場合は「労働時間は、事業場を異にする場合においても、労働時間に関する規定の適用については通算する。」と定める法第 38 条第 1 項の規定により通算して適用されます。

4 36協定の内容

1 どんな事項を協定するか

問 39
36協定ではどのような事項を協定するのでしょうか。

答 対象期間、時間外・休日労働をさせる具体的事由、延長時間、休日労働日数等を定める

　法第36条第2項では、36協定には、以下の事項を定めなければならないとしています。

① 労働時間を延長し、または休日に労働させることができることとされる労働者の範囲（法第36条第2項第1号）

　これは、36協定の対象となる「業務の種類」および「労働者数」を協定するものであることを意味しています。

② 対象期間（1年間に限る）（同項第2号）

　対象期間とは、36協定により労働時間を延長し、または休日に労働させることができる期間のことを意味し、36協定において、1年間の上限を適用する期間を協定するものですから、必ず1年間とします。なお、事業が完了し、または業務が終了するまでの期間が1年未満である場合においても、36協定の対象期間は1年間とする必要があります。

③ 労働時間を延長し、または休日に労働させることができる場合（同項第3号）

　これは、時間外労働または休日労働をさせる必要のある具体的事由について協定することを意味しています。

④ 対象期間における1日、1カ月および1年のそれぞれの期間について労

働時間を延長して労働させることができる時間または労働させることができる休日の日数（同項第 4 号）

　法第 36 条第 4 項において、1 カ月について 45 時間および 1 年について 360 時間（対象期間が 3 カ月を超える 1 年単位の変形労働時間制により労働させる場合は 1 カ月について 42 時間および 1 年について 320 時間）の原則的上限が法定されており、「1 日」、「1 カ月」および「1 年」のそれぞれの期間について労働時間を延長して労働させることができる時間または労働させることができる休日の日数について定めるものです。

　なお、このうちの 1 カ月についての延長時間を定める際には、36 協定の対象期間の初日から 1 カ月ごとに区分した各期間の初日が「1 カ月」の起算日となります。

　そして、前記①～④の事項のほか、労働時間の延長および休日の労働を適正なものとするために必要な事項として厚生労働省令で定める事項（法第 36 条第 2 項第 5 号）については、規則第 17 条第 1 項により、以下の事項を定めなければならないとしています。

　また、以下の⑤－4 から⑤－7 の事項は、限度時間（原則：月 45 時間、年 360 時間）を超えて労働させる臨時的な必要がある場合（特別条項を設ける場合）に、⑤－3 までの事項に加えて 36 協定で定めなければならない事項です。

⑤－1　協定（労働協約による場合を除く）の有効期間（規則第 17 条第 1 項第 1 号）

　36 協定（労働協約による場合を除く）において、当該協定の有効期間を定めます（有効期間の長さについては**問 48** 参照）。

⑤－2　1 年について労働時間を延長して労働させることができる時間の起算日（規則第 17 条第 1 項第 2 号）

　これは、36 協定において定めた法第 36 条第 2 項第 4 号の 1 年について労働時間を延長して労働させることができる時間を適用する期間の起算日を明確にすることを意味しています。

⑤－3　法第 36 条第 6 項第 2 号および第 3 号に定める要件を満たすこと（規則第 17 条第 1 項第 3 号）

　これは、36 協定で定めるところにより時間外・休日労働を行わせる場

合であっても、法第36条第6項第2号および第3号に規定する時間（時間外・休日労働が単月で100時間未満、2～6カ月平均で80時間以外）を超えて労働させることはできないものであり、36協定においても、この規定を遵守することを協定するものであることを意味しています。この規定を受け、36協定届の様式（規則様式第9号および第9号の2）にチェックボックスが設けられており、このチェックボックスにチェックがない場合には、その36協定は法定要件を欠くものとして無効となります。

⑤－4　限度時間を超えて労働させることができる場合（規則第17条第1項第4号）

　これは、36協定に特別条項を設ける場合において、限度時間を超えて労働させることができる具体的事由について協定するものです。

⑤－5　限度時間を超えて労働する労働者に対する健康及び福祉を確保するための措置（規則第17条第1項第5号）

　これは、過重労働による健康障害の防止を図る観点から、36協定に特別条項を設ける場合においては、限度時間を超えて労働させる労働者に対する健康及び福祉を確保するための措置（健康福祉確保措置）を協定するという趣旨です。なお、健康福祉確保措置として講ずることが望ましい措置の内容については、指針第8条に規定されています（102頁参照）。

　なお、使用者は、健康福祉確保措置の実施状況に関する記録を36協定の有効期間中および有効期間の満了後3年間は保存しなければなりません（規則第17条第2項）。

⑤－6　限度時間を超えた労働に係る割増賃金の率（規則第17条第1項第6号）

　36協定に特別条項を設ける場合において、限度時間を超える時間外労働に係る割増賃金率を1カ月および1年のそれぞれについて定めなければなりません。

　この、限度時間を超える時間外労働に係る割増賃金率については、法第89条第2号の「賃金の決定、計算及び支払の方法」として就業規則に記載する必要があります。

⑤－7　限度時間を超えて労働する場合における手続き（規則第17条第1項第7号）

これは、従来の限度基準告示第3条第1項に規定する手続きと同様のものを意味し、36協定の締結当事者間の手続きとして、協定を締結する使用者および過半数労働組合または過半数代表者（労使当事者）が合意した協議、通告その他の手続き（所定の手続き）を定めなければならないものであることを意味します。

また、この手続きは、1カ月ごとに限度時間を超えて労働させることができる具体的事由が生じたときに必ず行わなければならず、所定の手続きを経ることなく、限度時間を超えて労働時間を延長した場合は、法違反となります。

なお、所定の手続きがとられ、限度時間を超えて労働時間を延長する際には、その旨を届け出る必要はありませんが、労使当事者間においてとられた所定の手続きの時期、内容、相手方等を書面等で明らかにしておく必要があります。

2　協定内容についての留意事項

問40

36協定の内容については、どのようなことに留意したらよいでしょうか。

答

36協定の労使当事者は、時間外・休日労働は必要最低限にとどめることに留意し、指針の内容に適合するよう協定する

(1)　36協定に関する指針

時間外・休日労働は、できるだけ行わないようにすることが望ましいのはいうまでもありません。そのためにも、36協定の内容は、どのような場合にどのような業務について、どれだけ時間外・休日労働をするかを明確にしておくことが必要です。

36協定を締結しても、時間外・休日労働をさせる事由が「業務繁忙な時」といったように漠然としていたり、延長時間が実際の必要を超えて甚だしく長く定められていたりするものがありますが、このような協定は、恒常的な

長時間労働を招きやすいので適切な協定とはいえません。

　時間外・休日労働が、法の要件を満たさずに行われる場合はもとより違法ですが、形式的には法の要件を満たしている場合でも、恒常的な時間外労働などが行われることは、労働者の健康や福祉にとっても、労働力の有効発揮その他国民経済全般の見地からみても、決して好ましいことではなく、法の趣旨とするところではありません。

　36協定の締結に当たっては、法第36条第7項の規定に基づき、「労働基準法第36条第1項の協定で定める労働時間の延長及び休日の労働について留意すべき事項等に関する指針」（平成30年9月7日厚生労働省告示第323号）が示されていますので、この指針に従って以下の点に留意しましょう。

　なお、この指針は、厚生労働大臣が、36協定で定める労働時間の延長および休日の労働について留意すべき事項、当該労働時間の延長に係る割増賃金の率その他の必要な事項について、労働者の健康、福祉、時間外労働の動向その他の事情を考慮して定めたものです。

　36協定を締結する使用者および過半数労働組合（なければ過半数代表者）（以下「労使当事者」といいます）は、当該36協定の内容が指針に適合したものとなるようにしなければなりません（法第36条第8項）。

　また、行政官庁は、この指針に関し、労使当事者に必要な助言および指導を行うことができることとされており（同条第9項）、行政官庁がこの指針に基づいて助言および指導を行うに当たっては、労働者の健康が確保されるよう特に配慮しなければならないものとされています（同条第10項）。

(2)　指針で定められている事項
　この指針には、36協定を締結するに当たっての留意すべき事項として、以下の事項が定められています。
①　労使当事者の責務（指針第2条）
　　36協定による労働時間の延長および休日の労働は必要最小限にとどめられるべきであり、また、労働時間の延長は原則として限度時間を超えないものとされています。そのため、労使当事者は、これらに十分留意した上で36協定をするように努めなければなりません。
②　使用者の責務（指針第3条）

　使用者は、36協定において定めた範囲内で時間外・休日労働を行わせた場合であっても、労働契約法第5条の規定に基づく安全配慮義務を負うことに留意しなければなりません。また、使用者は、「脳血管疾患及び虚血性心疾患等（負傷に起因するものを除く。）の認定基準について」（平成13年12月12日付基発第1063号、改正：令和3年9月14日付け基発0914第1号。いわゆる過労死等の労災認定基準）において、(a)1週間当たり40時間を超えて労働した時間が1カ月において概ね45時間を超えて長くなるほど、業務と脳・心臓疾患の発症との関連性が徐々に強まると評価できるとされていること、(b)発症前1カ月間に概ね100時間または発症前2カ月間から6カ月間までにおいて1カ月当たり概ね80時間を超える場合には業務と脳・心臓疾患の発症との関連性が強いと評価できるとされていることに留意しなければなりません。

③　業務区分の細分化（指針第4条）

　労使当事者は、36協定において労働時間を延長し、または休日に労働させることができる業務の種類について定めるに当たっては、業務の区分を細分化することにより当該業務の範囲を明確にしなければなりません。

　業務の区分を細分化することにより当該業務の種類ごとの時間外労働時間をきめ細かに協定するものとしたものであり、労使当事者は、36協定の締結に当たり各事業場における業務の実態に即し、業務の種類を具体的に区分しなければなりません。

④　限度時間を超えて延長時間を定めるに当たっての留意事項（指針第5条）

　労使当事者は、36協定において限度時間を超えて労働させることができる場合を定めるに当たっては、事業場における通常予見することのできない業務量の大幅な増加等に伴い臨時的に限度時間を超えて労働させる必要がある場合をできる限り具体的に定めなければならず、「業務の都合上必要な場合」、「業務上やむを得ない場合」など恒常的な長時間労働を招くおそれがあるものを定めることは認められないことに留意しなければなりません。

　また、労使当事者は、特別条項において1カ月の時間外・休日労働時間数および1年の時間外労働時間数を協定するに当たっては、労働時間の延長は原則として限度時間を超えないものとされていることに十分留意し、特別条項で定める時間を限度時間にできる限り近づけるように努めなけれ

ばなりません。

　さらに、労使当事者は、36協定において限度時間を超えて労働時間を延長して労働させることができる時間に係る割増賃金の率を定めるに当たっては、その割増賃金の率を、労働基準法第37条第1項の時間外および休日の割増賃金に係る率の最低限度を定める政令（177頁参照）で定める率（法定の割増賃金率）を超える率とするように努めなければなりません。

⑤　1カ月に満たない期間において労働する労働者についての延長時間の目安（指針第6条）

　労使当事者は、期間の定めのある労働契約で労働する労働者その他の1カ月に満たない期間において労働する労働者について、36協定において労働時間を延長して労働させることができる時間を定めるに当たっては、指針別表（下表）の左欄に掲げる期間の区分に応じ、それぞれ同表の右欄に掲げる目安時間を超えないものとするように努めなければなりません。

別表（第6条関係）

期間	目安時間
1週間	15時間
2週間	27時間
4週間	43時間

備考　期間が次のいずれかに該当する場合は、目安時間は、当該期間の区分に応じ、それぞれに定める時間（その時間に1時間未満の端数があるときは、これを1時間に切り上げる。）とする。

一　1日を超え1週間未満の日数を単位とする期間　15時間に当該日数を7で除して得た数を乗じて得た時間

二　1週間を超え2週間未満の日数を単位とする期間　27時間に当該日数を14で除して得た数を乗じて得た時間

三　2週間を超え4週間未満の日数を単位とする期間　43時間に当該日数を28で除して得た数を乗じて得た時間（その時間が27時間を下回るときは、27時間）

⑥　休日の労働を定めるに当たっての留意事項（指針第7条）

　労使当事者は、36協定において休日の労働を定めるに当たっては、労働

させることができる休日の日数をできる限り少なくし、および休日に労働させる時間をできる限り短くするように努めなければなりません。

⑦　健康福祉確保措置（指針第 8 条）

　　労使当事者は、36 協定に特別条項を設ける場合において、健康福祉確保措置を協定するに当たっては、次に掲げるもののうちから協定することが望ましいことに留意しなければなりません。

a　労働時間が一定時間を超えた労働者に医師による面接指導を実施すること。

b　労働基準法第 37 条第 4 項に規定する時刻の間において労働させる（深夜労働）回数を 1 カ月について一定回数以内とすること。

c　終業から始業までに一定時間以上の継続した休息時間を確保すること（勤務間インターバル）。

d　労働者の勤務状況およびその健康状態に応じて、代償休日または特別な休暇を付与すること。

e　労働者の勤務状況およびその健康状態に応じて、健康診断を実施すること。

f　年次有給休暇についてまとまった日数連続して取得することを含めてその取得を促進すること。

g　心とからだの健康問題についての相談窓口を設置すること。

h　労働者の勤務状況およびその健康状態に配慮し、必要な場合には適切な部署に配置転換をすること。

i　必要に応じて、産業医等による助言・指導を受け、または労働者に産業医等による保健指導を受けさせること。

3　1 カ月の延長時間を「100 時間未満」とする協定の可否

問 41　特別条項における 1 カ月の延長時間として、「100 時間未満」と協定することはできますか。

答 具体的な延長時間数を協定しなければならない

　36協定において定める延長時間数は、具体的な時間数として協定しなければなりません。「100時間未満」と協定することは、具体的な延長時間数を協定したものとは認められないため、有効な36協定とはなりません。

　この延長時間数は、必ず100時間未満となるようにしなければならず、また、できる限り限度時間に近づける努力義務も課せられています（指針第5条第2項）。

4　1カ月・1年についてのみの延長時間を定めることの可否

問 42 特別条項において、1カ月についてのみ、または1年についてのみの延長時間を定めることはできますか。

答 可能だが、1日の延長時間についてのみ特別条項を協定することはできない

　特別条項において、1カ月についてのみ、または1年についてのみ限度時間を超える延長時間を定めることは可能です。

　1年についてのみ限度時間を超える延長時間を定める場合には、1カ月の限度時間を超えて労働させることができる回数を「0回」として協定することとなります。これは、臨時的な労働時間の増加の有無を月ごとに判断した結果を協定するためです。

　なお、特別条項は限度時間（1カ月45時間・1年360時間。対象期間が3カ月を超える1年単位の変形労働時間制により労働させる場合は、1カ月42時間・1年320時間）を超えて労働させる必要がある場合に定めるものであり、1日の延長時間についてのみ特別条項を協定することは認められません。

5　健康福祉確保措置⑴──措置を講じるべき時期

問 43　36 協定の協定事項である「限度時間を超えて労働させる労働者に対する健康及び福祉を確保するための措置」（健康福祉確保措置）は、限度時間を超えるたびに講じる必要がありますか。また、限度時間を超えてからどの程度の期間内に措置を実施すべきですか。

答｜限度時間を超えるたびに、概ね 1 カ月以内に講じる必要あり

健康福祉確保措置（規則第 17 条第 1 項第 5 号）は、指針によれば、次に掲げられたもののうちから協定することが望ましいとされています（指針第 8 条第 1 号～第 9 号）。

① 医師による面接指導
② 深夜業（22 時～ 5 時）の回数制限
③ 終業から始業までの休息時間の確保（勤務間インターバル）
④ 代償休日・特別な休暇の付与
⑤ 健康診断
⑥ 連続休暇の取得
⑦ 心とからだの健康窓口の設置
⑧ 配置転換
⑩ 産業医等による助言・指導や保健指導

この健康福祉確保措置は、原則として限度時間を超えるたびに講じる必要があります。また、当該措置の実施時期については措置の内容によっても異なりますが、例えば、医師による面接指導であれば、1 カ月の時間外労働時間を算定した日（賃金締切日等）から概ね 1 カ月以内に講じることが望ましいとされています。

6 健康福祉確保措置⑵――深夜業の回数制限

問 44 限度時間を超えて労働させる必要がある場合に36協定で定める健康確保措置の対象には、所定労働時間内の深夜業の回数も含まれるのですか。また、深夜業の目安となる回数はあるのでしょうか。

答 事業場の業務の実態等を踏まえて労使で定める

　限度時間を超えて労働させる必要がある場合（特別条項を設ける場合）には、対象労働者に対して講ずる健康確保措置についても協定しなければなりません（法第36条第2項第5号、規則第17条第1項第5号）。また、協定で定める健康確保措置は、指針第8条に挙げられているもののうちから定めることが望ましいとされています。その1つとして「法第37条第4項に規定する時刻の間において労働させる回数を1箇月について一定回数以内とすること」（指針第8条第2号）と定められています。この措置は、深夜業（原則：午後10時から午前5時までの時間帯の労働）の回数を制限するものですが、その対象には、所定労働時間内の深夜業の回数制限も含まれます。なお、交替制勤務など所定労働時間に深夜業を含んでいる場合には、事業場の実情に合わせ、その他の健康確保措置を講ずることが考えられます。

　また、指針は、限度時間を超えて労働させる労働者に対する健康および福祉を確保するための措置として望ましい内容を規定しているものであり、深夜業を制限する回数の設定を含め、その具体的な取扱いについては、労働者の健康及び福祉を確保するため、各事業場の業務の実態等を踏まえて、必要な内容を労使間で協定すべきものです。

　たとえば、労働安全衛生法では、深夜業に従事する労働者であって、自己の健康に不安を有するものについて、自らの判断で受診した健康診断（自発的健康診断）の結果を事業者に提出することができることとし（同法第66条の2）、事業者は、提出された健康診断結果に基づき事後措置等を講じなければなりません（同法第66条の4〜第66条の5、第66条の7）。労使当事者で健康確保措置として深夜業の回数制限を設ける際に、この自発的健康診断の

要件として、1 月当たり 4 回以上深夜業に従事したこととされていることを
参考として協定することも考えられます。

7　健康福祉確保措置⑶——休息時間

問 45　指針第 8 条第 3 号の「休息時間」とはどのような時間を
意味するのですか。また、目安となる時間数はあるので
すか。

答　休息時間の時間数などを含め、事業場の業務の実態等を踏まえ
て労使で定める

　限度時間を超えて労働させる必要がある場合（特別条項を設ける場合）に
は、対象労働者に対して講ずる健康確保措置についても協定しなければなり
ません（法第 36 条第 2 項第 5 号、規則第 17 条第 1 項第 5 号）。健康確保措置
として講ずることが望ましい措置として指針第 8 条に挙げられているものの
1 つに「終業から始業までに一定時間以上の継続した休息時間を確保するこ
と」というのがあります（同条第 3 号）。

　これは、前日の終業時刻と翌日の始業時刻の間に一定の時間（休息時間、
インターバル）を設けるもので（一般に「勤務間インターバル」と呼ばれて
います）、これにより、労働者の生活時間や睡眠時間を確保することができ、
長時間労働の抑制につながるものと考えられています。この措置については、
労働時間等の設定の改善に関する特別措置法（労働時間等設定改善法）第 2
条第 1 項において、導入することが事業主の責務（努力義務）として規定さ
れていますが、具体的な制度の内容について法令上の規制はなく、各事業場
の実態に応じて労使で検討の上決定するものです。

　また、指針第 8 条第 3 号にいう「休息時間」は、使用者の拘束を受けない
時間をいうものですが、限度時間を超えて労働させる労働者に対する健康お
よび福祉を確保するための措置として望ましい内容を規定しているものであ
り、休息時間の時間数を含め、その具体的な取扱いについては、労働者の健
康および福祉を確保するため、各事業場の業務の実態等を踏まえて、必要な

内容を労使間で協定すべきものです。

　なお、厚生労働省の「ワーク・ライフ・バランスを向上させる勤務間インターバル制度」サイトにおいて、導入事例等が掲載されていますので、参考にするとよいでしょう。(https://www.mhlw.go.jp/seisakunitsuite/bunya/koyou_roudou/roudoukijun/jikan/interval/)

8　健康福祉確保措置⑷－相談窓口の設置

問 46 指針に示された健康福祉確保措置のうち、心とからだの健康問題についての相談窓口を設置することについて、相談窓口の設置さえ行えば、措置を果たしたことになるのでしょうか。また、この場合、どのような内容について記録を保存すればよいのでしょうか。

答 相談窓口を設置することで法令上の義務は果たされるが、労働者に十分周知し、実質的に機能するよう運用することが望まれる

　限度時間（月45時間・年360時間※）を超えて労働させる場合には、特別条項に「限度時間を超えて労働させる労働者に対する健康及び福祉を確保するための措置」（健康福祉確保措置。規則第17条第1項第5号）を定めて協定し、36協定届（様式9号の2）を所轄労働基準監督署長に提出する必要があります。

　指針第8条では、健康福祉確保措置について、同条各号に掲げるもののうちから協定することが望ましいとされ、そのうちの1つとして「心とからだの健康問題についての相談窓口を設置すること」（同条第7号）が規定されています。

　心とからだの健康問題についての相談窓口については、それを設置することにより、法令上の義務を果たしたことになります。その際、労働者に対し

※　対象期間が3カ月を超える1年単位の変形労働時間制による場合は、月42時間・年320時間

107

ては、相談窓口が設置されている旨を十分周知し、当該窓口が効果的に機能するよう留意してください。

　また、この場合の記録の保存については、相談窓口を設置し、労働者に周知した旨の記録を保存するとともに、当該 36 協定の有効期間中に受け付けた相談件数に関する記録も併せて保存してください。

9　対象期間の途中における破棄・再締結

問 47
36 協定の対象期間の途中で協定を破棄・再締結し、対象期間の起算日を当初の 36 協定から変更することはできますか。

答｜やむを得ず変更する場合でも、当初の協定の限度時間・月数を遵守する

　時間外労働の上限規制の実効性を確保する観点から、法第 36 条第 4 項の 1 年についての限度時間（原則：360 時間）および同条第 5 項の月数（月 45 時間の限度時間を超えることができるのは年 6 カ月まで）は厳格に適用すべきものであり、対象期間の起算日を変更することは、原則として認められません。

　しかしながら、複数の事業場を有する企業において、対象期間を全社的に統一する場合のように、やむを得ず対象期間の起算日を変更する場合は、36 協定を再締結した後の期間においても、再締結後の 36 協定を遵守することに加えて、当初の 36 協定の対象期間における 1 年の延長時間および限度時間を超えて労働させることができる月数を引き続き遵守しなければなりません。

5 ┃ 36協定の有効期間

1　有効期間の長さ

問 48

36協定の有効期間は、どんなに長く決めてもよいのでしょうか。

答

協定が労働協約に該当しない場合は、協定の有効期間について別段の定めはないが、1年とするのが望ましい

⑴　有効期間

　労働基準法上は、36協定には有効期間の定めをしなければなりませんが、協定の有効期間についての別段の制限はありません。ただ、協定が労働協約に該当する場合は、労働組合法第15条の適用を受け、期間の定めのない協約を除き、3年以上の期間を超えて定めることはできません。

　労働基準法施行以来の歴史の中では、昭和27年の施行規則改正前までは、協定の有効期間について3カ月を最高限度としていましたが、昭和27年の改正において、協約による場合は1年、その他の場合は3カ月と制限し、昭和29年の改正によって有効期間の制限が撤廃されました。

　これは、協定によって区別して有効期間の制限を設ける理由はなく、当事者の自主的決定にゆだねられるべき事項であるとの趣旨によるものですが、どのような長い協定でもよいとする趣旨でないのは当然のことであって、36協定の趣旨、時間外・休日労働をする事由、限度などの協定内容を勘案し、当事者間において合理的な期間を定める必要があり、有効期間の長さを定めるべきことを労働基準法上の要請としたわけです（規則第17条第1項第1号）。

(2)　労働協約による場合

　協定の有効期間について、労働協約による場合とその他の場合とで取扱いが違いますので、まず労働協約とは何かを明らかにする必要があります。規則第 17 条第 1 項第 1 号の「労働協約」について、解釈例規は、「時間外、休日労働の協定であっても労働組合との間に締結され当事者の署名又は押印があれば、その協定が施行規則第 17 条第 1 項第 1 号の労働協約と解される」（昭27.9.20 基発第 675 号）としており、また、労働組合法上の労働協約の意義について「労働組合と使用者またはその団体との間の労働条件その他に関する協定は、それが書面に作成され、かつ両当事者の署名または記名押印がなされている限り、その名称の如何にかかわらず、労働組合法上の労働協約である」とする解釈例規があります（昭 29.1.19 労収第 5 号）。

　したがって、36 協定には、労働協約である 36 協定において、期間の定めのない協約の場合以外は、労働組合法第 15 条の範囲内で有効期間の定めをするか、あるいは規則第 17 条第 1 項第 1 号により有効期間の定めをすることになりますが、その場合の長さについては、法律上の制限ではなく、もっぱら両当事者の合意によって定めるところにゆだねられており、協定内容全般との関係でその妥当な長さを決めることが必要となります。この場合、協定の有効期間は、実情に即しつつなるべく短いものにするのが望ましく、また、先に述べたような考え方から、時間外・休日労働の事由や限度を具体的かつ詳細に定めるようになりますと、自然と、有効期間の長さは短く決めるようにならざるを得ないでしょう。

2　対象期間と有効期間の違い

問 49　36協定の「対象期間」と「有効期間」の違いを教えてください。

答　「対象期間」とは法第36条の規定により労働時間を延長し、又は休日に労働させることができる期間のことであり、「有効期間」とは当該協定が効力を有する期間のことをいう

　36協定では、協定の対象期間を定めなければなりません（法第36条第2項第2号）。対象期間とは、36協定により労働時間を延長し、または休日に労働させることができる期間をいい、1年間に限るものとされています。そして、36協定においてその起算日を定めることで期間が特定されます。

　1年間の上限を適用する期間を協定していない場合は法に反することになり、事業が完了し、または事業が終了するまでの期間が1年未満である場合においても、36協定の対象期間は1年間とする必要があります。

　これに対して、36協定の有効期間とは、当該協定が効力を有する期間をいうものであり、対象期間が1年間に限られることから、有効期間は最も短い場合でも原則として1年間となります。また、36協定について定期的に見直しを行う必要があると考えられることから、有効期間は1年間とすることが望ましいとされています。

　なお、36協定において1年間を超える有効期間を定めた場合の対象期間は、当該有効期間の範囲内において、当該36協定で定める対象期間の起算日から1年ごとに区分した各期間となります。

3　労働者側からの一方的破棄通告

問 50　36協定の有効期間中に、労働者側から一方的に協定の破棄の通告を申し入れれば、36協定は当然に失効するものでしょうか。

答｜当事者の一方的な破棄によって当然に失効するわけではない

　36協定も労使両当事者の合意により成立したものですから、両当事者の合意によりその効力を消滅させることは、その協定に有効期間の定めがあると否とを問わず、いつでも自由に行うことができます。しかしながら、一般に、期間の定めのある契約はこれを一方的に解除できないとする法理は、36協定についても採用することができるものと解されます。したがって、設問のように、当事者の一方から協定破棄の通告をしても、相手方がこれに同意しない限り、協定が一方の破棄通告によって当然失効するものではなく、協定は所定の有効期間中効力を有します（昭23.9.20基収第2640号、昭63.3.14基発第150号、平11.3.31基発第168号）。

　なお、36協定に、あらかじめ「協定の有効期間中といえども、労働組合の破棄通告により失効する」とか、「協定の有効期間中といえども、労働組合の破棄通告のあった日から3日後に失効する」などの条項が入っている場合においては、労働組合は、これらの条項の定めるところに従い、一方的破棄通告により協定を失効させることができるものと解されます。

6　36 協定の届出手続き

1　36 協定の届出手続き

問 51

36 協定は、誰が、どこに、どのような方法で届け出れば
よいのですか。

答　使用者が、所定の様式で所轄労基署長に届け出る

36 協定は、そもそも使用者の時間外労働または休日労働についての刑事免
責をなすものですから、その届出は使用者が行うべきものです。届出の方法
は、法第 36 条第 1 項に基づき、規則第 16 条および第 70 条に定められた所定
の様式により行わなければなりません。

36 協定の届出は、一定の業種や業務を除いた一般的な協定については、様
式第 9 号（法第 36 条第 5 項に規定する事項に関する定めをする場合（特別条
項）は、様式第 9 号の 2（規則第 16 条第 1 項））で行わなければなりません。

また、一定の業種・業務等については、以下の様式により届け出なければ
なりません。

①　法第 36 条第 11 項の新たな技術、商品または役務の研究開発に係る業務
についての届出は、様式第 9 号の 3（規則第 16 条第 2 項）

②　工作物の建設の事業、自動車の運転の業務、医業に従事する医師ならび
に鹿児島県および沖縄県における砂糖を製造する事業に係る 36 協定の届
出は、令和 6 年 3 月 31 日までの間、様式第 9 号の 4（法第 38 条の 2 第 2 項
の協定の内容を 36 協定の届出に付記して届け出る場合は様式第 9 号の 5、
労使委員会の決議を届け出る場合は様式第 9 号の 6、労働時間等設定改善
委員会※の決議を届け出る場合は様式第 9 号の 7）（規則第 70 条第 1 項）

③　上限規制の適用猶予期間終了後（令和 6 年 4 月 1 日以降）、当該事業場の

事業に法第 139 条第 1 項に規定する事業（工作物の建設の事業。災害時における復旧及び復興の事業に限る）が含まれている場合における届出は、様式第 9 号の 3 の 2（法第 139 条第 1 項の規定により読み替えて適用する法第 36 条第 5 項に規定する事項に関する定めをする場合にあっては、様式第 9 号の 3 の 3）により、法第 36 条第 2 項第 1 号に規定する労働者に法第 140 条第 1 項に規定する業務（自動車運転の業務）に従事する労働者が含まれている場合における届出は、様式第 9 号の 3 の 4（法第 140 条第 1 項の規定により読み替えて適用する法第 36 条第 5 項に規定する事項に関する定めをする場合にあっては、様式第 9 号の 3 の 5）により、法第 36 条第 2 項第 1 号に規定する労働者に特定医師が含まれている場合における同条第 1 項の規定による届出は、様式第 9 号の 4（法第 141 条第 2 項（医療法第 128 条の規定により読み替えて適用する場合を含む。）に規定する事項に関する定めをする場合にあっては、様式第 9 号の 5）（令和 5 年厚生労働省令第 34 号等による改正後の規則第 70 条第 1 項。令和 6 年 4 月 1 日施行）

したがって、必ずしも 36 協定そのものを提出する必要はありませんが、36 協定書は事業場に保存しておく必要があります。また、36 協定を書面で結ばずに様式第 9 号等により 36 協定の届出書のみを届け出たとしても、時間外労働や休日労働をさせることができないことはいうまでもありません。

なお、労働者代表の署名または記名押印を加えることにより、様式第 9 号等の届出書を 36 協定の協定書として利用し、これを届け出ることも差し支えありませんが、この場合には、その協定書の写しを事業場に保存しておく必要があります。

※　**労働時間等設定改善委員会**……労働時間等の設定の改善に関する特別措置法第 7 条に基づき労働時間等の設定（労働時間、休日数、年次有給休暇を与える時季など、労働時間等に関する事項を定めること）を改善することについて調査審議する労使協議機関。事業場の過半数労働組合（なければ過半数代表者）の推薦に基づいて指名されているなど、一定の要件を満たせば、委員会の決議（委員の 5 分の 4 以上）は、36 協定を含め労働基準法に定める労働時間等に関する労使協定に代えることができる。なお、36 協定に関する決議は届出が必要である。

36協定の届出様式の種類と使用する場合

様　式	どんな場合に使用するか
第9号	一般労働者について、時間外・休日労働を行わせる場合
第9号の2	限度時間を超えて、時間外・休日労働を行わせる場合
第9号の3	新技術・新商品等の研究開発業務に従事する労働者に時間外・休日労働を行わせる場合
第9号の4	適用猶予期間中における、適用猶予事業・業務に係る時間外・休日労働を行わせる場合
第9号の5	適用猶予期間中における、適用猶予事業・業務において、事業場外労働のみなし労働時間に係る協定の内容を36協定に付記して届け出る場合
第9号の6	適用猶予期間中において、労使委員会の決議を届け出る場合
第9号の7	適用猶予期間中において、労働時間等設定改善委員会の決議を届け出る場合

【令和6年4月1日以降】

第9号	一般労働者について、時間外・休日労働を行わせる場合
第9号の2	限度時間を超えて、時間外・休日労働を行わせる場合
第9号の3	新技術・新商品等の研究開発業務に従事する労働者に時間外・休日労働を行わせる場合
第9号の3の2	工作物の建設の事業（災害時における復旧及び復興の事業に限る）を含む場合において、限度時間以内で時間外・休日労働を行わせる場合（一般条項）
第9号の3の3	工作物の建設の事業（災害時における復旧及び復興の事業に限る）を含む場合において、限度時間を超えて時間外・休日労働を行わせる場合（特別条項）
第9号の3の4	自動車運転の業務を含む場合において、限度時間以内で時間外・休日労働を行わせる場合（一般条項）
第9号の3の5	自動車運転の業務を含む場合において、限度時間を超えて時間外・休日労働を行わせる場合（特別条項）
第9号の4	医業に従事する医師を含む場合において、限度時間以内で時間外・休日労働を行わせる場合（一般条項）
第9号の5	医業に従事する医師を含む場合において、限度時間を超えて時間外・休日労働を行わせる場合（特別条項）

2 　届出様式と記載事項

問 52　36 協定の届出の様式と、その記載事項はどのようなものですか。

答　届出は様式第 9 号〜第 9 号の 7 による。法定項目の記載事項は法令、様式の記載心得等に従い記載する

　36 協定の届出の様式は、規則第 16 条または第 70 条により、様式第 9 号〜第 9 号の 7 によることとされています（**問 51** 参照、様式および記載心得・備考は参考資料 202 頁参照）。なお、令和 6 年 4 月 1 日からは、上制規制の適用猶予期間が終了することに伴い、一部新たな届出様式によることになります（115 頁参照）。

　以下、一定の業種・業務等を除いた一般的な協定様式である様式第 9 号および様式第 9 号の 2 （特別条項付き協定の場合）に応じながら、同様式の記載例、様式の記載心得等に沿って、その内容を説明します。

1.　様式第 9 号の記載事項（一般条項）〈記載例は 123 頁〉

⑴　「労働保険番号」および「法人番号」欄には、労働保険番号・法人番号を記載しなければなりません。

⑵　「事業の名称」欄には、協定している事業場（工場、支店、営業所等）ごとに、名称を記載しなければなりません。

⑶　「協定の有効期間」欄には、協定が有効となる期間を定めて記入することになりますが、1 年間とすることが推奨されています（対象期間が 1 年間とされているため、最短でも 1 年間）。

⑷　「時間外労働をさせる必要のある具体的事由」または「休日労働をさせる必要のある具体的事由」欄には、業務の種類別に具体的に記入しなければなりません。

⑸　「業務の種類」欄には、時間外・休日労働をさせる必要のある業務を具体的に記入し、法第 36 条第 6 項第 1 号の健康上特に有害な業務について協定

をした場合には、当該業務を他の業務と区別して記入しなければなりません。なお、業務の種類を記入するに当たっては、業務の区分を細分化することにより当該業務の範囲を明確にしなければならないことに留意しなければなりません（様式記載心得1参照）。

⑹　「労働者数（満18歳以上の者）」欄には、時間外・休日労働をさせることができる労働者の数を記入することとされています（様式記載心得2参照）。なお、これは満18歳未満の者については時間外・休日労働が禁止されていることによります。

⑺　「延長することができる時間数」欄の記入に当たっては、つぎのとおりとする必要があります。時間数は法第32条から第32条の5までまたは第40条の規定により労働させることができる最長の労働時間（以下「法定労働時間」といいます）を超える時間数を記入します。なお、本欄に記入する時間数にかかわらず、時間外・休日労働を合算した時間数が1カ月について100時間以上となった場合、および2カ月から6カ月までを平均して80時間を超えた場合には労働基準法違反（法第119条の規定により6カ月以下の懲役または30万円以下の罰金）となることに留意する必要があります（様式記載心得3参照）。

①　「1日」の欄には、法定労働時間を超えて延長することができる時間数であって、1日についての延長することができる限度となる時間数を記入する。なお、所定労働時間を超える時間数についても協定する場合においては、所定労働時間を超える時間数を併せて記入することができる。

②　「1箇月」の欄には、法定労働時間を超えて延長することができる時間数であって、「1年」の欄に記入する「起算日」において定める日から1カ月ごとについての延長することができる限度となる時間数を45時間（対象期間が3カ月を超える1年単位の変形労働時間制により労働する者については、42時間）の範囲内で記入する。なお、所定労働時間を超える時間数についても協定する場合においては、所定労働時間を超える時間数を併せて記入することができる。

③　「1年」の欄には、法定労働時間を超えて延長することができる時間数であって、「起算日」において定める日から1年についての延長することができる限度となる時間数を360時間（対象期間が3カ月を超える1年

単位の変形労働時間制により労働する者については、320時間）の範囲内で記入する。なお、所定労働時間を超える時間数についても協定する場合においては、所定労働時間を超える時間数を併せて記入することができる。

なお、「起算日」欄には、1年間の上限時間を計算する際の起算日を記入します。その1年間においては協定の有効期間にかかわらず、起算日は同一の日である必要があります。

(8)　「1箇月」と「1年」の欄の②の欄は、対象期間が3カ月を超える1年単位の変形労働時間制により労働する者について記入します。なお、延長することができる時間の上限は①の欄の労働者よりも短い（1カ月42時間、1年320時間）ことに留意する必要があります（様式記載心得4参照）。

(9)　「労働させることができる法定休日の日数」欄には、法第35条の規定による休日（1週1休または4週4休であることに留意）に労働させることができる日数を記入する必要があります（様式記載心得5参照）。

(10)　「労働させることができる法定休日における始業及び終業の時刻」の欄には、法第35条の規定による休日であって労働させることができる日の始業および終業の時刻を記入する必要があります（様式記載心得6参照）。

(11)　法第36条第6項第2号および第3号の要件を遵守する趣旨のチェックボックスについて、「2箇月から6箇月まで」とは、起算日をまたぐケースも含め、連続した2カ月から6カ月までの期間を指すことに留意する必要があります。また、チェックボックスにチェックがない場合には有効な協定とはならないことにも留意しなければなりません（様式記載心得7参照）。

(12)　協定については、労働者の過半数で組織する労働組合（過半数労働組合）がある場合はその労働組合と、労働者の過半数で組織する労働組合がない場合は労働者の過半数を代表する者（過半数代表者）と協定する必要があります。なお、過半数代表者は、規則第6条の2第1項の規定により、法第41条第2号に規定する監督または管理の地位にある者でなく、かつ同法に規定する協定等をする者を選出することを明らかにして実施される投票、挙手等の方法による手続きにより選出された者であって、使用者の意向に基づき選出されたものでないことを意味し、これらの要件を満たさな

い場合には、有効な協定とはならないことに留意する必要があります。また、これらの要件を満たしていても、当該要件に係るチェックボックスにチェックがない場合には、届出の形式上の要件に適合していないこととなります。（様式記載心得8参照）。

⒀　本様式をもって協定とする場合においても、協定の当事者たる労使双方の合意があることが、協定上明らかとなるような方法により締結するよう留意してください（様式記載心得9参照）。

⒁　本様式で記入部分が足りない場合は同一様式を使用することとされています。この場合、必要のある事項のみ記入しても差し支えありません（様式記載心得10参照）。

2.　様式第9号の2の記載事項（特別条項）〈記載例は124〜125頁〉

　様式第9号の2の「1枚目」（限度時間内の時間外労働についての届出書）についての記載事項は、前記の⑴から⑾と同じとなっています。

⑴　36協定において法第36条第5項に規定する事項に関する定めを締結した場合（特別条項を設ける場合）における様式第9号の2（2枚目、限度時間を超える時間外労働について記載）の記入に当たっては、つぎのとおりとする必要があります（様式第9号の2（2枚目）の記載心得1参照）。

　①　「臨時的に限度時間を超えて労働させることができる場合」の欄には、当該事業場における通常予見することのできない業務量の大幅な増加等に伴い臨時的に限度時間を超えて労働させる必要がある場合をできる限り具体的に記入する。なお、業務の都合上必要な場合、業務上やむを得ない場合等恒常的な長時間労働を招くおそれがあるものを記入することは認められないことに留意する。

　②　「業務の種類」の欄には、時間外・休日労働をさせる必要のある業務を具体的に記入し、法第36条第6項第1号の健康上特に有害な業務について協定をした場合には、当該業務を他の業務と区別して記入する必要がある。なお、業務の種類を記入するに当たっては、業務の区分を細分化することにより当該業務の範囲を明確にしなければならないことに留意する。

　③　「労働者数（満18歳以上の者）」の欄には、時間外労働または休日労働

をさせることができる労働者の数を記入する。

④　「起算日」の欄には、本様式における「時間外労働・休日労働に関する協定届」の起算日と同じ年月日を記入する。

⑤　「延長することができる時間数及び休日労働の時間数」の欄には、法第 32 条から第 32 条の 5 までまたは第 40 条の規定により労働させることができる最長の労働時間（以下「法定労働時間」という）を超える時間数と休日労働の時間数を合算した時間数であって、「起算日」において定める日から 1 カ月ごとについての延長することができる限度となる時間を 100 時間未満の範囲内で記入する。なお、所定労働時間を超える時間数についても協定する場合においては、所定労働時間を超える時間数と休日労働の時間数を合算した時間数を併せて記入することができる。

　「延長することができる時間数」の欄には、法定労働時間を超えて延長することができる時間数を記入する。「1 年」にあっては、「起算日」において定める日から 1 年についての延長することができる限度となる時間を 720 時間の範囲内で記入する。なお、所定労働時間を超える時間数についても協定する場合においては、所定労働時間を超える時間数を併せて記入することができる。

　なお、これらの欄に記入する時間数にかかわらず、時間外・休日労働を合算した時間数が 1 カ月について 100 時間以上となった場合、および 2 カ月から 6 カ月までを平均して 80 時間を超えた場合には労働基準法違反（法第 119 条の規定により 6 カ月以下の懲役または 30 万円以下の罰金）となることに留意する。

⑥　「限度時間を超えて労働させることができる回数」の欄には、限度時間（1 カ月 45 時間（対象期間が 3 カ月を超える 1 年単位の変形労働時間制により労働する者については、42 時間））を超えて労働させることができる回数を 6 回の範囲内で記入する。

⑦　「限度時間を超えた労働に係る割増賃金率」の欄には、限度時間を超える時間外労働に係る割増賃金の率を記入する。なお、当該割増賃金の率は、法定割増賃金率を超える率とするよう努める。

⑧　「限度時間を超えて労働させる場合における手続」の欄には、協定の締結当事者間の手続きとして、「協議」、「通告」等具体的な内容を記入する。

⑨　「限度時間を超えて労働させる労働者に対する健康及び福祉を確保するための措置」の欄には、以下の番号を「(該当する番号)」に選択して記入したうえで、その具体的内容を「(具体的内容)」に記入する。

❶　労働時間が一定時間を超えた労働者に医師による面接指導を実施すること。

❷　労働基準法第37条第4項に規定する時刻の間において労働させる回数を1カ月について一定回数以内とすること。

❸　終業から始業までに一定時間以上の継続した休息時間を確保すること。

❹　労働者の勤務状況およびその健康状態に応じて、代償休日または特別な休暇を付与すること。

❺　労働者の勤務状況およびその健康状態に応じて、健康診断を実施すること。

❻　年次有給休暇についてまとまった日数連続して取得することを含めてその取得を促進すること。

❼　心とからだの健康問題についての相談窓口を設置すること。

❽　労働者の勤務状況およびその健康状態に配慮し、必要な場合には適切な部署に配置転換をすること。

❾　必要に応じて、産業医等による助言・指導を受け、または労働者に産業医等による保健指導を受けさせること。

❿　その他

(2)　労働基準法第36条第6項第2号及び第3号の要件を遵守する趣旨のチェックボックスについて、「2箇月から6箇月まで」とは、起算日をまたぐケースも含め、連続した2箇月から6箇月までの期間を指すことに留意が必要です。また、チェックボックスにチェックがない場合には、有効な協定とはならないことに注意してください(様式第9号の2(2枚目)の記載心得2参照)。

(3)　協定については、労働者の過半数で組織する労働組合がある場合はその労働組合と、労働者の過半数で組織する労働組合がない場合は労働者の過半数を代表する者と協定する必要があります。なお、労働者の過半数を代表する者は、労働基準法施行規則第6条の2第1項の規定により、労働基準法第41条第2号に規定する監督又は管理の地位にある者でなく、かつ、

同法に規定する協定等をする者を選出することを明らかにして実施される投票、挙手等の方法による手続により選出された者であって、使用者の意向に基づき選出されたものでないことを意味し、これらの要件を満たさない場合には、有効な協定とはならないことに留意する必要があります（様式第 9 号の 2 （2 枚目）の記載心得 3 参照）。

　また、これらの要件を満たしていても、当該要件に係るチェックボックスにチェックがない場合には、届出の形式上の要件に適合していないことに留意してください（同前）。

⑷　本様式をもって協定とする場合においても、協定の当事者たる労使双方の合意があることが協定上明らかとなるような方法により締結するよう留意することが必要です（様式第 9 号の 2 （2 枚目）の記載心得 4 参照）。

⑸　本様式で記入部分が足りない場合は同一様式を使用することとされています。この場合、必要のある事項のみ記入することで差し支えありません（様式第 9 号の 2 （2 枚目）の記載心得 5 参照）。

36協定届の記載例　様式第9号（一般条項）〈限度時間を超えない場合〉

様式第9号（第16条第1項関係）

時間外労働　に関する協定届
休日労働

労働保険番号		
法人番号		

事業の種類	事業の名称	事業の所在地（電話番号）	協定の有効期間
金属製品製造業	○○金属工業株式会社　○○工場	（〒○○○-○○○○）○○市○○町1-2-3　電話番号：○○○-○○○○-○○○○	○○○○年4月1日から1年間

時間外労働

	時間外労働をさせる必要のある具体的事由	業務の種類	労働者数（満18歳以上の者）	所定労働時間（1日）（任意）	延長することができる時間数						
					1日		1箇月（①については45時間まで、②については42時間まで）		1年（①については360時間まで、②については320時間まで）起算日（年月日）○○○○年4月1日	
					法定労働時間を超える時間数	所定労働時間を超える時間数（任意）	法定労働時間を超える時間数	所定労働時間を超える時間数（任意）	法定労働時間を超える時間数	所定労働時間を超える時間数（任意）
①下記②に該当しない労働者	受注の集中	設計	10人	7.5時間	3時間	3.5時間	30時間	40時間	250時間	370時間
	臨時の受注、納期変更	機械組立	20人	7.5時間	2時間	2.5時間	15時間	25時間	150時間	270時間
	製品不具合への対応	検査	10人	7.5時間	2時間	2.5時間	15時間	25時間	150時間	270時間
②1年単位の変形労働時間制により労働する労働者	月末の決算事務	経理	5人	7.5時間	3時間	3.5時間	20時間	30時間	200時間	320時間
	棚卸	購買	5人	7.5時間	3時間	3.5時間	20時間	30時間	200時間	320時間

休日労働

休日労働をさせる必要のある具体的事由	業務の種類	労働者数（満18歳以上の者）	所定休日（任意）	労働させることができる法定休日の日数	労働させることができる法定休日における始業及び終業の時刻
受注の集中	設計	10人	土日祝日	1か月に1日	8:30～17:30
臨時の受注、納期変更	機械組立	20人	土日祝日	1か月に1日	8:30～17:30

上記で定める時間数にかかわらず、時間外労働及び休日労働を合算した時間数は、1箇月について100時間未満でなければならず、かつ2箇月から6箇月までを平均して80時間を超過しないこと。☑（チェックボックスに要チェック）

協定の成立年月日　○○○○年　3月　12日

協定の当事者である労働組合（事業場の労働者の過半数で組織する労働組合）の名称又は労働者の過半数を代表する者の　職名　検査課主任　氏名　山田花子

協定の当事者（労働者の過半数を代表する者の場合）の選出方法（　投票による選挙　）

上記協定の当事者である労働組合が事業場の全ての労働者の過半数で組織する労働組合である又は上記協定の当事者である労働者の過半数を代表する者が事業場の全ての労働者の過半数を代表する者であること。☑（チェックボックスに要チェック）
上記労働者の過半数を代表する者が、労働基準法第41条第2号に規定する監督又は管理の地位にある者でなく、かつ、同法に規定する協定等をする者を選出することを明らかにして実施される投票、挙手等の方法による手続により選出された者であって使用者の意向に基づき選出されたものでないこと。☑（チェックボックスに要チェック）

○○○○年　3月　15日

使用者　職名　工場長　氏名　田中太郎

○○　労働基準監督署長殿

36協定届の記載例　様式第9号の2 (特別条項)　〈1枚目の限度時間を超えない場合についての記載〉

様式第9号の2(第16条第1項関係)

時間外労働
休日労働　に関する協定届

1枚目

労働保険番号		
法人番号		

事業の種類	事業の名称	事業の所在地(電話番号)	協定の有効期間
金属製品製造業	○○○金属工業株式会社　○○工場	(〒○○○-○○○○) ○○○市○○町1-2-3　(電話番号:○○○-○○○○-○○○○)	○○○○年4月1日から1年間

時間外労働

	時間外労働をさせる必要のある具体的事由	業務の種類	労働者数(満18歳以上の者)	所定労働時間(1日)(任意)	延長することができる時間数 1日 法定労働時間を超える時間数	所定労働時間を超える時間数(任意)	1箇月(①については45時間まで、②については42時間まで) 法定労働時間を超える時間数	所定労働時間を超える時間数(任意)	1年(①については360時間まで、②については320時間まで) 起算日(年月日) ○○○○年4月1日 法定労働時間を超える時間数	所定労働時間を超える時間数(任意)
①下記②に該当しない労働者	受注の集中	設計	10人	7.5時間	3時間	3.5時間	30時間	40時間	250時間	370時間
	臨時の受注、納期変更	機械組立	20人	7.5時間	2時間	2.5時間	15時間	25時間	150時間	270時間
	製品不具合への対応	検査	10人	7.5時間	2時間	2.5時間	15時間	25時間	150時間	270時間
②1年単位の変形労働時間制により労働する労働者	月末の決算事務	経理	5人	7.5時間	3時間	3.5時間	20時間	30時間	200時間	320時間
	棚卸	購買	5人	7.5時間	3時間	3.5時間	20時間	30時間	200時間	320時間

休日労働

休日労働をさせる必要のある具体的事由	業務の種類	労働者数(満18歳以上の者)	所定休日(任意)	労働させることができる法定休日の日数	労働させることができる法定休日における始業及び終業の時刻
受注の集中	設計	10人	土日祝日	1か月に1日	8:30~17:30
臨時の受注、納期変更	機械組立	20人	土日祝日	1か月に1日	8:30~17:30

上記で定める時間数にかかわらず、時間外労働及び休日労働を合算した時間数は、1箇月について100時間未満でなければならず、かつ2箇月から6箇月までを平均して80時間を超過しないこと。　☑ (チェックボックスに要チェック)

様式第9号の2（特別条項）〈2枚目の限度時間を超える場合についての記載〉

様式第9号の2（第16条第1項関係）

時間外労働 / 休日労働　に関する協定届（特別条項）

臨時的に限度時間を超えて労働させることができる場合	業務の種類	労働者数（満18歳以上の者）	1日（任意）		1箇月（時間外労働及び休日労働を合算した時間数。100時間未満に限る。）				1年（時間外労働のみの時間数。720時間以内に限る。）起算日（年月日）○○○○年4月1日		
			延長することができる時間数 法定労働時間を超える時間数	所定労働時間を超える時間数（任意）	限度時間を超えて労働させることができる回数（6回以内に限る。）	延長することができる時間数及び休日労働の時間数 法定労働時間を超える時間数と休日労働の時間数を合算した時間数	所定労働時間を超える時間数と休日労働の時間数を合算した時間数（任意）	限度時間を超えた労働に係る割増賃金率	延長することができる時間数 法定労働時間を超える時間数	所定労働時間を超える時間数（任意）	限度時間を超えた労働に係る割増賃金率
突発的な仕様変更、新システムの導入	設計	10人	6時間	6.5時間	6回	90時間	100時間	35%	700時間	820時間	35%
製品トラブル・大規模なクレームへの対応	検査	20人	6時間	6.5時間	6回	90時間	100時間	35%	600時間	720時間	35%
機械トラブルへの対応	機械組立	10人	6時間	6.5時間	4回	80時間	90時間	35%	500時間	620時間	35%

限度時間を超えて労働させる場合における手続：労働者代表者に対する事前申し入れ

限度時間を超えて労働させる労働者に対する健康及び福祉を確保するための措置
（該当する番号）①、③、⑩
（具体的内容）対象労働者への医師による面接指導の実施、対象労働者に11時間の勤務間インターバルを設定、職場での時短対策会議の開催

上記で定める時間数にかかわらず、時間外労働及び休日労働を合算した時間数は、1箇月について100時間未満でなければならず、かつ2箇月から6箇月までを平均して80時間を超過しないこと。☑（チェックボックスにチェック）

協定の成立年月日　○○○○年　3月　12日

協定の当事者である労働組合（事業場の労働者の過半数で組織する労働組合）の名称又は労働者の過半数を代表する者の　職名 検査課主任　氏名 山田花子

協定の当事者（労働者の過半数を代表する者の場合）の選出方法（　投票による選挙　）

上記協定の当事者である労働組合が事業場の全ての労働者の過半数で組織する労働組合である又は上記協定の当事者である労働者の過半数を代表する者が事業場の全ての労働者の過半数を代表する者であること。☑（チェックボックスにチェック）
上記労働者の過半数を代表する者が、労働基準法第41条第2号に規定する監督又は管理の地位にある者でなく、かつ、同法に規定する協定等をする者を選出することを明らかにして実施される投票、挙手等の方法による手続により選出された者であって使用者の意向に基づき選出されたものでないこと。☑（チェックボックスにチェック）

○○○○年　3月　15日

使用者　職名 工場長　氏名 田中太郎

○○　労働基準監督署長殿

125

3　36協定の当事者に関する記載

問 53｜労働者の過半数を代表する者の職氏名、協定の当事者の選出方法の欄にはどのように記載すればよいのですか。

答｜過半数代表者の「職」は事業場における職務上の地位。選出方法は協定締結時に把握した方法を記載する

　まず、過半数代表者の「職」については、その事業場における職務上の地位を記載します。たとえば、○○課員とか、○○課○○作業長、○○課○○班長のように記載します。

　つぎに、36協定の当事者の選出方法の欄は、労働者側の締結当事者が労働者の過半数を代表する者（過半数代表者）である場合に記載すべきもので、協定の相手方が労働者の過半数で組織する労働組合（過半数労働組合）である場合には記載する必要はありません。

　過半数代表者の選出方法は、本来、使用者としても協定の締結に当たって労働者側の代表者の適格性を把握する必要があるわけですから、その際把握した選出方法を記載すればよいわけです。どのような選出方法が適格であるかについては**問21**を参照してください。

　なお、過半数代表者の選出については「法に規定する協定等をする者を選出することを明らかにして実施される投票、挙手等の方法による手続により選出された者であって、使用者の意向に基づき選出されたものでないこと。」（規則第6条の2第1項第2号）とされており、「使用者の意向による選出」は手続違反に当たります。

　過半数代表者の選出方法の記載例として、つぎのようなものがあります。

① 投票による選挙
② 挙手による選挙
③ 投票による信任
④ 挙手による信任
⑤ 回覧による信任

4　「所定労働時間を超える時間数（任意）」欄に記載した時間数の効力

問 54　36協定届の様式には、「所定労働時間を超える時間数（任意）」の記載欄が設けられていますが、ここに具体的な時間数を記載した場合の効力について教えてください。
また、1カ月における「所定労働時間を超える時間数」は、各月の所定労働日数によって変動しますが、変動する中で最大となる時間数を記載すればよいのでしょうか。

答　法定労働時間を下回る所定労働時間による事業場において、「法定労働時間を超える時間数」を換算した時間数を記載するにすぎない

　「所定労働時間を超える時間数（任意）」の記載欄は、法定労働時間を下回る所定労働時間を基準に時間外労働の管理を行っている事業場において任意に活用できるように設けられたものであり、「法定労働時間を超える時間数」について、所定労働時間を基準としたものに換算した時間数を記載するものです。

　このため、「所定労働時間を超える時間数（任意）」の欄に記載した時間数それ自体が、「法定労働時間を超える時間数」と別途の効力を持つものではありません。

　また、1カ月における「所定労働時間を超える時間数」は、36協定の対象期間において各月ごとに変動する中で最大となる時間数を記載してください。

5　「労働させることができる法定休日における始業及び終業の時刻」欄の記載内容

問 55　36協定の様式では、「労働させることができる法定休日における始業及び終業の時刻」を記載することとなっていますが、始業及び終業の時刻ではなく、労働時間数の限度を記載してもよいでしょうか。

答｜原則は始業および終業の時刻だが、それが難しい場合は労働時間数の限度でもよい

「労働させることができる法定休日における始業及び終業の時刻」の欄には、法第 35 条の規定による休日であって、労働させることができる日の始業および終業の時刻を記入します。

原則として、始業および終業の時刻を記載する必要がありますが、これが困難な場合には労働時間数の限度を記載しても構いません。

6　月 80 時間に満たない場合におけるチェックボックスへのチェック記載の要否

問 56｜限度時間を超えず、かつ、時間外労働時間数と休日労働時間数を合計しても 1 カ月 80 時間に満たない内容の 36 協定についても、チェックボックスへのチェックが必要ですか。

答｜限度時間を超えない場合でも、必ずチェックが必要

36 協定の締結をする場合には、「1 日」「1 カ月」「1 年」のそれぞれについて、時間外労働の限度を定めなければなりません。さらに、この上限時間内で労働させた場合であっても、実際の時間外労働と休日労働との合計が月 100 時間以上、または、2 〜 6 カ月平均で 80 時間超となった場合には、法違反として扱われます（法第 36 条第 6 項第 2 号、第 3 号）。

このため、時間外労働と休日労働の合計を月 100 時間未満、2 〜 6 カ月平均 80 時間以内とすることを協定する必要があります。36 協定届の新しい様式では、この点について労使で合意したことを確認するためのチェックボックスが設けられました。

休日労働を含んで 1 カ月 100 時間未満、2 〜 6 カ月平均 80 時間以内とする要件を満たすことは、特別条項の有無や時間外労働時間数等の協定内容にかかわらず、必ず協定しなければならない事項です。このチェックがないと、法定要件を満たさないものとして 36 協定は無効となります。

限度時間を超えない協定の様式（様式第 9 号）により届出を行う場合でも、チェックボックスへのチェックは必須です。

7　適用猶予・除外業務等に係る届出様式の取扱い

問 57　上限規制の適用が猶予・除外されている業務等について、上限規制の枠内の 36 協定を届け出る場合は、様式第 9 号または第 9 号の 2 を使用しても差し支えありませんか。

答　上限規制に適合するなら一般業務等と同様に届け出てもよい

　新技術・新商品等の研究開発業務（法第 36 条第 11 項。問 29 参照）に関しては、時間外労働の上限規制の適用除外とされているため、一般労働者を対象としたもの（様式 9 号、9 号の 2）とは異なる様式となっています（様式 9 号の 3）。

　また、建設事業や自動車運転業務、医師などの適用が猶予される事業・業務（法第 139 条〜 142 条。問 30 〜 33 参照）については、猶予期間中（令和 6 年 3 月 31 日まで）の様式として、従前のものを踏まえた様式となっています（様式 9 号の 4 〜 7）。適用猶予期間終了後の令和 6 年 4 月 1 日からは、様式第 9 号の 3 の 2 〜 3 の 3（建設事業〔災害時における復旧及び復興の事業〕を含む場合）、様式第 9 号の 3 の 4 〜 3 の 5（自動車運転の業務を含む場合）、様式第 9 号の 4 〜 5（医業に従事する医師を含む場合）の様式が新たに施行されます。

　ただし、法第 36 条の適用が猶予・除外される事業・業務等であっても、同条の上限規制に適合した 36 協定を締結することは望ましいことです。この場合は、一般の事業・業務等の場合に使用する様式第 9 号または第 9 号の 2 を使用して届け出ても差し支えありません。

8　適用猶予・除外業務が混在する事業場における届出様式の取扱い

問 58　一般則適用業務と時間外労働の上限規制の適用猶予・除外業務等が混在する事業場の 36 協定については、様式第 9 号（一般則適用業務について特別条項を設ける場合は、様式第 9 号の 2）と様式第 9 号の 4 を別々に作成する必要がありますか。

答　基本的には別々に作成する必要あり

一般則適用業務と時間外労働の上限規制の適用猶予・除外業務等が混在する事業場の 36 協定は、基本的には、様式第 9 号（一般則適用業務について特別条項を設ける場合は様式第 9 号の 2）と様式第 9 号の 4 を別々に作成する必要があります。

なお、規則に定める様式は必要な事項が記載できるよう定められたものであり、必要な事項が記載されている限り、異なる様式を使用することも可能です。

したがって、必要な事項が洩れなく記載されていれば、一般則適用業務と時間外労働の上限規制の適用猶予・除外業務等を併せて一つの様式で届け出ることも可能です。

（参考）36 協定届の様式

　様式 9 号：一般労働者について、限度時間を超えないで時間外・休日労働を行わせる場合〔参考資料 202 頁参照〕

　様式 9 号の 2：限度時間を超えて、時間外・休日労働を行わせる場合＜特別条項＞〔参考資料 206 頁参照〕

　様式 9 号の 3：新技術・新商品等の研究開発業務（適用除外）に従事する労働者に時間外・休日労働を行わせる場合〔参考資料 214 頁参照〕

　様式 9 号の 4：適用猶予期間中における、適用猶予事業・業務に係る時間外・休日労働を行わせる場合〔参考資料 219 頁参照〕

7 | 36 協定の効力

1 締結組合以外の組合員や非組合員への適用

問 59 事業場の労働者の過半数で組織されるＡ労働組合と結んだ 36 協定は、過半数に満たないＢ労働組合の組合員や非組合員にも適用されますか。

答 36 協定による刑事免責の効力は事業場の労働者全員に及ぶが、民事上有効に時間外・休日労働を命じ得るかは労働契約、就業規則、労働協約等の定めによる

　36 協定が有効に締結され、行政官庁に届出された場合に、この協定から直接的に生ずる効力は、刑事免責の効力です。すなわち、36 協定を締結して届け出た場合に、法第 32 条または第 40 条の労働時間の制限や法第 35 条の休日の定めにかかわらず、協定の範囲内で時間外労働や休日労働をさせたことについて、法第 32 条、法第 40 条あるいは法第 35 条の違反としての刑事上の責任を問われないという効力です。

　このような刑事上の免責的効力が及ぶ人的な適用範囲は、36 協定が締結された事業場のすべての労働者です。ただし、36 協定で協定すべき内容について、法第 36 条第 2 項は、「この条の規定により労働時間を延長し、又は休日に労働させることができることとされる労働者の範囲」について協定すべきこととしていますから、その協定の中で、職種や人数を制限した場合にはその範囲内に限られることはもちろんです。

　このように 36 協定の刑事免責の効力は、当該事業場の労働者の全員に及びますから、当該事業場にある過半数に満たないＢ労働組合の組合員や非組合員に、Ａ労働組合との協定の範囲内で時間外・休日労働をさせた場合でも、労働基準法違反として処罰されることはありません。

　しかしながら、使用者が民事上有効に時間外労働や休日労働を命じ得るか否かは、労働契約、就業規則、労働協約等で定めるところによるものであり、36 協定の締結・届出による効力とは別個の問題です。仮に A 労働組合の組合員との間では、労働協約でそのように定められていても、B 労働組合員や非組合員との間では、それらの者に適用される労働協約なり就業規則なり、あるいは個々の労働契約で時間外労働や休日労働を命じ得るように定められていなければ、36 協定の効力が及ぶといっても、使用者はそれらの労働者に時間外労働や休日労働を命ずることはできず、また、労働者の方もそのような命令を拒否することができることになります。

　なお、36 協定自体の締結に際しても、過半数に満たないとはいえ他に労働組合がある場合には、あらかじめその労働組合とも協定の内容について十分な話合いをして、納得を得たうえで行うことが、労務管理の面からも、また健全な労使関係の維持という面からも望ましいことであることはいうまでもありません。

2　締結後に組合が過半数を割った場合

問 60　事業場の労働者の過半数で組織する労働組合と 36 協定を結んだのち、その労働組合が過半数を割った場合には、36 協定は無効となりますか。

答　既に締結された 36 協定には影響なし

　36 協定の締結当事者であった労働組合が、その後に組合の分裂ないし組合員の脱退により、あるいは組合員であった労働者の退職、新たな労働者の採用（組合未加入）などにより、当該事業場の労働者の過半数で組織する労働組合でなくなる場合があります。この場合、労働組合が過半数を割ったことは、既に締結された 36 協定の効力に影響を及ぼさないと考えるべきです。なぜなら、各事業場の労働者数は業務の繁閑や季節などによって変動のあるのが通常であり、また、組合員の人数も変動することがあるので、そういった場合に常に協定の効力が問題にされるということになると、協定の安定性や

現実の業務の運営上問題があるからです。

　法第36条の趣旨は、36協定の締結に当たり時間外・休日労働について労働者の団体意思を反映させることにあり、協定締結の時点において労働者の過半数の団体意思が反映されていれば、協定の有効期間中常時過半数の労働者の意思を反映していなければならないと解する必要はないと考えられます。したがって、法第36条で、協定締結当事者の要件として要求される事業場の労働者の過半数で組織する労働組合という要件は、36協定が有効に成立するための要件であって、36協定が有効に存続するための要件ではないといえます。結局、36協定は、一度有効に成立すれば、その有効期間中は、たとえその間に協定締結当事者であった労働組合が当該事業場の労働者の過半数で組織する労働組合でなくなった場合にも、その効力に影響はなく、使用者は、当該36協定で定める範囲内で当該事業場の労働者に時間外・休日労働をさせても、違法とはなりません。

　ただ、36協定は、労働時間および休日についての最低基準として法が定めた規制について過半数の労働者の団体意思によってその例外を設けるものですから、事業場の労働者の構成が変わって、その協定に関与しなかった労働者が著しく増加した場合などは、実際の運用の面からも、改めて36協定を締結し直すのが法の趣旨に沿うものといえましょう。

3　協定時間を超える時間外労働

問 61　36協定で、時間外労働を1日最長3時間と定めた場合、その3時間を超えて労働させるとどうなりますか。また、1カ月あるいは1年について定めた時間を超える場合はどうでしょうか。

答　36協定で定めた範囲内での時間外労働を適法とするのが趣旨

⑴　36協定により時間外・休日労働が適法となる趣旨

　36協定で、1日の法定労働時間を超える時間外労働の上限を1日3時間と定めている場合に、その3時間を超えて時間外労働をさせることは、法第32

条（法定労働時間の原則：1 週 40 時間、1 日 8 時間）の違反となります。

　というのは、説明の便宜上法第 32 条第 2 項の場合についてみてみますと、同項は休憩時間を除き 1 日について 8 時間を超えて「労働させてはならない」と労働時間の限度を規定しており、法第 36 条では、36 協定を締結して行政官庁に届け出た場合においては、法第 32 条の規定にかかわらず「協定で定めるところによって」労働時間を延長することができることとしています。すなわち、法は、協定の範囲内で時間外労働をさせても刑事上の責任を問わない、という立場に立っています。

　36 協定の効力については問 65 でも説明しますが、36 協定は、使用者と、過半数労働組合または過半数代表者との間で締結されたものであり、労働者の団体意思が同意した範囲内での時間外労働までは法違反とならないというものです。ですから、36 協定の内容は、時間外労働を適法に行うことができる枠（この場合は 3 時間）であると同時に、この枠を超えて労働させれば違法になるという枠でもあるというわけです。

　解釈例規でも「協定で定めた限度を超えて労働時間を延長してはならない」（昭 23.7.27 基収第 2622 号、平 11.3.31 基発第 168 号）としています。また、36 協定で定めたところにより時間外・休日労働をさせる場合であっても超えることができない実労働時間の上限が設けられていることに留意が必要です（法第 36 条第 6 項第 2 号、第 3 号、問 25 (2)参照）。

　なお、この違法となった時間外労働の時間についても、法第 37 条の割増賃金を支払わなければなりません（昭 63.3.14 基発第 150 号、平 11.3.31 基発第 168 号）。

　以上のことは、法第 32 条の 2 から法第 32 条の 5 までの変形労働時間制や法第 40 条の労働時間の特例を超える時間外労働、法第 35 条の休日についての休日労働に関しても同様です。

(2)　36 協定で定めた 1 日の限度を超えて労働させる必要がある場合

　つぎに、36 協定で時間外労働の限度を 3 時間と定めている場合において、この 3 時間を超えて適法に労働させ得る場合があるかどうかについて考えてみましょう。

　これについて法律上の問題を説明する前に、まず労務管理の面からも、36

協定により労使間で時間外労働の限度として３時間と定めている以上、その限度時間を守ろうとすることが必要であることを確認しておきます。36協定は、使用者と過半数労働組合など労働者代表とが、通常予見できる時間外労働を必要とする具体的事由などを想定しながら、――設問の場合は１日３時間を限度として定めたということですから――労使の相互信頼の関係を保つうえでも、極力協定の範囲内に時間外労働を抑えるという、事業の運営なり労務管理なりの面での努力が必要です。

とはいえ、原則どおりいかない場合も少なくありません。その典型的な場合として、法第33条は、「災害その他避けることのできない事由によって、臨時の必要がある場合」には、行政官庁（所轄の労働基準監督署長）の事前の許可を受け、または事後の届出によって時間外労働や休日労働をさせることを認めています。

設問の場合においても、このような非常緊急の場合に当たるときは、協定の有無や内容に関係なく、時間外労働を行わせることができますが、問題になるのは、非常災害とまではいかないが、しかし通常予見していた程度（３時間）以上の時間外労働が必要になる場合でしょう。

この場合、あらかじめ、通常予見できる場合の時間外労働の限度は３時間と定めるほか、特に繁忙な時期または緊急な必要のある場合の時間外労働の限度は５時間と定めるように、２本立てで協定する方法があります。

なお、36協定で時間外労働について１日最長３時間と定めている場合でも、坑内労働その他の一定の有害業務については１日の時間外労働は２時間までと制限されていること（法第36条第６項第１号）に注意してください（**問66、問67**参照）。

⑶　１カ月、１年について定めた延長時間を超える場合

以上に説明したことは、36協定で定めた１カ月または１年の期間についての延長時間を超えて労働させた場合にも、基本的には当てはまります。たとえば、１カ月または１年について36協定で定めた上限時間を超える時間外労働は違法であり、法第32条（法第40条）の違反となります。

また、１カ月または１年の期間において通常予見できる場合の時間外労働の限度として、たとえば１カ月30時間とし、通常予見できない業務量の増加

など、臨時的な特別の事情が生じた場合に、その特別の事情が生じた 1 カ月の時間外労働の限度を決め、あらかじめ 2 本立てで協定することも可能です。ただし、特別の事情によって労働時間の延長時間が法第 36 条第 3 項および第 4 項に定める限度時間（月 45 時間、年 360 時間）を超えることができる場合（特別条項付き協定による場合、法第 36 条第 5 項）でも、前述したように超えることのできない上限規制（法第 36 条第 5 項、第 6 項第 2 号、第 3 号）がありますので（**問 25 (2)参照**）、これを超えないようにする必要があります。

4　1 日、1 カ月および 1 年以外の期間についての協定の効力

問 62　36 協定において、3 カ月の期間について延長時間を定めることはできますか。また、定めることができる場合、3 カ月について定めた延長時間を超えて労働させた場合は法違反となりますか。

答　1 日、1 カ月および 1 年以外の期間について定めた延長時間を超えた場合は法違反となる

　36 協定について、「対象期間における 1 日、1 箇月及び 1 年のそれぞれの期間について労働時間を延長して労働させることができる時間又は労働させることができる休日の日数」（法第 36 条第 2 項第 4 号）が協定事項の 1 つとされていますので、「1 日」「1 カ月」「1 年」のすべての期間について、それぞれ延長時間等を 36 協定で定めなければなりません。

　一方、1 日、1 カ月および 1 年に加えて、これ以外の期間（たとえば設問のように 3 カ月など）について延長時間を定めることも可能です。また、36 協定で定めた範囲内での時間外・休日労働が認められるのであって、1 日、1 カ月および 1 年以外の期間について延長時間を定めた場合でも、その期間に係る延長時間を超えて労働させた場合は、法第 32 条違反に問われることになります。

5 限度時間等を超える協定の効力

問 63 限度時間や特別条項を設ける場合の上限を超えている36協定の効力は認められるのでしょうか。

答 法定要件を満たさず無効となる

36協定を締結するに当たっては、労働時間を延長することができる時間は、法第36条第4項に規定する限度時間（原則：月45時間、年360時間）を超えないように定めなければなりません。また、限度時間を超えて労働させなければならない臨時的な特別の事情がある場合には、特別条項を設けることにより限度時間を超えて労働させることが認められていますが、その場合には、1カ月および1年についての延長時間の上限（1カ月について休日労働を含んで100時間未満、1年について720時間）、ならびに月の限度時間を超えることができる月数の上限（年6カ月）を超えないように定めなければなりません（法第36条第5項）。これらは、いずれも法律において定められた要件ですから、これらの要件を満たしていない36協定は全体として無効となります。

6 指針に適合しない36協定の効力

問 64 指針に適合しない36協定の効力は認められるのでしょうか。

答 ただちに無効にはならない

法第36条第7項に基づいて策定されている指針は、時間外・休日労働を適正なものとするために留意すべき事項等を定めたものです（本指針の内容については**問25**(3)参照）。36協定が法定要件を満たしているが、本指針に適

合しないといった場合、その 36 協定はただちには無効とはなりません。

　ただし、36 協定の労使双方の締結当事者は、指針に適合するように 36 協定の内容を定めなければならないとされており（法第 36 条第 8 項）、また、指針に適合しない 36 協定については、法第 36 条第 9 項の規定に基づき、行政官庁（所轄労働基準監督署長等）による助言および指導の対象となります。

7　36 協定に基づく時間外労働の命令を拒否した場合

問 65

36 協定を締結して労働基準監督署長に届け出ていれば、使用者が時間外労働を命じた場合、労働者は必ずこれに従わなければならないものでしょうか。

答｜時間外労働を命ずるには、労働契約や就業規則等に根拠が必要

(1)　36 協定の効力

　36 協定を締結し、所轄労働基準監督署長に届け出た場合においては、使用者は、「第 32 条から第 32 条の 5 まで若しくは第 40 条の労働時間又は前条の休日に関する規定にかかわらず、その協定で定めるところによつて労働時間を延長し、又は休日に労働させることができる。」（法第 36 条第 1 項）とされています。

　この意味はまず、36 協定を締結し、届け出た場合は、使用者がその協定で定めるところによって時間外労働または休日労働をさせても、労働基準法違反の責任を問われることがないということです。これを 36 協定の刑事免責の効力といいます。36 協定がこの効力をもつことについては異論がありません。

　つぎに、設問のように、36 協定を締結し、届け出た場合には、それによって使用者は労働者に時間外労働を命ずる権利をもち、労働者はそれに応じて時間外労働をしなければならない義務を負うかが問題となります。すなわち、36 協定は使用者と労働者との間に時間外労働または休日労働についての民事上の効力を設定するかどうかという問題です。

　これについて、一般には、36 協定の効力は、先の刑事免責の効力をもつだけで、36 協定そのものは、民事上の効力（労使間に時間外労働または休日労

働の権利義務を設定する効力）をもたないと解されています（昭63.1.1基発第1号）。これは、学説の多数説でもあり、同じ趣旨の裁判例も多数あります（たとえば、昭45.12.28横浜地裁川崎支部判決　日本鋼管事件など）。

(2)　時間外労働等を命ずることができる根拠

　それでは、使用者が労働者に時間外労働等を命ずることができる根拠、言い換えれば、労働者が使用者の時間外労働等の命令に服さなければならない根拠は、何によって生ずるのでしょうか。この点について、一般的には、労使間の民事上の権利義務は労働契約によって生ずるわけですから、時間外労働等を命ずる、またはこれに従う権利義務も労働契約によって生じます。ただしこの場合に、法はその契約について法第36条によって外から枠をはめており、36協定の締結および届出のあることを条件としています（法第36条に反する契約は、法第13条によって無効となるからです）。したがって結局、正確には、時間外労働等の民事上の義務は、36協定の締結・届出を条件とし、その協定の定める範囲において、別に労働契約によって定められるところにより生ずるといわなければなりません。

　時間外労働等についての労働契約は、時間外労働等を必要とする都度、使用者から申し入れる場合には、労働者がこれに同意することによって成立することについては、異論はありません。問題は、労働協約または就業規則において、たとえば「業務繁忙等一定の事由がある場合には、時間外労働を命ずることができる」旨の定めがあれば、使用者は必要がある場合に36協定を締結すれば、時間外労働を命ずることができるかどうかです。

　この問題については、学説、裁判例とも見解が分かれていますが、労働協約または就業規則に定めがあれば、時間外労働を命ずることができる、すなわち、労働協約や就業規則は個々の労働契約に対し特別の効力をもち（労働組合法第16条、労働契約法第12条参照）、そこに定められた労働条件が個々の労働契約の内容となっている場合には、これによって個々の労働者は、36協定が締結されたときは、その範囲内での使用者の時間外労働命令に従わなければならない義務を負っているものと解されます。これは、従来から多数の裁判例のとるところです（たとえば、平3.11.28最高裁判決　日立製作所事件などがあります）。

　ところで、労働協約によって 36 協定を結ぶ場合があります。もちろん本来、労働協約と 36 協定とはその法的性質を異にしていますが、労働組合と使用者とが労働条件その他について書面に作成し、両当事者が署名または記名押印すれば労働協約となりますから（労働組合法第 14 条）、36 協定も、過半数で組織する労働組合が当事者となったときは、当該組合の組合員に関しては労働協約としての意味をもちます。ただし、この場合、それがただちに個々の組合員に対し時間外労働義務を設定する趣旨のものであるとは限りません。それは、その労働協約の規定の仕方あるいは解釈によって決まるわけですが、一般には、特段の事情がない限り、労働組合が 36 協定を結んだ場合は当該組合員に関する限りは、民事上も、時間外労働義務が設定されたと認められることが多いでしょう。

(3)　労働者が就業規則等に基づく時間外労働命令を拒めるか

　では、労働協約や就業規則において、前述のような一般的概括的な時間外労働命令の規定があれば、いつ、いかなる場合においても、また、労働者側にいかなる事情があろうとも、これに基づく時間外労働命令は絶対的な効力をもつのでしょうか。

　これについては、やはり所定労働時間の労働義務と時間外労働の労働義務とでは同じではないといわざるを得ません。時間外労働の労働義務は、あらかじめ定められているとはいえ、契約の本旨からいえば、やはり臨時的・突発的な事情による例外的な労働義務ですから、所定労働時間の労働義務とは異なり絶対的な効力をもつものではなく、事業における時間外労働の必要性、緊急性と労働者の受ける不利益との比較なども考慮し、合理的な範囲に限られると解すべきでしょう。この点については、参考になると思われる裁判例を、つぎに掲げておきましょう。

　「単に一般的時間外労働に関する約束が存在しているに過ぎないような場合に、終業時間際になって業務命令で時間外労働を命令し得るとなすときは、予め予定された労働者の行動計画ないし生活設計を破壊するような不利益の受認を労働者に強いる結果となることも考えられないでもなく、労働基準法第 15 条の労働条件明示の規定の趣旨とも関連して、その業務命令に絶対的な効力を認めることは妥当なものであるとはいい難いから、一般的概括的時間

外労働に関する約束がある場合においても、労働者は一応使用者の時間外労働の業務命令を拒否する自由をもっているといわなければならない。但し、使用者が業務上緊急の必要から時間外労働を命じた場合で、労働者に就業時間後何等の予定がなく、時間外労働をしても、自己の生活に殆ど不利益を受けるような事由がないのに、時間外労働を拒否することは、いわゆる権利の濫用として許されない場合のあることは否定できない（労働契約で時間外労働の定めがないときは、災害その他避けることのできない事由によって臨時の必要があると認められない限り、時間外労働の拒否が権利濫用となることはない）。」（昭 43.3.2 東京地裁決定　毎日新聞学生アルバイト事件）

8 | 有害業務の時間外・休日労働の制限

1 | 有害業務の時間外・休日労働の制限

問 66　36 協定があれば、どのような業務でも、協定する範囲内の時間で、時間外・休日労働を制限なく行わせることができるのでしょうか。

答　有害業務の時間外労働は 1 日 2 時間が限度

　坑内労働その他厚生労働省令で定める健康上特に有害な業務については、36 協定で定めるところによって時間外労働をさせる場合であっても、1 日について労働時間を延長して労働させる時間は 2 時間を超えてはならないこととされています（法第 36 条第 6 項第 1 号。なお、労働時間延長の制限を受ける坑内労働その他厚生労働省令で定める健康上特に有害な業務の具体的内容については、**問 67** で説明します）。

　この「1 日について 2 時間を超えてはならない」とは、必ずしも法第 32 条第 2 項による 1 日 8 時間を超える部分についてのみでなく、変形労働時間制を採用している場合にはその特定の日の所定労働時間を超える部分についても適用されるものであると解されています（昭 22.11.21 基発第 366 号、昭 63.3.14 基発第 150 号、平 11.3.31 基発第 168 号）。したがって、所定労働時間がたとえば甲の日について 7 時間、乙の日について 10 時間のときは、甲の日は 9 時間まで、乙の日は 12 時間までが労働させることができる限度となります。

　つぎに、休日労働の場合についてですが、法第 36 条第 6 項第 1 号では、休日労働の場合の限度については明確に規定されていません。しかし、前述のとおり、通常の労働日においては、原則として最長 10 時間を限度とする法の趣旨から、休日労働の場合においても、坑内労働その他厚生労働省令で定

める健康上特に有害な業務については、10時間を超えて労働させることを禁止する法意であると解されています（昭24.10.4基収第1484号、昭63.3.14基発第150号、平11.3.31基発第168号）。

　また、この制限を受ける坑内労働などの有害業務とその他の業務が同一日中に行われ、かつ、双方の業務の労働時間数の合計が1日について8時間を超えた場合において、その日における坑内労働などの有害業務の労働時間数が1日について10時間を超えないときは、36協定の範囲内であれば違法でないとされています（昭41.9.19基発第997号、昭63.3.14基発第150号、平11.3.31基発第168号）。

　一方、法第36条第6項第2号は、1カ月について労働時間を延長して労働させ、および休日において労働させることのできる時間は時間外・休日労働の合計で100時間未満としており、これにより、時間外労働の時間の長短により休日労働の日数は制限されることになります。

　また、36協定の様式では、労働させることができる法定休日の日数を記入させるものとしています。

　なお、有害業務については、36協定の届出様式の「業務の種類」の欄の記入に当たって、当該業務を他の業務と区別して記入しなければならないこととされています（様式記載心得1。203、207、210頁参照）。

2　有害業務の範囲

問 67
時間外・休日労働の時間が制限されている有害業務とは、どのような業務をいうのでしょうか。

答　規則18条に定める健康上特に有害な影響をもたらす恐れのある業務

　1日の時間外労働時間が2時間までと制限される有害業務について、法第36条第6項第1号では「坑内労働その他厚生労働省令で定める健康上特に有害な業務」と規定しています。

(1)　坑内労働の概念

　まず、坑内労働については、鉱山の坑内における採鉱、掘進などの作業あるいはトンネル建設工事における内部の掘削、コンクリート巻立てなどの作業はその典型的なものといえましょうが、労働基準法上の坑内とはいかなるものをいうかについては、場所的な概念として一律にいうことはなかなか難しい問題です。この点について、行政解釈はつぎのように述べています。

　「労働基準法における坑の範囲については従来疑義があったが、今般鉱山について左〔以下〕の如く決定した。

（1）　労働基準法における坑とは鉱山についていえば一般に地下にある鉱物を試掘又は採掘する場所及び地表に出ることなしにこの場所に達するためにつくられる地下の通路をいう。

（2）　当初から地表に貫通するためにつくられ、かつ公道と同様程度の安全衛生が保障されており、かつ坑内夫以外の者の通行が可能である地下の通路は労働基準法上の坑ではない。

（3）　本来地下にある鉱物を試掘又は採掘する場所に達するためにつくられた地下の通路がたまたま地表に貫通しても、あるいは、地勢の関係上部分的に地表にあらわれても、これが公道と同様な程度の安全衛生を保障されるに至り、かつ坑内夫以外の者の通行が可能である通路に変化しない限り労働基準法上の坑である性質は変化しない。」

（昭 25.8.11 基発第 732 号）

　なお、トンネル建設工事における「坑」の範囲も以上に準じて考えることになりますが、一般的には全体の巻立てが終了し、仮設物が撤去される段階で「坑」でなくなるものといえるでしょう。

(2)　その他の有害業務

　つぎに、「その他厚生労働省令で定める健康上特に有害な業務」については、規則第 18 条において、つぎの 10 業務を定めています。

①　多量の高熱物体を取り扱う業務および著しく暑熱な場所における業務

②　多量の低温物体を取り扱う業務および著しく寒冷な場所における業務

③　ラジウム放射線、エックス線その他の有害放射線にさらされる業務

④　土石、獣毛等のじんあいまたは粉末を著しく飛散する場所における業務

⑤　異常気圧下における業務

⑥　削岩機、鋲打機等の使用によって身体に著しい振動を与える業務

⑦　重量物の取扱い等重激なる業務

⑧　ボイラー製造等強烈な騒音を発する場所における業務

⑨　鉛、水銀、クロム、砒素、黄りん、弗素、塩素、塩酸、硝酸、亜硫酸、硫酸、一酸化炭素、二硫化炭素、青酸、ベンゼン、アニリン、その他これに準ずる有害物の粉じん、蒸気またはガスを発散する場所における業務

⑩　そのほか厚生労働大臣の指定する業務

　上記の業務のうち、⑩の業務については指定された業務はありませんので、有害業務は①～⑨に該当する業務をいうこととなります。

　なお、これらの業務の詳細については、「有害業務の範囲について」(昭43.7.24 基発第 472 号、昭 46.3.18 基発第 223 号、昭 63.3.14 基発第 150 号、平 11.3.31 基発第 168 号、平 31.4.1 基発 0401 第 43 号)により示されています(参考資料 244 頁参照)。

9 | 女性・年少者の時間外・休日労働の制限

1 女性の時間外・休日労働の制限

問 68 | 女性の時間外・休日労働には、どのような制限がありますか。

答 妊産婦が請求した場合には時間外・休日・深夜労働をさせてはならない

　女性の時間外・休日労働については、母性保護の観点から、変形労働時間制（4 頁参照）をとる場合に、使用者は、妊娠中の女性または産後 1 年を経過しない女性（妊産婦）が請求した場合は、1 週および 1 日の法定労働時間（法第 32 条）を超えて労働させてはならず（法第 66 条第 1 項）、時間外・休日労働や深夜業もさせてはなりません（同条第 2 項、第 3 項）。なお、妊産婦にフレックスタイム制（法第 32 条の 3）を適用することは可能です。

　また、妊産婦のうち、管理監督者（法第 41 条第 2 号）に該当する者については、労働時間に関する規定が適用されないため、法第 66 条第 1 項および第 2 項の規定は適用されず、変形労働時間制の制限や時間外・休日労働の制限が適用されません。ただし、深夜業については、法第 66 条第 3 項の規定が適用されるので、管理監督者の立場にある妊産婦から請求があれば、深夜労働をさせることはできません。

　なお、小学校就学前の子を養育する労働者や要介護状態にある一定範囲の対象家族の介護を行う男女労働者については、本人からの請求があれば、1 カ月 24 時間、1 年 150 時間を超えて時間外労働をさせることはできません（育児・介護休業法第 17 条、第 18 条、問 36 参照）。

2　年少者の時間外・休日労働の制限

問 69　年少者の時間外・休日労働には、どのような制限があり ますか。

答　年少者には、非常災害の場合を除き、時間外・休日労働をさせ てはならない

　法には、年少者（満18歳に満たない者）について、その時間外労働および 休日労働に関する特別の制限規定が設けられています。それによると、「〔法〕 第36条及び第40条の規定は、満18才に満たない者については、これを適用 しない」とあります（法第60条第1項）。つまり、労働基準法上一般に時間 外労働および休日労働の許される36協定による方法が、年少者には認められ ないことになり、したがって、36協定を締結して年少者に時間外労働および 休日労働をさせることはできません（法第33条による場合は**問70**で説明し ます）。

　ただ、満15歳以上（満15歳に達した日以後の最初の3月31日までを除き ます）で満18歳に満たない者については、「1週間の労働時間が〔法〕第32 条第1項の労働時間〔編注：40時間〕を超えない範囲内において、1週間の うち1日の労働時間を4時間以内に短縮する場合において、他の日の労働時 間を10時間まで延長すること」ができますから（法第60条第3項第1号）、 これを利用すれば、1日10時間まで労働させる余地はあります。この場合の 「他の日」は、他の1日に限る趣旨ではありませんから（昭23.2.3基発第161 号、昭63.3.14基発第150号）、たとえば、週休2日制の場合、1日の労働時 間を4時間に短縮すれば他の4日の労働時間を9時間まで延長できるわけで す。この年少者に認められたいわば特殊な変形労働時間制の採用については、 一般の変形労働時間制（法第32条の2から第32条の5まで）の採用のよう に就業規則・労使協定などによってあらかじめ定めておくことが条件となっ ていませんが、年少者保護の観点から、また労務管理上からも、極めて例外 的に行う場合に限るとともに、制度的に行う場合には就業規則などに明らか

にしておくことが必要です。

　つぎに、年少者については、法第 35 条に定める休日（法定休日）に労働させることはできませんから、必要がある場合には、休日の振替の方法によることになります。ただ、この点に関し「年少者については労働基準法第 60 条第 1 項の規定により法第 32 条の 2 から第 32 条の 5 までは適用されないので 1 週間につき 40 時間を超えて労働させることはできない。したがって 1 日 8 時間・1 週 40 時間制をとる事業にあっては同一週（日曜から土曜まで）における休日の変更はできるが、他の週に休日を変更することはできない。ただし 1 日 6 時間制のごとく 1 週を通算して 40 時間に満たない事業にあっては 40 時間に達するまでの時間につき法第 35 条第 2 項の適用による週休制の例外が認められる。」（昭 25.5.26 基収第 1439 号、昭 63.3.14 基発第 150 号、平 3.1.1 基発第 1 号、平 6.3.31 基発第 181 号）とする解釈例規があります。

3　非常災害の場合

問 70
非常災害の場合には、年少者でも時間外労働や休日労働をさせることができますか。妊産婦についてはどうですか。

答　非常災害の場合は、年少者に時間外・休日労働をさせることができる。請求のあった妊産婦には、時間外・休日労働をさせることができない

　災害その他避けることのできない事由によって、臨時の必要がある場合においては、法定労働時間を延長し、または、休日に労働させることが認められています（法第 33 条）。

　この法第 33 条の規定による時間外労働（時間延長）や休日労働については、年少者の時間外労働および休日労働の禁止に関する制度（法第 60 条）に関係なく、必要な限度で行うことができます。

　以上のことは、法第 33 条、第 60 条において直接明示する規定が設けられているわけではなく、年少者の時間外労働や休日労働に関する特別保護を定

めている法第60条において、法第33条の規定の適用を排除していないことによるものです。

　また、年少者については、特定の事業などにおける場合を除き、午後10時から午前5時までの間における深夜業が禁止されています（法第61条第1項）。しかし、前述の非常災害による時間外労働または休日労働の場合においては、この深夜業の禁止を解除しています（法第61条第4項）。

　以上の各条項を整理してみますと、非常災害により、1日8時間を超える時間外労働を必要な限度で年少者に行わせることができます。また、これによる時間外労働が、午後10時を過ぎて深夜業となっても差し支えありません。

　さらに、非常災害により、休日に、年少者に労働させる必要が生じた場合にも、必要の限度において休日労働をさせられるほか、これが午後10時を超えて深夜業となっても差し支えないことは、時間外労働の場合と同様です。

　一方、妊産婦で使用者に時間外・休日労働を行わないことを請求した女性に対しては、非常災害による場合でも、時間外労働または休日労働を行わせることはできません（法第66条第2項）。

　なお、非常災害による時間外・休日労働については、規則様式第6号による「非常災害等の理由による労働時間延長、休日労働許可申請書（届）」を所轄労働基準監督署長に提出しなければなりません。

　このほか、非常災害によって時間外・休日労働をさせた場合であっても、時間外・休日労働となる時間については、法第37条の規定に従い時間外労働時間は2割5分※増し、休日労働時間は3割5分増し以上の割増賃金の支払いが必要です。また、これらの労働時間が深夜業になった部分については、さらに2割5分増し以上（合計5割増し、および6割増し以上）の割増賃金の支払いが必要となります。

※　時間外労働が1カ月60時間を超えた場合は、その超えた時間について5割増し以上の割増賃金の支払いが必要となる（法第37条第1項ただし書）。

10 派遣労働者の労働時間の取扱い

1 派遣労働者の労働時間管理

問 71　派遣労働者の労働時間管理は、どのような事項に留意すればよいのですか。

答　労働時間等の枠組みの設定は派遣元事業主が、それ以外の労働時間・休憩・休日に関する事項は派遣先事業主が責任を負う

⑴　労働時間等に関する派遣元・派遣先の責任・権限

　労働者派遣法では、派遣中の派遣労働者とは、雇用関係（労働契約関係と同義）にある派遣元事業主から派遣されて、派遣先事業主の指揮命令に従い労働に従事する（事実上の使用関係にある）ものとされています。同法は、このような派遣労働者の労働条件の確保を図るため、労働基準法、労働安全衛生法等の適用に関する特例規定を設け、これらの法律上の使用者責任（または事業者、事業主としての責任）を派遣先事業主に負わせることとしています（労働者派遣法第 44 条～第 47 条の 3）。

　このような派遣中の派遣労働者の労働時間、休日等に関する派遣元事業主と派遣先事業主との権限関係はつぎのようになっています。派遣労働者の所定労働時間、所定休日、時間外・休日労働の可否など労働時間等の枠組みの設定に関する事項は、派遣労働者の労働条件の一部として、派遣元事業主と派遣労働者との間の労働契約で定められます。一方、派遣先事業主は、労働者派遣契約に基づき、同契約において前述の労働時間等の枠組みの範囲内で定められる当該派遣先における就業条件に従って、派遣労働者を現実に就労させます。このように、派遣労働者の労働時間等の枠組みの設定は派遣元事業主の権限であり、派遣先事業場においては、この枠組みによって具体的な

労働時間等の管理を行うことになるものです。

　労働者派遣法第44条第2項は、派遣中の労働者の労働時間等の枠組みの設定に係る事項である労働基準法第32条の2から第32条の4の変形労働時間制の手続きおよび同法第36条第1項に基づく36協定の締結・届出、さらには割増賃金の支払いについては、派遣元の使用者が行うこととし、それ以外の労働基準法の労働時間、休憩、休日に関する規定の遵守義務は、派遣先の使用者に負わせることとしています。

⑵　36協定の締結・届出

　法第36条の規定により時間外・休日労働を行うためには、36協定の締結およびその届出が必要です。この締結および届出の義務を負うのは、先にも述べたように派遣元事業主です。

　派遣元事業主は、労働者派遣契約により、派遣先において時間外労働または休日労働が必要とされるときは、当該派遣元の事業場に過半数労働組合がある場合にはその労働組合と協定し、過半数労働組合がない場合には過半数代表者と協定をすることになります。この場合の労働者とは、当該派遣元のすべての労働者であり、内勤労働者と派遣労働者の両者を含むものです。なお、登録型の労働者派遣事業においては、登録の時点ではまだ労働契約関係がないので、登録しているだけの者は当該事業場の労働者に含まれないこととなります。

　また、その事業場に過半数労働組合がない場合には、過半数代表者を選出することとなりますが、その際の選出方法は、規則第6条の2に定められており、使用者が一方的に指名する方法、一定の職務、地位にある者を自動的に代表とする方法、内勤者のみの互選により選出する方法などは適切とはいえません。この点は、「使用者の意向に基づき選出されたものでないこと」と同規則に明記されています（規則第6条の2、16頁参照）。

　つぎに、36協定は、書面によって行い、その内容として、時間外・休日労働をさせる必要のある具体的事由、業務の種類、労働者数、1日、1カ月および1年のそれぞれの期間について延長することができる時間または労働させることができる休日の日数等について協定する必要があります（法第36条第2項）。また、36協定には、有効期間（労働協約による場合を除きます）の定

めをしなければならないこととされています。なお、以上は、36 協定の最小
限の必要記載事項ですが、協定においてこれ以外の事項について、附款を付
すこともできます。

　一方、派遣先事業主は、派遣労働者の労働時間、休憩、休日の基準を遵守
すべき義務（使用者責任）を負うことになります。特に、時間外・休日労働
を派遣中の派遣労働者に行わせる場合には、自分の事業場における 36 協定の
限度ではなく、派遣元事業主の 36 協定によらなければなりませんから、その
内容についてあらかじめ確認しておく必要があります。なぜなら、時間外・
休日労働に関する法違反の責任は、派遣先事業主自らが負うことになるから
です。

派遣労働者の労働時間等に関する派遣元・派遣先の責任

派遣元	派遣先
	労働時間（法 32 条・33 条）
1 カ月単位の変形労働時間制（法 32 条の 2）フレックスタイム制（法 32 条の 3）、1 年単位の変形労働時間制（法 32 条の 4）の協定の締結・届出	
	休憩（法 34 条）休日（法 35 条）
時間外・休日労働の協定の締結・届出（法 36 条）	時間外・休日労働
事業場外労働に関する協定の締結・届出（法 38 条の 2）専門業務型裁量労働制に関する協定の締結・届出（法 38 条の 3）	
時間外・休日労働、深夜業の割増賃金（法 37 条）	
年次有給休暇（法 39 条）	
	労働時間および休日（年少者、法 60 条）深夜業（年少者、法 61 条）
産前産後の休業（法 65 条 1 項・2 項）	産前産後の時間外・休日労働、深夜業（法 66 条）、育児時間（法 67 条）、生理日の就業が著しく困難な女性に対する措置（法 68 条）

2　派遣先が上限規制の適用が猶予される事業等に該当する場合

問72 労働者派遣事業を営む事業主が、時間外労働の上限規制の適用が猶予される事業または業務に労働者を派遣する場合は、上限規制は適用を猶予されるのでしょうか。

答 派遣先の事業・業務が該当すれば適用を猶予される

　平成30年の法改正による時間外労働の上限規制は、法第139条から第142条までの規定により、建設事業、自動車運転業務、医師および鹿児島県・沖縄県における砂糖製造業について、令和6年3月末までの間、適用が猶予されています（適用が猶予される事業・業務等における取扱いについては85頁〜87頁参照）。

　一方、派遣労働者に時間外・休日労働をさせる場合の36協定の取扱いは、労働者派遣法第44条第2項前段の規定により、派遣中の労働者の派遣就業に係る法第36条の規定は派遣先の使用者について適用され、同項後段の規定により、36協定の締結・届出は派遣元の使用者が行うこととなります。

　このため、上限規制の適用猶予に関する法第139条から第142条までの規定は、派遣先の事業・業務について適用されることとなり、派遣元の使用者においては、派遣先における事業・業務の内容を踏まえて36協定を締結する必要があります。

参 考 資 料

Ⅰ 労働基準法関係法令

Ⅱ 36協定関係行政解釈例

Ⅲ 平成31年4月1日施行の改正労働基準法に関する行政通達等

Ⅳ 労働時間等設定改善法関係法令

Ⅴ 労働安全衛生法関係法令

Ⅵ （参考）平成30年改正前の労働基準法第36条およびその関連法令等

〔編注〕
　参考資料の法令や通達等における平成31年5月1日以後の年号表記については、適宜「令和」の元号に読み替えてあります。

I 労働基準法関係法令

(1) 労働基準法（抄）

（昭 22.4.7 法律第 49 号）

（最終改正　令 4.6.17 法律第 68 号）

第1章　総　則

（労働条件の原則）

第1条　労働条件は、労働者が人たるに値する生活を営むための必要を充たすべきものでなければならない。

②　この法律で定める労働条件の基準は最低のものであるから、労働関係の当事者は、この基準を理由として労働条件を低下させてはならないことはもとより、その向上を図るように努めなければならない。

（労働条件の決定）

第2条　労働条件は、労働者と使用者が、対等の立場において決定すべきものである。

②　労働者及び使用者は、労働協約、就業規則及び労働契約を遵守し、誠実に各々その義務を履行しなければならない。

（均等待遇）

第3条　使用者は、労働者の国籍、信条又は社会的身分を理由として、賃金、労働時間その他の労働条件について、差別的取扱をしてはならない。

（公民権行使の保障）

第7条　使用者は、労働者が労働時間中に、選挙権その他公民としての権利を行使し、又は公の職務を執行するために必要な時間を請求した場合においては、拒んではならない。但し、権利の行使又は公の職務の執行に妨げがない限り、請求された時刻を変更することができる。

第2章　労働契約

（この法律違反の契約）

第13条　この法律で定める基準に達しない労働条件を定める労働契約は、その部分については無効とする。この場合において、無効となつた部分は、この法律で定める基準による。

（労働条件の明示）

第15条　使用者は、労働契約の締結に際し、労働者に対して賃金、労働時間その他の労働条件を明示しなければならない。この場合において、賃金及び労働時間に関する事項その他の厚生労働省令で定める事項については、厚生労働省令で定める方法により明示しなければならない。

②　前項の規定によつて明示された労働条件が事実と相違する場合においては、労働者は、

即時に労働契約を解除することができる。

③　前項の場合、就業のために住居を変更した労働者が、契約解除の日から 14 日以内に帰郷する場合においては、使用者は、必要な旅費を負担しなければならない。

第 4 章　労働時間、休憩、休日及び年次有給休暇

（労働時間）

第 32 条　使用者は、労働者に、休憩時間を除き 1 週間について 40 時間を超えて、労働させてはならない。

②　使用者は、1 週間の各日については、労働者に、休憩時間を除き 1 日について 8 時間を超えて、労働させてはならない。

第 32 条の 2　使用者は、当該事業場に、労働者の過半数で組織する労働組合がある場合においてはその労働組合、労働者の過半数で組織する労働組合がない場合においては労働者の過半数を代表する者との書面による協定により、又は就業規則その他これに準ずるものにより、1 箇月以内の一定の期間を平均し 1 週間当たりの労働時間が前条第 1 項の労働時間を超えない定めをしたときは、同条の規定にかかわらず、その定めにより、特定された週において同項の労働時間又は特定された日において同条第 2 項の労働時間を超えて、労働させることができる。

②　使用者は、厚生労働省令で定めるところにより、前項の協定を行政官庁に届け出なければならない。

第 32 条の 3　使用者は、就業規則その他これに準ずるものにより、その労働者に係る始業及び終業の時刻をその労働者の決定に委ねることとした労働者については、当該事業場の労働者の過半数で組織する労働組合がある場合においてはその労働組合、労働者の過半数で組織する労働組合がない場合においては労働者の過半数を代表する者との書面による協定により、次に掲げる事項を定めたときは、その協定で第 2 号の清算期間として定められた期間を平均し 1 週間当たりの労働時間が第 32 条第 1 項の労働時間をを超えない範囲内において、同条の規定にかかわらず、1 週間において同項の労働時間又は 1 日において同条第 2 項の労働時間を超えて、労働させることができる。

一　この項の規定による労働時間により労働させることができることとされる労働者の範囲

二　清算期間（その期間を平均し 1 週間当たりの労働時間が第 32 条第 1 項の労働時間を超えない範囲内において労働させる期間をいい、3 箇月以内の期間に限るものとする。以下この条及び次条において同じ。）

三　清算期間における総労働時間

四　その他厚生労働省令で定める事項

②　清算期間が 1 箇月を超えるものである場合における前項の規定の適用については、同項各号列記以外の部分中「労働時間を超えない」とあるのは「労働時間を超えず、かつ、当該清算期間をその開始の日以後 1 箇月ごとに区分した各期間（最後に 1 箇月未満の期間を生じたときは、当該期間。以下この項において同じ。）ごとに当該各期間を平均し 1

週間当たりの労働時間が50時間を超えない」と、「同項」とあるのは「同条第1項」とする。

③　1週間の所定労働日数が5日の労働者について第1項の規定により労働させる場合における同項の規定の適用については、同項各号列記以外の部分（前項の規定により読み替えて適用する場合を含む。）中「第32条第1項の労働時間」とあるのは「第32条第1項の労働時間（当該事業場の労働者の過半数で組織する労働組合がある場合においてはその労働組合、労働者の過半数で組織する労働組合がない場合においては労働者の過半数を代表する者との書面による協定により、労働時間の限度について、当該清算期間における所定労働日数を同条第2項の労働時間に乗じて得た時間とする旨を定めたときは、当該清算期間における日数を7で除して得た数をもつてその時間を除して得た時間)」と、「同項」とあるのは「同条第1項」とする。

④　前条第2項の規定は、第1項各号に掲げる事項を定めた協定について準用する。ただし、清算期間が1箇月以内のものであるときは、この限りでない。

第32条の3の2　使用者が、清算期間が1箇月を超えるものであるときの当該清算期間中の前条第1項の規定により労働させた期間が当該清算期間より短い労働者について、当該労働させた期間を平均し1週間当たり40時間を超えて労働させた場合においては、その超えた時間（第33条又は第36条第1項の規定により延長し、又は休日に労働させた時間を除く。）の労働については、第37条の規定の例により割増賃金を支払わなければならない。

第32条の4　使用者は、当該事業場に、労働者の過半数で組織する労働組合がある場合においてはその労働組合、労働者の過半数で組織する労働組合がない場合においては労働者の過半数を代表する者との書面による協定により、次に掲げる事項を定めたときは、第32条の規定にかかわらず、その協定で第2号の対象期間として定められた期間を平均し1週間当たりの労働時間が40時間を超えない範囲内において、当該協定（次項の規定による定めをした場合においては、その定めを含む。）で定めるところにより、特定された週において同条第1項の労働時間又は特定された日において同条第2項の労働時間を超えて、労働させることができる。

一　この条の規定による労働時間により労働させることができることとされる労働者の範囲

二　対象期間（その期間を平均し1週間当たりの労働時間が40時間を超えない範囲内において労働させる期間をいい、1箇月を超え1年以内の期間に限るものとする。以下この条及び次条において同じ。）

三　特定期間（対象期間中の特に業務が繁忙な期間をいう。第3項において同じ。）

四　対象期間における労働日及び当該労働日ごとの労働時間（対象期間を1箇月以上の期間ごとに区分することとした場合においては、当該区分による各期間のうち当該対象期間の初日の属する期間（以下この条において「最初の期間」という。）における労働日及び当該労働日ごとの労働時間並びに当該最初の期間を除く各期間における労働日数及び総労働時間）

五　その他厚生労働省令で定める事項

②　使用者は、前項の協定で同項第四号の区分をし当該区分による各期間のうち最初の期間を除く各期間における労働日数及び総労働時間を定めたときは、当該各期間の初日の少なくとも 30 日前に、当該事業場に、労働者の過半数で組織する労働組合がある場合においてはその労働組合、労働者の過半数で組織する労働組合がない場合においては労働者の過半数を代表する者の同意を得て、厚生労働省令で定めるところにより、当該労働日数を超えない範囲内において当該各期間における労働日及び当該総労働時間を超えない範囲内において当該各期間における労働日ごとの労働時間を定めなければならない。

③　厚生労働大臣は、労働政策審議会の意見を聴いて、厚生労働省令で、対象期間における労働日数の限度並びに 1 日及び 1 週間の労働時間の限度並びに対象期間（第 1 項の協定で特定期間として定められた期間を除く。）及び同項の協定で特定期間として定められた期間における連続して労働させる日数の限度を定めることができる。

④　第 32 条の 2 第 2 項の規定は、第 1 項の協定について準用する。

第 32 条の 4 の 2　使用者が、対象期間中の前条の規定により労働させた期間が当該対象期間より短い労働者について、当該労働させた期間を平均し 1 週間当たり 40 時間を超えて労働させた場合においては、その超えた時間（第 33 条又は第 36 条第 1 項の規定により延長し、又は休日に労働させた時間を除く。）の労働については、第 37 条の規定の例により割増賃金を支払わなければならない。

第 32 条の 5　使用者は、日ごとの業務に著しい繁閑の差が生ずることが多く、かつ、これを予測した上で就業規則その他これに準ずるものにより各日の労働時間を特定することが困難であると認められる厚生労働省令で定める事業であつて、常時使用する労働者の数が厚生労働省令で定める数未満のものに従事する労働者については、当該事業場に、労働者の過半数で組織する労働組合がある場合においてはその労働組合、労働者の過半数で組織する労働組合がない場合においては労働者の過半数を代表する者との書面による協定があるときは、第 32 条第 2 項の規定にかかわらず、1 日について 10 時間まで労働させることができる。

②　使用者は、前項の規定により労働者に労働させる場合においては、厚生労働省令で定めるところにより、当該労働させる 1 週間の各日の労働時間を、あらかじめ、当該労働者に通知しなければならない。

③　第 32 条の 2 第 2 項の規定は、第 1 項の協定について準用する。

（災害等による臨時の必要がある場合の時間外労働等）

第 33 条　災害その他避けることのできない事由によつて、臨時の必要がある場合においては、使用者は、行政官庁の許可を受けて、その必要の限度において第 32 条から前条まで若しくは第 40 条の労働時間を延長し、又は第 35 条の休日に労働させることができる。ただし、事態急迫のために行政官庁の許可を受ける暇がない場合においては、事後に遅滞なく届け出なければならない。

②　前項ただし書の規定による届出があつた場合において、行政官庁がその労働時間の延長又は休日の労働を不適当と認めるときは、その後にその時間に相当する休憩又は休日

を与えるべきことを、命ずることができる。

③　公務のために臨時の必要がある場合においては、第1項の規定にかかわらず、官公署の事業（別表第一に掲げる事業を除く。）に従事する国家公務員及び地方公務員については、第32条から前条まで若しくは第40条の労働時間を延長し、又は第35条の休日に労働させることができる。

（休憩）

第34条　使用者は、労働時間が6時間を超える場合においては少くとも45分、8時間を超える場合においては少くとも1時間の休憩時間を労働時間の途中に与えなければならない。

②　前項の休憩時間は、一斉に与えなければならない。ただし、当該事業場に、労働者の過半数で組織する労働組合がある場合においてはその労働組合、労働者の過半数で組織する労働組合がない場合においては労働者の過半数を代表する者との書面による協定があるときは、この限りでない。

③　使用者は、第1項の休憩時間を自由に利用させなければならない。

（休日）

第35条　使用者は、労働者に対して、毎週少くとも1回の休日を与えなければならない。

②　前項の規定は、4週間を通じ4日以上の休日を与える使用者については適用しない。

（時間外及び休日の労働）

第36条　使用者は、当該事業場に、労働者の過半数で組織する労働組合がある場合においてはその労働組合、労働者の過半数で組織する労働組合がない場合においては労働者の過半数を代表する者との書面による協定をし、厚生労働省令で定めるところによりこれを行政官庁に届け出た場合においては、第32条から第32条の5まで若しくは第40条の労働時間（以下この条において「労働時間」という。）又は前条の休日（以下この条において「休日」という。）に関する規定にかかわらず、その協定で定めるところによつて労働時間を延長し、又は休日に労働させることができる。

②　前項の協定においては、次に掲げる事項を定めるものとする。

　一　この条の規定により労働時間を延長し、又は休日に労働させることができることとされる労働者の範囲

　二　対象期間（この条の規定により労働時間を延長し、又は休日に労働させることができる期間をいい、1年間に限るものとする。第4号及び第6項第3号において同じ。）

　三　労働時間を延長し、又は休日に労働させることができる場合

　四　対象期間における1日、1箇月及び1年のそれぞれの期間について労働時間を延長して労働させることができる時間又は労働させることができる休日の日数

　五　労働時間の延長及び休日の労働を適正なものとするために必要な事項として厚生労働省令で定める事項

③　前項第4号の労働時間を延長して労働させることができる時間は、当該事業場の業務量、時間外労働の動向その他の事情を考慮して通常予見される時間外労働の範囲内において、限度時間を超えない時間に限る。

④ 前項の限度時間は、1箇月について45時間及び1年について360時間（第32条の4第1項第2号の対象期間として3箇月を超える期間を定めて同条の規定により労働させる場合にあつては、1箇月について42時間及び1年について320時間）とする。

⑤ 第1項の協定においては、第2項各号に掲げるもののほか、当該事業場における通常予見することのできない業務量の大幅な増加等に伴い臨時的に第3項の限度時間を超えて労働させる必要がある場合において、1箇月について労働時間を延長して労働させ、及び休日において労働させることができる時間（第2項第4号に関して協定した時間を含め100時間未満の範囲内に限る。）並びに1年について労働時間を延長して労働させることができる時間（同号に関して協定した時間を含め720時間を超えない範囲内に限る。）を定めることができる。この場合において、第1項の協定に、併せて第2項第2号の対象期間において労働時間を延長して労働させる時間が1箇月について45時間（第32条の4第1項第2号の対象期間として3箇月を超える期間を定めて同条の規定により労働させる場合にあつては、1箇月について42時間）を超えることができる月数（1年について6箇月以内に限る。）を定めなければならない。

⑥ 使用者は、第1項の協定で定めるところによつて労働時間を延長して労働させ、又は休日において労働させる場合であつても、次の各号に掲げる時間について、当該各号に定める要件を満たすものとしなければならない。

一 坑内労働その他厚生労働省令で定める健康上特に有害な業務について、1日について労働時間を延長して労働させた時間 2時間を超えないこと。

二 1箇月について労働時間を延長して労働させ、及び休日において労働させた時間 100時間未満であること。

三 対象期間の初日から1箇月ごとに区分した各期間に当該各期間の直前の1箇月、2箇月、3箇月、4箇月及び5箇月の期間を加えたそれぞれの期間における労働時間を延長して労働させ、及び休日において労働させた時間の1箇月当たりの平均時間 80時間を超えないこと。

⑦ 厚生労働大臣は、労働時間の延長及び休日の労働を適正なものとするため、第1項の協定で定める労働時間の延長及び休日の労働について留意すべき事項、当該労働時間の延長に係る割増賃金の率その他の必要な事項について、労働者の健康、福祉、時間外時間労働の動向その他の事情を考慮して指針を定めることができる。

⑧ 第1項の協定をする使用者及び労働組合又は労働者の過半数を代表する者は、当該協定で労働時間の延長及び休日の労働を定めるに当たり、当該協定の内容が前項の指針に適合したものとなるようにしなければならない。

⑨ 行政官庁は、第7項の指針に関し、第1項の協定をする使用者及び労働組合又は労働者の過半数を代表する者に対し、必要な助言及び指導を行うことができる。

⑩ 前項の助言及び指導を行うに当たつては、労働者の健康が確保されるよう特に配慮しなければならない。

⑪ 第3項から第5項まで及び第6項（第2号及び第3号に係る部分に限る。）の規定は、新たな技術、商品又は役務の研究開発に係る業務については適用しない。

（時間外、休日及び深夜の割増賃金）

第37条 使用者が、第33条又は前条第1項の規定により労働時間を延長し、又は休日に労働させた場合においては、その時間又はその日の労働については、通常の労働時間又は労働日の賃金の計算額の2割5分以上5割以下の範囲内でそれぞれ政令で定める率以上の率で計算した割増賃金を支払わなければならない。ただし、当該延長して労働させた時間が1箇月について60時間を超えた場合においては、その超えた時間の労働については、通常の労働時間の賃金の計算額の5割以上の率で計算した割増賃金を支払わなければならない。

② 前項の政令は、労働者の福祉、時間外又は休日の労働の動向その他の事情を考慮して定めるものとする。

③ 使用者が、当該事業場に、労働者の過半数で組織する労働組合があるときはその労働組合、労働者の過半数で組織する労働組合がないときは労働者の過半数を代表する者との書面による協定により、第1項ただし書の規定により割増賃金を支払うべき労働者に対して、当該割増賃金の支払に代えて、通常の労働時間の賃金が支払われる休暇（第39条の規定による有給休暇を除く。）を厚生労働省令で定めるところにより与えることを定めた場合において、当該労働者が当該休暇を取得したときは、当該労働者の同項ただし書に規定する時間を超えた時間の労働のうち当該取得した休暇に対応するものとして厚生労働省令で定める時間の労働については、同項ただし書の規定による割増賃金を支払うことを要しない。

④ 使用者が、午後10時から午前5時まで（厚生労働大臣が必要であると認める場合においては、その定める地域又は期間については午後11時から午前6時まで）の間において労働させた場合においては、その時間の労働については、通常の労働時間の賃金の計算額の2割5分以上の率で計算した割増賃金を支払わなければならない。

⑤ 第1項及び前項の割増賃金の基礎となる賃金には、家族手当、通勤手当その他厚生労働省令で定める賃金は算入しない。

（時間計算）

第38条 労働時間は、事業場を異にする場合においても、労働時間に関する規定の適用については通算する。

② 坑内労働については、労働者が坑口に入つた時刻から坑口を出た時刻までの時間を、休憩時間を含め労働時間とみなす。但し、この場合においては、第34条第2項及び第3項の休憩に関する規定は適用しない。

第38条の2 労働者が労働時間の全部又は一部について事業場外で業務に従事した場合において、労働時間を算定し難いときは、所定労働時間労働したものとみなす。ただし、当該業務を遂行するためには通常所定労働時間を超えて労働することが必要となる場合においては、当該業務に関しては、厚生労働省令で定めるところにより、当該業務の遂行に通常必要とされる時間労働したものとみなす。

② 前項ただし書の場合において、当該業務に関し、当該事業場に、労働者の過半数で組織する労働組合があるときはその労働組合、労働者の過半数で組織する労働組合がない

ときは労働者の過半数を代表する者との書面による協定があるときは、その協定で定める時間を同項ただし書の当該業務の遂行に通常必要とされる時間とする。

③ 使用者は、厚生労働省令で定めるところにより、前項の協定を行政官庁に届け出なければならない。

第38条の3 使用者が、当該事業場に、労働者の過半数で組織する労働組合があるときはその労働組合、労働者の過半数で組織する労働組合がないときは労働者の過半数を代表する者との書面による協定により、次に掲げる事項を定めた場合において、労働者を第1号に掲げる業務に就かせたときは、当該労働者は、厚生労働省令で定めるところにより、第2号に掲げる時間労働したものとみなす。

一　業務の性質上その遂行の方法を大幅に当該業務に従事する労働者の裁量にゆだねる必要があるため、当該業務の遂行の手段及び時間配分の決定等に関し使用者が具体的な指示をすることが困難なものとして厚生労働省令で定める業務のうち、労働者に就かせることとする業務（以下この条において「対象業務」という。）

二　対象業務に従事する労働者の労働時間として算定される時間

三　対象業務の遂行の手段及び時間配分の決定等に関し、当該対象業務に従事する労働者に対し使用者が具体的な指示をしないこと。

四　対象業務に従事する労働者の労働時間の状況に応じた当該労働者の健康及び福祉を確保するための措置を当該協定で定めるところにより使用者が講ずること。

五　対象業務に従事する労働者からの苦情の処理に関する措置を当該協定で定めるところにより使用者が講ずること。

六　前各号に掲げるもののほか、厚生労働省令で定める事項

② 前条第3項の規定は、前項の協定について準用する。

第38条の4 賃金、労働時間その他の当該事業場における労働条件に関する事項を調査審議し、事業主に対し当該事項について意見を述べることを目的とする委員会（使用者及び当該事業場の労働者を代表する者を構成員とするものに限る。）が設置された事業場において、当該委員会がその委員の5分の4以上の多数による議決により次に掲げる事項に関する決議をし、かつ、使用者が、厚生労働省令で定めるところにより当該決議を行政官庁に届け出た場合において、第2号に掲げる労働者の範囲に属する労働者を当該事業場における第1号に掲げる業務に就かせたときは、当該労働者は、厚生労働省令で定めるところにより、第3号に掲げる時間労働したものとみなす。

一　事業の運営に関する事項についての企画、立案、調査及び分析の業務であつて、当該業務の性質上これを適切に遂行するにはその遂行の方法を大幅に労働者の裁量に委ねる必要があるため、当該業務の遂行の手段及び時間配分の決定等に関し使用者が具体的な指示をしないこととする業務（以下この条において「対象業務」という。）

二　対象業務を適切に遂行するための知識、経験等を有する労働者であつて、当該対象業務に就かせたときは当該決議で定める時間労働したものとみなされることとなるものの範囲

三　対象業務に従事する前号に掲げる労働者の範囲に属する労働者の労働時間として算

定される時間

四　対象業務に従事する第2号に掲げる労働者の範囲に属する労働者の労働時間の状況に応じた当該労働者の健康及び福祉を確保するための措置を当該決議で定めるところにより使用者が講ずること。

五　対象業務に従事する第2号に掲げる労働者の範囲に属する労働者からの苦情の処理に関する措置を当該決議で定めるところにより使用者が講ずること。

六　使用者は、この項の規定により第2号に掲げる労働者の範囲に属する労働者を対象業務に就かせたときは第3号に掲げる時間労働したものとみなすことについて当該労働者の同意を得なければならないこと及び当該同意をしなかつた当該労働者に対して解雇その他不利益な取扱いをしてはならないこと。

七　前各号に掲げるもののほか、厚生労働省令で定める事項

②　前項の委員会は、次の各号に適合するものでなければならない。

一　当該委員会の委員の半数については、当該事業場に、労働者の過半数で組織する労働組合がある場合においてはその労働組合、労働者の過半数で組織する労働組合がない場合においては労働者の過半数を代表する者に厚生労働省令で定めるところにより任期を定めて指名されていること。

二　当該委員会の議事について、厚生労働省令で定めるところにより、議事録が作成され、かつ、保存されるとともに、当該事業場の労働者に対する周知が図られていること。

三　前2号に掲げるもののほか、厚生労働省令で定める要件

③　厚生労働大臣は、対象業務に従事する労働者の適正な労働条件の確保を図るために、労働政策審議会の意見を聴いて、第1項各号に掲げる事項その他同項の委員会が決議する事項について指針を定め、これを公表するものとする。

④　第1項の規定による届出をした使用者は、厚生労働省令で定めるところにより、定期的に、同項第四号に規定する措置の実施状況を行政官庁に報告しなければならない。

⑤　第1項の委員会においてその委員の5分の4以上の多数による議決により第32条の2第1項、第32条の3第1項、第32条の4第1項及び第2項、第32条の5第1項、第34条第2項ただし書、第36条第1項、第2項及び第5項、第37条第3項、第38条の2第2項、前条第1項並びに次条第4項、第6項及び第9項ただし書に規定する事項について決議が行われた場合における第32条の2第1項、第32条の3第1項、第32条の4第1項から第3項まで、第32条の5第1項、第34条第2項ただし書、第36条、第37条第3項、第38条の2第2項、前条第1項並びに次条第4項、第6項及び第9項ただし書の規定の適用については、第32条の2第1項中「協定」とあるのは「協定若しくは第38条の4第1項に規定する委員会の決議（第106条第1項を除き、以下「決議」という。）」と、第32条の3第1項、第32条の4第1項から第3項まで、第32条の5第1項、第34条第2項ただし書、第36条第2項及び第5項から第7項まで、第37条第3項、第38条の2第2項、前条第1項並びに次条第4項、第6項及び第9項ただし書中「協定」とあるのは「協定又は決議」と、第32条の4第2項中「同意を得て」とあるのは「同意を得て、又は決議に基づき」と、第36条第1項中「届け出た場合」とあるのは「届け出た

場合又は決議を行政官庁に届け出た場合」と、「その協定」とあるのは「その協定又は決議」と、同条第8項中「又は労働者の過半数を代表する者」とあるのは「若しくは労働者の過半数を代表する者又は同項の決議をする委員」と、「当該協定」とあるのは「当該協定又は当該決議」と、同条第9項中「又は労働者の過半数を代表する者」とあるのは「若しくは労働者の過半数を代表する者又は同項の決議をする委員」とする。

（年次有給休暇）

第39条　使用者は、その雇入れの日から起算して6箇月間継続勤務し全労働日の8割以上出勤した労働者に対して、継続し、又は分割した10労働日の有給休暇を与えなければならない。

②　使用者は、1年6箇月以上継続勤務した労働者に対しては、雇入れの日から起算して6箇月を超えて継続勤務する日（以下「6箇月経過日」という。）から起算した継続勤務年数1年ごとに、前項の日数に、次の表の上欄に掲げる6箇月経過日から起算した継続勤務年数の区分に応じ同表の下欄に掲げる労働日を加算した有給休暇を与えなければならない。ただし、継続勤務した期間を6箇月経過日から1年ごとに区分した各期間（最後に1年未満の期間を生じたときは、当該期間）の初日の前日の属する期間において出勤した日数が全労働日の8割未満である者に対しては、当該初日以後の1年間においては有給休暇を与えることを要しない。

6箇月経過日から起算した継続勤務年数	労働日
1年	1労働日
2年	2労働日
3年	4労働日
4年	6労働日
5年	8労働日
6年以上	10労働日

③　次に掲げる労働者（1週間の所定労働時間が厚生労働省令で定める時間以上の者を除く。）の有給休暇の日数については、前2項の規定にかかわらず、これらの規定による有給休暇の日数を基準とし、通常の労働者の1週間の所定労働日数として厚生労働省令で定める日数（第1号において「通常の労働者の週所定労働日数」という。）と当該労働者の1週間の所定労働日数又は1週間当たりの平均所定労働日数との比率を考慮して厚生労働省令で定める日数とする。

一　1週間の所定労働日数が通常の労働者の週所定労働日数に比し相当程度少ないものとして厚生労働省令で定める日数以下の労働者

二　週以外の期間によつて所定労働日数が定められている労働者については、1年間の所定労働日数が、前号の厚生労働省令で定める日数に1日を加えた日数を1週間の所定労働日数とする労働者の1年間の所定労働日数その他の事情を考慮して厚生労働省令で定める日数以下の労働者

④　使用者は、当該事業場に、労働者の過半数で組織する労働組合があるときはその労働

組合、労働者の過半数で組織する労働組合がないときは労働者の過半数を代表する者との書面による協定により、次に掲げる事項を定めた場合において、第1号に掲げる労働者の範囲に属する労働者が有給休暇を時間を単位として請求したときは、前3項の規定による有給休暇の日数のうち第2号に掲げる日数については、これらの規定にかかわらず、当該協定で定めるところにより時間を単位として有給休暇を与えることができる。

一　時間を単位として有給休暇を与えることができることとされる労働者の範囲

二　時間を単位として与えることができることとされる有給休暇の日数(5日以内に限る。)

三　その他厚生労働省令で定める事項

⑤　使用者は、前各項の規定による有給休暇を労働者の請求する時季に与えなければならない。ただし、請求された時季に有給休暇を与えることが事業の正常な運営を妨げる場合においては、他の時季にこれを与えることができる。

⑥　使用者は、当該事業場に、労働者の過半数で組織する労働組合がある場合においてはその労働組合、労働者の過半数で組織する労働組合がない場合においては労働者の過半数を代表する者との書面による協定により、第1項から第3項までの規定による有給休暇を与える時季に関する定めをしたときは、これらの規定による有給休暇の日数のうち5日を超える部分については、前項の規定にかかわらず、その定めにより有給休暇を与えることができる。

⑦　使用者は、第1項から第3項までの規定による有給休暇(これらの規定により使用者が与えなければならない有給休暇の日数が10労働日以上である労働者に係るものに限る。以下この項及び次項において同じ。)の日数のうち5日については、基準日(継続勤務した期間を6箇月経過日から1年ごとに区分した各期間(最後に1年未満の期間を生じたときは、当該期間)の初日をいう。以下この項において同じ。)から1年以内の期間に、労働者ごとにその時季を定めることにより与えなければならない。ただし、第1項から第3項までの規定による有給休暇を当該有給休暇に係る基準日より前の日から与えることとしたときは、厚生労働省令で定めるところにより、労働者ごとにその時季を定めることにより与えなければならない。

⑧　前項の規定にかかわらず、第5項又は第6項の規定により第1項から第3項までの規定による有給休暇を与えた場合においては、当該与えた有給休暇の日数(当該日数が5日を超える場合には、5日とする。)分については、時季を定めることにより与えることを要しない。

⑨　使用者は、第1項から第3項までの規定による有給休暇の期間又は第4項の規定による有給休暇の時間については、就業規則その他これに準ずるもので定めるところにより、それぞれ、平均賃金若しくは所定労働時間労働した場合に支払われる通常の賃金又はこれらの額を基準として厚生労働省令で定めるところにより算定した額の賃金を支払わなければならない。ただし、当該事業場に、労働者の過半数で組織する労働組合がある場合においてはその労働組合、労働者の過半数で組織する労働組合がない場合においては労働者の過半数を代表する者との書面による協定により、その期間又はその時間について、それぞれ、健康保険法(大正11年法律第70号)第40条第1項に規定する標準報酬

月額の 30 分の 1 に相当する金額（その金額に、5 円未満の端数があるときは、これを切り捨て、5 円以上 10 円未満の端数があるときは、これを 10 円に切り上げるものとする。）又は当該金額を基準として厚生労働省令で定めるところにより算定した金額を支払う旨を定めたときは、これによらなければならない。

⑩労働者が業務上負傷し、又は疾病にかかり療養のために休業した期間及び育児休業、介護休業等育児又は家族介護を行う労働者の福祉に関する法律第 2 条第 1 号に規定する育児休業又は同条第 2 号に規定する介護休業をした期間並びに産前産後の女性が第 65 条の規定によつて休業した期間は、第 1 項及び第 2 項の規定の適用については、これを出勤したものとみなす。

（労働時間及び休憩の特例）

第 40 条　別表第一第 1 号から第 3 号まで、第 6 号及び第 7 号に掲げる事業以外の事業で、公衆の不便を避けるために必要なものその他特殊の必要あるものについては、その必要避くべからざる限度で、第 32 条から第 32 条の 5 までの労働時間及び第 34 条の休憩に関する規定について、厚生労働省令で別段の定めをすることができる。

②　前項の規定による別段の定めは、この法律で定める基準に近いものであつて、労働者の健康及び福祉を害しないものでなければならない。

（労働時間等に関する規定の適用除外）

第 41 条　この章、第 6 章及び第 6 章の 2 で定める労働時間、休憩及び休日に関する規定は、次の各号の一に該当する労働者については適用しない。

一　別表第一第 6 号（林業を除く。）又は第 7 号に掲げる事業に従事する者

二　事業の種類にかかわらず監督若しくは管理の地位にある者又は機密の事務を取り扱う者

三　監視又は断続的労働に従事する者で、使用者が行政官庁の許可を受けたもの

第 41 条の 2　賃金、労働時間その他の当該事業場における労働条件に関する事項を調査審議し、事業主に対し当該事項について意見を述べることを目的とする委員会（使用者及び当該事業場の労働者を代表する者を構成員とするものに限る。）が設置された事業場において、当該委員会がその委員の 5 分の 4 以上の多数による議決により次に掲げる事項に関する決議をし、かつ、使用者が、厚生労働省令で定めるところにより当該決議を行政官庁に届け出た場合において、第 2 号に掲げる労働者の範囲に属する労働者（以下この項において「対象労働者」という。）であつて書面その他の厚生労働省令で定める方法によりその同意を得たものを当該事業場における第 1 号に掲げる業務に就かせたときは、この章で定める労働時間、休憩、休日及び深夜の割増賃金に関する規定は、対象労働者については適用しない。ただし、第 3 号から第 5 号までに規定する措置のいずれかを使用者が講じていない場合は、この限りでない。

一　高度の専門的知識等を必要とし、その性質上従事した時間と従事して得た成果との関連性が通常高くないと認められるものとして厚生労働省令で定める業務のうち、労働者に就かせることとする業務（以下この項において「対象業務」という。）

二　この項の規定により労働する期間において次のいずれにも該当する労働者であつ

て、対象業務に就かせようとするものの範囲

　イ　使用者との間の書面その他の厚生労働省令で定める方法による合意に基づき職務が明確に定められていること。

　ロ　労働契約により使用者から支払われると見込まれる賃金の額を1年間当たりの賃金の額に換算した額が基準年間平均給与額（厚生労働省において作成する毎月勤労統計における毎月きまつて支給する給与の額を基礎として厚生労働省令で定めるところにより算定した労働者1人当たりの給与の平均額をいう。）の3倍の額を相当程度上回る水準として厚生労働省令で定める額以上であること。

三　対象業務に従事する対象労働者の健康管理を行うために当該対象労働者が事業場内にいた時間（この項の委員会が厚生労働省令で定める労働時間以外の時間を除くことを決議したときは、当該決議に係る時間を除いた時間）と事業場外において労働した時間との合計の時間（第5号ロ及びニ並びに第6号において「健康管理時間」という。）を把握する措置（厚生労働省令で定める方法に限る。）を当該決議で定めるところにより使用者が講ずること。

四　対象業務に従事する対象労働者に対し、1年間を通じ104日以上、かつ、4週間を通じ4日以上の休日を当該決議及び就業規則その他これに準ずるもので定めるところにより使用者が与えること。

五　対象業務に従事する対象労働者に対し、次のいずれかに該当する措置を当該決議及び就業規則その他これに準ずるもので定めるところにより使用者が講ずること。

　イ　労働者ごとに始業から24時間を経過するまでに厚生労働省令で定める時間以上の継続した休息時間を確保し、かつ、第37条第4項に規定する時刻の間において労働させる回数を1箇月について厚生労働省令で定める回数以内とすること。

　ロ　健康管理時間を1箇月又は3箇月についてそれぞれ厚生労働省令で定める時間を超えない範囲内とすること。

　ハ　1年に1回以上の継続した2週間（労働者が請求した場合においては、1年に2回以上の継続した1週間）（使用者が当該期間において、第39条の規定による有給休暇を与えたときは、当該有給休暇を与えた日を除く。）について、休日を与えること。

　ニ　健康管理時間の状況その他の事項が労働者の健康の保持を考慮して厚生労働省令で定める要件に該当する労働者に健康診断（厚生労働省令で定める項目を含むものに限る。）を実施すること。

六　対象業務に従事する対象労働者の健康管理時間の状況に応じた当該対象労働者の健康及び福祉を確保するための措置であつて、当該対象労働者に対する有給休暇（第39条の規定による有給休暇を除く。）の付与、健康診断の実施その他の厚生労働省令で定める措置のうち当該決議で定めるものを使用者が講ずること。

七　対象労働者のこの項の規定による同意の撤回に関する手続

八　対象業務に従事する対象労働者からの苦情の処理に関する措置を当該決議で定めるところにより使用者が講ずること。

九　使用者は、この項の規定による同意をしなかつた対象労働者に対して解雇その他不

利益な取扱いをしてはならないこと。

十　前各号に掲げるもののほか、厚生労働省令で定める事項

② 前項の規定による届出をした使用者は、厚生労働省令で定めるところにより、同項第4号から第6号までに規定する措置の実施状況を行政官庁に報告しなければならない。

③ 第38条の4第2項、第3項及び第5項の規定は、第1項の委員会について準用する。

④ 第1項の決議をする委員は、当該決議の内容が前項において準用する第38条の4第3項の指針に適合したものとなるようにしなければならない。

⑤ 行政官庁は、第3項において準用する第38条の4第3項の指針に関し、第1項の決議をする委員に対し、必要な助言及び指導を行うことができる。

第6章　年少者

（最低年齢）

第56条　使用者は、児童が満15歳に達した日以後の最初の3月31日が終了するまで、これを使用してはならない。

② 前項の規定にかかわらず、別表第一第1号から第5号までに掲げる事業以外の事業に係る職業で、児童の健康及び福祉に有害でなく、かつ、その労働が軽易なものについては、行政官庁の許可を受けて、満13歳以上の児童をその者の修学時間外に使用することができる。映画の製作又は演劇の事業については、満13歳に満たない児童についても、同様とする。

（労働時間及び休日）

第60条　第32条の2から第32条の5まで、第36条、第40条及び第41条の2の規定は、満18才に満たない者については、これを適用しない。

② 第56条第2項の規定によつて使用する児童についての第32条の規定の適用については、同条第1項中「1週間について40時間」とあるのは「、修学時間を通算して1週間について40時間」と、同条第2項中「1日について8時間」とあるのは「、修学時間を通算して1日について7時間」とする。

③ 使用者は、第32条の規定にかかわらず、満15歳以上で満18歳に満たない者については、満18歳に達するまでの間（満15歳に達した日以後の最初の3月31日までの間を除く。）、次に定めるところにより、労働させることができる。

一　1週間の労働時間が第32条第1項の労働時間を超えない範囲内において、1週間のうち1日の労働時間を4時間以内に短縮する場合において、他の日の労働時間を10時間まで延長すること。

二　1週間について48時間以下の範囲内で厚生労働省令で定める時間、1日について8時間を超えない範囲内において、第32条の2又は第32条の4及び第32条の4の2の規定の例により労働させること。

（深夜業）

第61条　使用者は、満18才に満たない者を午後10時から午前5時までの間において使用してはならない。ただし、交替制によつて使用する満16才以上の男性については、この

限りでない。

② 厚生労働大臣は、必要であると認める場合においては、前項の時刻を、地域又は期間を限つて、午後 11 時及び午前 6 時とすることができる。

③ 交替制によつて労働させる事業については、行政官庁の許可を受けて、第 1 項の規定にかかわらず午後 10 時 30 分まで労働させ、又は前項の規定にかかわらず午前 5 時 30 分から労働させることができる。

④ 前 3 項の規定は、第 33 条第 1 項の規定によつて労働時間を延長し、若しくは休日に労働させる場合又は別表第一第 6 号、第 7 号若しくは第 13 号に掲げる事業若しくは電話交換の業務については、適用しない。

⑤ 第 1 項及び第 2 項の時刻は、第 56 条第 2 項の規定によつて使用する児童については、第 1 項の時刻は、午後 8 時及び午前 5 時とし、第 2 項の時刻は、午後 9 時及び午前 6 時とする。

第 6 章の 2　妊産婦等

（産前産後）

第 65 条　使用者は、6 週間（多胎妊娠の場合にあつては、14 週間）以内に出産する予定の女性が休業を請求した場合においては、その者を就業させてはならない。

② 使用者は、産後 8 週間を経過しない女性を就業させてはならない。ただし、産後 6 週間を経過した女性が請求した場合において、その者について医師が支障がないと認めた業務に就かせることは、差し支えない。

③ 使用者は、妊娠中の女性が請求した場合においては、他の軽易な業務に転換させなければならない。

第 66 条　使用者は、妊産婦が請求した場合においては、第 32 条の 2 第 1 項、第 32 条の 4 第 1 項及び第 32 条の 5 第 1 項の規定にかかわらず、1 週間について第 32 条第 1 項の労働時間、1 日について同条第 2 項の労働時間を超えて労働させてはならない。

② 使用者は、妊産婦が請求した場合においては、第 33 条第 1 項及び第 3 項並びに第 36 条第 1 項の規定にかかわらず、時間外労働をさせてはならず、又は休日に労働させてはならない。

③ 使用者は、妊産婦が請求した場合においては、深夜業をさせてはならない。

（育児時間）

第 67 条　生後満 1 年に達しない生児を育てる女性は、第 34 条の休憩時間のほか、1 日 2 回各々少なくとも 30 分、その生児を育てるための時間を請求することができる。

② 使用者は、前項の育児時間中は、その女性を使用してはならない。

（生理日の就業が著しく困難な女性に対する措置）

第 68 条　使用者は、生理日の就業が著しく困難な女性が休暇を請求したときは、その者を生理日に就業させてはならない。

第9章　就業規則

（作成及び届出の義務）

第89条　常時10人以上の労働者を使用する使用者は、次に掲げる事項について就業規則を作成し、行政官庁に届け出なければならない。次に掲げる事項を変更した場合においても、同様とする。

一　始業及び終業の時刻、休憩時間、休日、休暇並びに労働者を2組以上に分けて交替に就業させる場合においては就業時転換に関する事項

二　賃金（臨時の賃金等を除く。以下この号において同じ。）の決定、計算及び支払の方法、賃金の締切り及び支払の時期並びに昇給に関する事項

三　退職に関する事項（解雇の事由を含む。）

三の二　退職手当の定めをする場合においては、適用される労働者の範囲、退職手当の決定、計算及び支払の方法並びに退職手当の支払の時期に関する事項

四　臨時の賃金等（退職手当を除く。）及び最低賃金額の定めをする場合においては、これに関する事項

五　労働者に食費、作業用品その他の負担をさせる定めをする場合においては、これに関する事項

六　安全及び衛生に関する定めをする場合においては、これに関する事項

七　職業訓練に関する定めをする場合においては、これに関する事項

八　災害補償及び業務外の傷病扶助に関する定めをする場合においては、これに関する事項

九　表彰及び制裁の定めをする場合においては、その種類及び程度に関する事項

十　前各号に掲げるもののほか、当該事業場の労働者のすべてに適用される定めをする場合においては、これに関する事項

（作成の手続）

第90条　使用者は、就業規則の作成又は変更について、当該事業場に、労働者の過半数で組織する労働組合がある場合においてはその労働組合、労働者の過半数で組織する労働組合がない場合においては労働者の過半数を代表する者の意見を聴かなければならない。

②　使用者は、前条の規定により届出をなすについて、前項の意見を記した書面を添付しなければならない。

（法令及び労働協約との関係）

第92条　就業規則は、法令又は当該事業場について適用される労働協約に反してはならない。

②　行政官庁は、法令又は労働協約に牴触する就業規則の変更を命ずることができる。

（労働契約との関係）

第93条　労働契約と就業規則との関係については、労働契約法（平成19年法律第128号）第12条の定めるところによる。

第 12 章　雑　則

（法令等の周知義務）

第 106 条　使用者は、この法律及びこれに基づく命令の要旨、就業規則、第 18 条第 2 項、第 24 条第 1 項ただし書、第 32 条の 2 第 1 項、第 32 条の 3 第 1 項、第 32 条の 4 第 1 項、第 32 条の 5 第 1 項、第 34 条第 2 項ただし書、第 36 条第 1 項、第 37 条第 3 項、第 38 条の 2 第 2 項、第 38 条の 3 第 1 項並びに第 39 条第 4 項、第 6 項及び第 9 項ただし書に規定する協定並びに第 38 条の 4 第 1 項及び同条第 5 項（第 41 条の 2 第 3 項において準用する場合を含む。）並びに第 41 条の 2 第 1 項に規定する決議を、常時各作業場の見やすい場所へ掲示し、又は備え付けること、書面を交付することその他の厚生労働省令で定める方法によつて、労働者に周知させなければならない。

②　使用者は、この法律及びこの法律に基いて発する命令のうち、寄宿舎に関する規定及び寄宿舎規則を、寄宿舎の見易い場所に掲示し、又は備え付ける等の方法によつて、寄宿舎に寄宿する労働者に周知させなければならない。

（労働者名簿）

第 107 条　使用者は、各事業場ごとに労働者名簿を、各労働者（日日雇い入れられる者を除く。）について調製し、労働者の氏名、生年月日、履歴その他厚生労働省令で定める事項を記入しなければならない。

②　前項の規定により記入すべき事項に変更があつた場合においては、遅滞なく訂正しなければならない。

（賃金台帳）

第 108 条　使用者は、各事業場ごとに賃金台帳を調製し、賃金計算の基礎となる事項及び賃金の額その他厚生労働省令で定める事項を賃金支払の都度遅滞なく記入しなければならない。

（記録の保存）

第 109 条　使用者は、労働者名簿、賃金台帳及び雇入れ、解雇、災害補償、賃金その他労働関係に関する重要な書類を 5 年間保存しなければならない。

（付加金の支払）

第 114 条　裁判所は、第 20 条、第 26 条若しくは第 37 条の規定に違反した使用者又は第 39 条第 9 項の規定による賃金を支払わなかつた使用者に対して、労働者の請求により、これらの規定により使用者が支払わなければならない金額についての未払金のほか、これと同一額の付加金の支払を命ずることができる。ただし、この請求は、違反のあつた時から 5 年以内にしなければならない。

（適用除外）

第 116 条　第 1 条から第 11 条まで、次項、第 117 条から第 119 条まで及び第 121 条の規定を除き、この法律は、船員法（昭和 22 年法律第 100 号）第 1 条第 1 項に規定する船員については、適用しない。

②　この法律は、同居の親族のみを使用する事業及び家事使用人については、適用しない。

第13章　罰　則

第119条　次の各号のいずれかに該当する者は、6箇月以下の懲役又は30万円以下の罰金に処する。

一　第3条、第4条、第7条、第16条、第17条、第18条第1項、第19条、第20条、第22条第4項、第32条、第34条、第35条、第36条第6項、第37条、第39条（第7項を除く。）、第61条、第62条、第64条の3から第67条まで、第72条、第75条から第77条まで、第79条、第80条、第94条第2項、第96条又は第104条第2項の規定に違反した者

二　第33条第2項、第96条の2第2項又は第96条の3第1項の規定による命令に違反した者

三　第40条の規定に基づいて発する厚生労働省令に違反した者

四　第70条の規定に基づいて発する厚生労働省令（第62条又は第64条の3の規定に係る部分に限る。）に違反した者

〈編注〉　第119条の規定中「6箇月以下の懲役」とあるのは、刑法等の一部を改正する法律の施行に伴う関係法律の整理等に関する法律（令4.6.17法律第68号）第222条により「6月以下の拘禁刑」と改められた。

第120条　次の各号のいずれかに該当する者は、30万円以下の罰金に処する。

一　第14条、第15条第1項若しくは第3項、第18条第7項、第22条第1項から第3項まで、第23条から第27条まで、第32条の2第2項（第32条の3第4項、第32条の4第4項及び第32条の5第3項において準用する場合を含む。）、第32条の5第2項、第33条第1項ただし書、第38条の2第3項（第38条の3第2項において準用する場合を含む。）、第39条第7項、第57条から第59条まで、第64条、第68条、第89条、第90条第1項、第91条、第95条第1項若しくは第2項、第96条の2第1項、第105条（第100条第3項において準用する場合を含む。）又は第106条から第109条までの規定に違反した者

二　第70条の規定に基づいて発する厚生労働省令（第14条の規定に係る部分に限る。）に違反した者

三　第92条第2項又は第96条の3第2項の規定による命令に違反した者

四　第101条（第100条第3項において準用する場合を含む。）の規定による労働基準監督官又は女性主管局長若しくはその指定する所属官吏の臨検を拒み、妨げ、若しくは忌避し、その尋問に対して陳述をせず、若しくは虚偽の陳述をし、帳簿書類の提出をせず、又は虚偽の記載をした帳簿書類の提出をした者

五　第104条の2の規定による報告をせず、若しくは虚偽の報告をし、又は出頭しなかつた者

　　附　則（抄）

第139条　工作物の建設の事業（災害時における復旧及び復興の事業に限る。）その他これに関連する事業として厚生労働省令で定める事業に関する第36条の規定の適用については、当分の間、同条第5項中「時間（第2項第4号に関して協定した時間を含め100時

間未満の範囲内に限る。）」とあるのは「時間」と、「同号」とあるのは「第2項第4号」とし、同条第6項（第2号及び第3号に係る部分に限る。）の規定は適用しない。

② 前項の規定にかかわらず、工作物の建設の事業その他これに関連する事業として厚生労働省令で定める事業については、令和6年3月31日（同日及びその翌日を含む期間を定めている第36条第1項の協定に関しては、当該協定に定める期間の初日から起算して1年を経過する日）までの間、同条第2項第4号中「1箇月及び」とあるのは、「1日を超え3箇月以内の範囲で前項の協定をする使用者及び労働組合若しくは労働者の過半数を代表する者が定める期間並びに」とし、同条第3項から第5項まで及び第6項（第2号及び第3号に係る部分に限る。）の規定は適用しない。

第140条 一般乗用旅客自動車運送事業（道路運送法（昭和26年法律第183号）第3条第1号ハに規定する一般乗用旅客自動車運送事業をいう。）の業務、貨物自動車運送事業（貨物自動車運送事業法（平成元年法律第83号）第2条第1項に規定する貨物自動車運送事業をいう。）の業務その他の自動車の運転の業務として厚生労働省令で定める業務に関する第36条の規定の適用については、当分の間、同条第5項中「時間（第2項第4号に関して協定した時間を含め100時間未満の範囲内に限る。）並びに1年について労働時間を延長して労働させることができる時間（同号に関して協定した時間を含め720時間を超えない範囲内に限る。）を定めることができる。この場合において、第1項の協定に、併せて第2項第2号の対象期間において労働時間を延長して労働させる時間が1箇月について45時間（第32条の4第1項第2号の対象期間として3箇月を超える期間を定めて同条の規定により労働させる場合にあつては、1箇月について42時間）を超えることができる月数（1年について6箇月以内に限る。）を定めなければならない」とあるのは、「時間並びに1年について労働時間を延長して労働させることができる時間（第2項第4号に関して協定した時間を含め960時間を超えない範囲内に限る。）を定めることができる」とし、同条第6項（第2号及び第3号に係る部分に限る。）の規定は適用しない。

② 前項の規定にかかわらず、同項に規定する業務については、令和6年3月31日（同日及びその翌日を含む期間を定めている第36条第1項の協定に関しては、当該協定に定める期間の初日から起算して1年を経過する日）までの間、同条第2項第4号中「1箇月及び」とあるのは、「1日を超え3箇月以内の範囲で前項の協定をする使用者及び労働組合若しくは労働者の過半数を代表する者が定める期間並びに」とし、同条第3項から第5項まで及び第6項（第2号及び第3号に係る部分に限る。）の規定は適用しない。

第141条 医業に従事する医師（医療提供体制の確保に必要な者として厚生労働省令で定める者に限る。）に関する第36条の規定の適用については、当分の間、同条第2項第4号中「における1日、1箇月及び1年のそれぞれの期間について」とあるのは「における」とし、同条第3項中「限度時間」とあるのは「限度時間並びに労働者の健康及び福祉を勘案して厚生労働省令で定める時間」とし、同条第5項及び第6項（第2号及び第3号に係る部分に限る。）の規定は適用しない。

② 前項の場合において、第36条第1項の協定に、同条第2項各号に掲げるもののほか、当該事業場における通常予見することのできない業務量の大幅な増加等に伴い臨時的に

前項の規定により読み替えて適用する同条第 3 項の厚生労働省令で定める時間を超えて労働させる必要がある場合において、同条第 2 項第 4 号に関して協定した時間を超えて労働させることができる時間（同号に関して協定した時間を含め、同条第 5 項に定める時間及び月数並びに労働者の健康及び福祉を勘案して厚生労働省令で定める時間を超えない範囲内に限る。）その他厚生労働省令で定める事項を定めることができる。

③　使用者は、第 1 項の場合において、第 36 条第 1 項の協定で定めるところによつて労働時間を延長して労働させ、又は休日において労働させる場合であつても、同条第 6 項に定める要件並びに労働者の健康及び福祉を勘案して厚生労働省令で定める時間を超えて労働させてはならない。

④　前 3 項の規定にかかわらず、医業に従事する医師については、令和 6 年 3 月 31 日（同日及びその翌日を含む期間を定めている第 36 条第 1 項の協定に関しては、当該協定に定める期間の初日から起算して 1 年を経過する日）までの間、同条第 2 項第 4 号中「1 箇月及び」とあるのは、「1 日を超え 3 箇月以内の範囲で前項の協定をする使用者及び労働組合若しくは労働者の過半数を代表する者が定める期間並びに」とし、同条第 3 項から第 5 項まで及び第 6 項（第 2 号及び第 3 号に係る部分に限る。）の規定は適用しない。

⑤　第 3 項の規定に違反した者は、6 箇月以下の懲役又は 30 万円以下の罰金に処する。

第 142 条　鹿児島県及び沖縄県における砂糖を製造する事業に関する第 36 条の規定の適用については、令和 6 年 3 月 31 日（同日及びその翌日を含む期間を定めている同条第 1 項の協定に関しては、当該協定に定める期間の初日から起算して 1 年を経過する日）までの間、同条第 5 項中「時間（第 2 項第 4 号に関して協定した時間を含め 100 時間未満の範囲内に限る。）」とあるのは「時間」と、「同号」とあるのは「第 2 項第 4 号」とし、同条第 6 項（第 2 号及び第 3 号に係る部分に限る。）の規定は適用しない。

第 143 条　第 109 条の規定の適用については、当分の間、同条中「5 年間」とあるのは、「3 年間」とする。

②　第 114 条の規定の適用については、当分の間、同条ただし書中「5 年」とあるのは、「3 年」とする。

③〈略〉

別表第一（第 33 条、第 40 条、第 41 条、第 56 条、第 61 条関係）

一　物の製造、改造、加工、修理、洗浄、選別、包装、装飾、仕上げ、販売のためにする仕立て、破壊若しくは解体又は材料の変造の事業（電気、ガス又は各種動力の発生、変更若しくは伝導の事業及び水道の事業を含む。）

二　鉱業、石切り業その他土石又は鉱物採取の事業

三　土木、建築その他工作物の建設、改造、保存、修理、変更、破壊、解体又はその準備の事業

四　道路、鉄道、軌道、索道、船舶又は航空機による旅客又は貨物の運送の事業

五　ドック、船舶、岸壁、波止場、停車場又は倉庫における貨物の取扱いの事業

六　土地の耕作若しくは開墾又は植物の栽植、栽培、採取若しくは伐採の事業その他農

　　林の事業

七　動物の飼育又は水産動植物の採捕若しくは養殖の事業その他の畜産、養蚕又は水産の事業

八　物品の販売、配給、保管若しくは賃貸又は理容の事業

九　金融、保険、媒介、周旋、集金、案内又は広告の事業

十　映画の製作又は映写、演劇その他興行の事業

十一　郵便、信書便又は電気通信の事業

十二　教育、研究又は調査の事業

十三　病者又は虚弱者の治療、看護その他保健衛生の事業

十四　旅館、料理店、飲食店、接客業又は娯楽場の事業

十五　焼却、清掃又はと畜場の事業

　　附　則（平 30.7.6 法律第 71 号）（抄）

（施行期日）

第 1 条　この法律は、平成 31 年 4 月 1 日から施行する。ただし、次の各号に掲げる規定は、当該各号に定める日から施行する。

　一・二・三〈略〉

（検討）

第 12 条　政府は、この法律の施行後 5 年を経過した場合において、新労基法第 36 条の規定について、その施行の状況、労働時間の動向その他の事情を勘案しつつ検討を加え、必要があると認めるときは、その結果に基づいて所要の措置を講ずるものとする。

2　政府は、新労基法第 139 条に規定する事業及び新労基法第 140 条に規定する業務に係る新労基法第 36 条の規定の特例の廃止について、この法律の施行後の労働時間の動向その他の事情を勘案しつつ引き続き検討するものとする。

3　政府は、前 2 項に定める事項のほか、この法律の施行後 5 年を目途として、この法律による改正後のそれぞれの法律（以下この項において「改正後の各法律」という。）の規定について、労働者と使用者の協議の促進等を通じて、仕事と生活の調和、労働条件の改善、雇用形態又は就業形態の異なる労働者の間の均衡のとれた待遇の確保その他の労働者の職業生活の充実を図る観点から、改正後の各法律の施行の状況等を勘案しつつ検討を加え、必要があると認めるときは、その結果に基づいて所要の措置を講ずるものとする。

（罰則に関する経過措置）

第 29 条　この法律（附則第 1 条第 3 号に掲げる規定にあっては、当該規定）の施行前にした行為並びにこの附則の規定によりなお従前の例によることとされる場合及びこの附則の規定によりなおその効力を有することとされる場合におけるこの法律の施行後にした行為に対する罰則の適用については、なお従前の例による。

（政令への委任）

第 30 条　この附則に規定するもののほか、この法律の施行に伴い必要な経過措置（罰則に関する経過措置を含む。）は、政令で定める。

　　附　則（令 2.3.31 法律第 13 号）（抄）

（施行期日）

第1条 この法律は、民法の一部を改正する法律（平成29年法律第44号）の施行の日〈編注：令和2年4月1日〉から施行する。

（付加金の支払及び時効に関する経過措置）

第2条 この法律による改正後の労働基準法（以下この条において「新法」という。）第114条及び第143条第2項の規定は、この法律の施行の日（以下この条において「施行日」という。）以後に新法第114条に規定する違反がある場合における付加金の支払に係る請求について適用し、施行日前にこの法律による改正前の労働基準法第114条に規定する違反があった場合における付加金の支払に係る請求については、なお従前の例による。

② 新法第115条及び第143条第3項の規定は、施行日以後に支払期日が到来する労働基準法の規定による賃金（退職手当を除く。以下この項において同じ。）の請求権の時効について適用し、施行日前に支払期日が到来した同法の規定による賃金の請求権の時効については、なお従前の例による。

　　附　則（令2.3.31法律第14号）（抄）

（施行期日）

第1条 この法律は、令和2年4月1日から施行する。〈以下略〉

　　附　則（令4.6.17法律第68号）（抄）

（施行期日）

1 この法律は、刑法等一部改正法〈編注：令和4年6月17日法律第67号〉施行日から施行する。ただし、次の各号に掲げる規定は、当該各号に定める日から施行する。

一 第509条の規定※　公布の日

※刑法等の一部を改正する法律の施行に伴う関係法律の整理等に関する法律

（令和4年6月17日法律第68号）

⑵ 労働基準法第37条第1項の時間外及び休日の割増賃金に係る率の最低限度を定める政令

（平6.1.4政令第5号）

（最終改正　平12.6.7政令第309号）

　労働基準法第37条第1項の政令で定める率は、同法第33条又は第36条第1項の規定により延長した労働時間の労働については2割5分とし、これらの規定により労働させた休日の労働については3割5分とする。

　　附　則（平12.6.7政令第309号）（抄）

（施行期日）

1 この政令は、内閣法の一部を改正する法律（平成11年法律第88号）の施行の日（平成13年1月6日）から施行する。

(3) 労働基準法施行規則（抄）

（昭 22.8.30 厚生省令第 23 号）

（最終改正　令 5.4.7 厚生労働省令第 68 号）

〈労働条件〉

第5条　使用者が法第 15 条第 1 項前段の規定により労働者に対して明示しなければならない労働条件は、次に掲げるものとする。ただし、第 1 号の 2 に掲げる事項については期間の定めのある労働契約（以下この条において「有期労働契約」という。）であつて当該労働契約の期間の満了後に当該労働契約を更新する場合があるものの締結の場合に限り、第 4 号の 2 から第 11 号までに掲げる事項については使用者がこれらに関する定めをしない場合においては、この限りでない。

一　労働契約の期間に関する事項

一の二　有期労働契約を更新する場合の基準に関する事項（通算契約期間（労働契約法（平成 19 年法律第 128 号）第 18 条第 1 項に規定する通算契約期間をいう。）又は有期労働契約の更新回数に上限の定めがある場合には当該上限を含む。）

一の三　就業の場所及び従事すべき業務に関する事項（就業の場所及び従事すべき業務の変更の範囲を含む。）

二　始業及び終業の時刻、所定労働時間を超える労働の有無、休憩時間、休日、休暇並びに労働者を 2 組以上に分けて就業させる場合における就業時転換に関する事項

三　賃金（退職手当及び第 5 号に規定する賃金を除く。以下この号において同じ。）の決定、計算及び支払の方法、賃金の締切り及び支払の時期並びに昇給に関する事項

四　退職に関する事項（解雇の事由を含む。）

四の二　退職手当の定めが適用される労働者の範囲、退職手当の決定、計算及び支払の方法並びに退職手当の支払の時期に関する事項

五　臨時に支払われる賃金（退職手当を除く。）、賞与及び第 8 条各号に掲げる賃金並びに最低賃金額に関する事項

六　労働者に負担させるべき食費、作業用品その他に関する事項

七　安全及び衛生に関する事項

八　職業訓練に関する事項

九　災害補償及び業務外の傷病扶助に関する事項

十　表彰及び制裁に関する事項

十一　休職に関する事項

②　使用者は、法第 15 条第 1 項前段の規定により労働者に対して明示しなければならない労働条件を事実と異なるものとしてはならない。

③　法第 15 条第 1 項後段の厚生労働省令で定める事項は、第 1 項第 1 号から第 4 号までに掲げる事項（昇給に関する事項を除く。）とする。

④　法第 15 条第 1 項後段の厚生労働省令で定める方法は、労働者に対する前項に規定する事項が明らかとなる書面の交付とする。ただし、当該労働者が同項に規定する事項が明

らかとなる次のいずれかの方法によることを希望した場合には、当該方法とすることができる。

一　ファクシミリを利用してする送信の方法

二　電子メールその他のその受信をする者を特定して情報を伝達するために用いられる電気通信（電気通信事業法（昭和59年法律第86号）第2条第1号に規定する電気通信をいう。以下この号において「電子メール等」という。）の送信の方法（当該労働者が当該電子メール等の記録を出力することにより書面を作成することができるものに限る。）

⑤　その契約期間内に労働者が労働契約法第18条第1項の適用を受ける期間の定めのない労働契約の締結の申込み（以下「労働契約法第18条第1項の無期転換申込み」という。）をすることができることとなる有期労働契約の締結の場合においては、使用者が法第15条第1項前段の規定により労働者に対して明示しなければならない労働条件は、第1項に規定するもののほか、労働契約法第18条第1項の無期転換申込みに関する事項並びに当該申込みに係る期間の定めのない労働契約の内容である労働条件のうち第1項第1号及び第1号の3から第11号までに掲げる事項とする。ただし、当該申込みに係る期間の定めのない労働契約の内容である労働条件のうち同項第4号の2から第11号までに掲げる事項については、使用者がこれらに関する定めをしない場合においては、この限りでない。

⑥　その契約期間内に労働者が労働契約法第18条第1項の無期転換申込みをすることができることとなる有期労働契約の締結の場合においては、法第15条第1項後段の厚生労働省令で定める事項は、第3項に規定するもののほか、労働契約法第18条第1項の無期転換申込みに関する事項並びに当該申込みに係る期間の定めのない労働契約の内容である労働条件のうち第1項第1号及び第1号の3から第4号までに掲げる事項（昇給に関する事項を除く。）とする。

〈過半数代表者〉

第6条の2　法第18条第2項、法第24条第1項ただし書、法第32条の2第1項、法第32条の3第1項、法第32条の4第1項及び第2項、法第32条の5第1項、法第34条第2項ただし書、法第36条第1項、第8項及び第9項、法第37条第3項、法第38条の2第2項、法第38条の3第1項、法第38条の4第2項第1号、法第39条第4項、第6項及び第9項ただし書並びに法第90条第1項に規定する労働者の過半数を代表する者（以下この条において「過半数代表者」という。）は、次の各号のいずれにも該当する者とする。

一　法第41条第2号に規定する監督又は管理の地位にある者でないこと。

二　法に規定する協定等をする者を選出することを明らかにして実施される投票、挙手等の方法による手続により選出された者であつて、使用者の意向に基づき選出されたものでないこと。

②　前項第1号に該当する者がいない事業場にあつては、法第18条第2項、法第24条第1項ただし書、法第39条第4項、第6項及び第9項ただし書並びに法第90条第1項に規定する労働者の過半数を代表する者は、前項第2号に該当する者とする。

③　使用者は、労働者が過半数代表者であること若しくは過半数代表者になろうとしたこと又は過半数代表者として正当な行為をしたことを理由として不利益な取扱いをしないようにしなければならない。

④　使用者は、過半数代表者が法に規定する協定等に関する事務を円滑に遂行することができるよう必要な配慮を行わなければならない。

〈労働時間、休日の周知〉

第 12 条　常時 10 人に満たない労働者を使用する使用者は、法第 32 条の 2 第 1 項又は法第 35 条第 2 項による定めをした場合（法第 32 条の 2 第 1 項の協定（法第 38 条の 4 第 5 項に規定する同条第 1 項の委員会（以下「労使委員会」という。）の決議（以下「労使委員会の決議」という。）及び労働時間等の設定の改善に関する特別措置法（平成 4 年法律第 90 号。以下「労働時間等設定改善法」という。）第 7 条に規定する労働時間等設定改善委員会の決議（以下「労働時間等設定改善委員会の決議」という。）を含む。）による定めをした場合を除く。）には、これを労働者に周知させるものとする。

〈変形労働時間制・変形休日制の起算日〉

第 12 条の 2　使用者は、法第 32 条の 2 から第 32 条の 4 までの規定により労働者に労働させる場合には、就業規則その他これに準ずるもの又は書面による協定（労使委員会の決議及び労働時間等設定改善委員会の決議を含む。）において、法第 32 条の 2 から第 32 条の 4 までにおいて規定する期間の起算日を明らかにするものとする。

②　使用者は、法第 35 条第 2 項の規定により労働者に休日を与える場合には、就業規則その他これに準ずるものにおいて、4 日以上の休日を与えることとする 4 週間の起算日を明らかにするものとする。

〈1 箇月単位の変形労働時間制の届出等〉

第 12 条の 2 の 2　法第 32 条の 2 第 1 項の協定（労働協約による場合を除き、労使委員会の決議及び労働時間等設定改善委員会の決議を含む。）には、有効期間の定めをするものとする。

②　法第 32 条の 2 第 2 項の規定による届出は、様式第 3 号の 2 により、所轄労働基準監督署長にしなければならない。

〈フレックスタイム制に関する労使協定で定めるべき事項〉

第 12 条の 3　法第 32 条の 3 第 1 項（同条第 2 項及び第 3 項の規定により読み替えて適用する場合を含む。以下この条において同じ。）第 4 号の厚生労働省令で定める事項は、次に掲げるものとする。

一　標準となる 1 日の労働時間

二　労働者が労働しなければならない時間帯を定める場合には、その時間帯の開始及び終了の時刻

三　労働者がその選択により労働することができる時間帯に制限を設ける場合には、その時間帯の開始及び終了の時刻

四　法第 32 条の 3 第 1 項第 2 号の清算期間が 1 箇月を超えるものである場合にあつては、同項の協定（労働協約による場合を除き、労使委員会の決議及び労働時間等設定改善

委員会の決議を含む。）の有効期間の定め

② 法第 32 条の 3 第 4 項において準用する法第 32 条の 2 第 2 項の規定による届出は、様式第 3 号の 3 により、所轄労働基準監督署長にしなければならない。

〈1 年単位の変形労働時間制における労働時間の限度等〉

第 12 条の 4 法第 32 条の 4 第 1 項の協定（労働協約による場合を除き、労使委員会の決議及び労働時間等設定改善委員会の決議を含む。）において定める同項第 5 号の厚生労働省令で定める事項は、有効期間の定めとする。

② 使用者は、法第 32 条の 4 第 2 項の規定による定めは、書面により行わなければならない。

③ 法第 32 条の 4 第 3 項の厚生労働省令で定める労働日数の限度は、同条第 1 項第 2 号の対象期間（以下この条において「対象期間」という。）が 3 箇月を超える場合は対象期間について 1 年当たり 280 日とする。ただし、対象期間が 3 箇月を超える場合において、当該対象期間の初日の前 1 年以内の日を含む 3 箇月を超える期間を対象期間として定める法第 32 条の 4 第 1 項の協定（労使委員会の決議及び労働時間等設定改善委員会の決議を含む。）（複数ある場合においては直近の協定（労使委員会の決議及び労働時間等設定改善委員会の決議を含む。）。以下この項において「旧協定」という。）があつた場合において、1 日の労働時間のうち最も長いものが旧協定の定める 1 日の労働時間のうち最も長いもの若しくは 9 時間のいずれか長い時間を超え、又は 1 週間の労働時間のうち最も長いものが旧協定の定める 1 週間の労働時間のうち最も長いもの若しくは 48 時間のいずれか長い時間を超えるときは、旧協定の定める対象期間について 1 年当たりの労働日数から 1 日を減じた日数又は 280 日のいずれか少ない日数とする。

④ 法第 32 条の 4 第 3 項の厚生労働省令で定める 1 日の労働時間の限度は 10 時間とし、1 週間の労働時間の限度は 52 時間とする。この場合において、対象期間が 3 箇月を超えるときは、次の各号のいずれにも適合しなければならない。

一 対象期間において、その労働時間が 48 時間を超える週が連続する場合の週数が 3 以下であること。

二 対象期間をその初日から 3 箇月ごとに区分した各期間（3 箇月未満の期間を生じたときは、当該期間）において、その労働時間が 48 時間を超える週の初日の数が 3 以下であること。

⑤ 法第 32 条の 4 第 3 項の厚生労働省令で定める対象期間における連続して労働させる日数の限度は 6 日とし、同条第 1 項の協定（労使委員会の決議及び労働時間等設定改善委員会の決議を含む。）で特定期間として定められた期間における連続して労働させる日数の限度は 1 週間に 1 日の休日が確保できる日数とする。

⑥ 法第 32 条の 4 第 4 項において準用する法第 32 条の 2 第 2 項の規定による届出は、様式第 4 号により、所轄労働基準監督署長にしなければならない。

〈1 週間単位の非定形的変形労働時間制の対象事業等〉

第 12 条の 5 法第 32 条の 5 第 1 項の厚生労働省令で定める事業は、小売業、旅館、料理店及び飲食店の事業とする。

② 法第 32 条の 5 第 1 項の厚生労働省令で定める数は、30 人とする。

③　法第32条の５第２項の規定による１週間の各日の労働時間の通知は、少なくとも、当該１週間の開始する前に、書面により行わなければならない。ただし、緊急でやむを得ない事由がある場合には、使用者は、あらかじめ通知した労働時間を変更しようとする日の前日までに書面により当該労働者に通知することにより、当該あらかじめ通知した労働時間を変更することができる。

④　法第32条の５第３項において準用する法第32条の２第２項の規定による届出は、様式第５号により、所轄労働基準監督署長にしなければならない。

⑤　使用者は、法第32条の５の規定により労働者に労働させる場合において、１週間の各日の労働時間を定めるに当たつては、労働者の意思を尊重するよう努めなければならない。

〈育児を行う者等に対する配慮〉

第12条の６　使用者は、法第32条の２、第32条の４又は第32条の５の規定により労働者に労働させる場合には、育児を行う者、老人等の介護を行う者、職業訓練又は教育を受ける者その他特別の配慮を要する者については、これらの者が育児等に必要な時間を確保できるような配慮をしなければならない。

〈災害等による臨時の必要がある場合の時間外労働等の許可等〉

第13条　法第33条第１項本文の規定による許可は、所轄労働基準監督署長から受け、同条同項但書の規定による届出は、所轄労働基準監督署長にしなければならない。

②　前項の許可又は届出は、様式第６号によるものとする。

第14条　法第33条第２項の規定による命令は、様式第７号による文書で所轄労働基準監督署長がこれを行う。

〈一斉休憩の特例の協定〉

第15条　使用者は、法第34条第２項ただし書の協定をする場合には、一斉に休憩を与えない労働者の範囲及び当該労働者に対する休憩の与え方について、協定しなければならない。

②　前項の規定は、労使委員会の決議及び労働時間等設定改善委員会の決議について準用する。

〈時間外及び休日労働の協定の届出〉

第16条　法第36条第１項の規定による届出は、様式第９号（同条第５項に規定する事項に関する定めをする場合にあつては、様式第９号の２）により、所轄労働基準監督署長にしなければならない。

②　前項の規定にかかわらず、法第36条第11項に規定する業務についての同条第１項の規定による届出は、様式第９号の３により、所轄労働基準監督署長にしなければならない。

③　法第36条第１項の協定（労使委員会の決議及び労働時間等設定改善委員会の決議を含む。以下この項において同じ。）を更新しようとするときは、使用者は、その旨の協定を所轄労働基準監督署長に届け出ることによつて、前２項の届出に代えることができる。

〈時間外及び休日の届出協定に定める事項〉

第17条　法第36条第２項第５号の厚生労働省令で定める事項は、次に掲げるものとする。ただし、第４号から第７号までの事項については、同条第１項の協定に同条第５項に規

定する事項に関する定めをしない場合においては、この限りでない。
　一　法第 36 条第 1 項の協定（労働協約による場合を除く。）の有効期間の定め
　二　法第 36 条第 2 項第 4 号の 1 年の起算日
　三　法第 36 条第 6 項第 2 号及び第 3 号に定める要件を満たすこと。
　四　法第 36 条第 3 項の限度時間（以下この項において「限度時間」という。）を超えて
　　　労働させることができる場合
　五　限度時間を超えて労働させる労働者に対する健康及び福祉を確保するための措置
　六　限度時間を超えた労働に係る割増賃金の率
　七　限度時間を超えて労働させる場合における手続
②　使用者は、前項第 5 号に掲げる措置の実施状況に関する記録を同項第 1 号の有効期間
　中及び当該有効期間の満了後 5 年間保存しなければならない。
③　前項の規定は、労使委員会の決議及び労働時間等設定改善委員会の決議について準用
　する。

〈労働時間延長の制限〉
第 18 条　法第 36 条第 6 項第 1 号の厚生労働省令で定める健康上特に有害な業務は、次に
　掲げるものとする。
　一　多量の高熱物体を取り扱う業務及び著しく暑熱な場所における業務
　二　多量の低温物体を取り扱う業務及び著しく寒冷な場所における業務
　三　ラジウム放射線、エックス線その他の有害放射線にさらされる業務
　四　土石、獣毛等のじんあい又は粉末を著しく飛散する場所における業務
　五　異常気圧下における業務
　六　削岩機、鋲打機等の使用によつて身体に著しい振動を与える業務
　七　重量物の取扱い等重激なる業務
　八　ボイラー製造等強烈な騒音を発する場所における業務
　九　鉛、水銀、クロム、砒素、黄りん、弗素、塩素、塩酸、硝酸、亜硫酸、硫酸、一酸
　　　化炭素、二硫化炭素、青酸、ベンゼン、アニリン、その他これに準ずる有害物の粉じ
　　　ん、蒸気又はガスを発散する場所における業務
　十　前各号のほか、厚生労働大臣の指定する業務

〈割増賃金の基礎となる賃金計算〉
第 19 条　法第 37 条第 1 項の規定による通常の労働時間又は通常の労働日の賃金の計算額
　は、次の各号の金額に法第 33 条若しくは法第 36 条第 1 項の規定によつて延長した労働
　時間数若しくは休日の労働時間数又は午後 10 時から午前 5 時（厚生労働大臣が必要であ
　ると認める場合には、その定める地域又は期間については午後 11 時から午前 6 時）まで
　の労働時間数を乗じた金額とする。
　一　時間によつて定められた賃金については、その金額
　二　日によつて定められた賃金については、その金額を 1 日の所定労働時間数（日によ
　　　つて所定労働時間数が異なる場合には、1 週間における 1 日平均所定労働時間数）で除
　　　した金額

三　週によつて定められた賃金については、その金額を週における所定労働時間数（週によつて所定労働時間数が異なる場合には、4週間における1週平均所定労働時間数）で除した金額

四　月によつて定められた賃金については、その金額を月における所定労働時間数（月によつて所定労働時間数が異なる場合には、1年間における1月平均所定労働時間数）で除した金額

五　月、週以外の一定の期間によつて定められた賃金については、前各号に準じて算定した金額

六　出来高払制その他の請負制によつて定められた賃金については、その賃金算定期間（賃金締切日がある場合には、賃金締切期間、以下同じ）において出来高払制その他の請負制によつて計算された賃金の総額を当該賃金算定期間における、総労働時間数で除した金額

七　労働者の受ける賃金が前各号の2以上の賃金よりなる場合には、その部分について各号によつてそれぞれ算定した金額の合計額

②　休日手当その他前項各号に含まれない賃金は、前項の計算においては、これを月によつて定められた賃金とみなす。

〈割増賃金の支払に代えて与える代替休暇の協定事項〉

第19条の2　使用者は、法第37条第3項の協定（労使委員会の決議、労働時間等設定改善委員会の決議及び労働時間等設定改善法第7条の2に規定する労働時間等設定改善企業委員会の決議を含む。）をする場合には、次に掲げる事項について、協定しなければならない。

一　法第37条第3項の休暇（以下「代替休暇」という。）として与えることができる時間の時間数の算定方法

二　代替休暇の単位（1日又は半日（代替休暇以外の通常の労働時間の賃金が支払われる休暇と合わせて与えることができる旨を定めた場合においては、当該休暇と合わせた1日又は半日を含む。）とする。）

三　代替休暇を与えることができる期間（法第33条又は法第36条第1項の規定によつて延長して労働させた時間が1箇月について60時間を超えた当該1箇月の末日の翌日から2箇月以内とする。）

②　前項第1号の算定方法は、法第33条又は法第36条第1項の規定によつて1箇月について60時間を超えて延長して労働させた時間の時間数に、労働者が代替休暇を取得しなかつた場合に当該時間の労働について法第37条第1項ただし書の規定により支払うこととされている割増賃金の率と、労働者が代替休暇を取得した場合に当該時間の労働について同項本文の規定により支払うこととされている割増賃金の率との差に相当する率（次項において「換算率」という。）を乗じるものとする。

③　法第37条第3項の厚生労働省令で定める時間は、取得した代替休暇の時間数を換算率で除して得た時間数の時間とする。

〈深夜業の割増賃金〉

第20条 法第33条又は法第36条第1項の規定によつて延長した労働時間が午後10時から午前5時（厚生労働大臣が必要であると認める場合は、その定める地域又は期間については午後11時から午前6時）までの間に及ぶ場合においては、使用者はその時間の労働については、第19条第1項各号の金額にその労働時間数を乗じた金額の5割以上（その時間の労働のうち、1箇月について60時間を超える労働時間の延長に係るものについては、7割5分以上）の率で計算した割増賃金を支払わなければならない。

② 法第33条又は法第36条第1項の規定による休日の労働時間が午後10時から午前5時（厚生労働大臣が必要であると認める場合は、その定める地域又は期間については午後11時から午前6時）までの間に及ぶ場合においては、使用者はその時間の労働については、前条第1項各号の金額にその労働時間数を乗じた金額の6割以上の率で計算した割増賃金を支払わなければならない。

〈割増賃金の基礎となる賃金に算入しない賃金〉

第21条 法第37条第5項の規定によつて、家族手当及び通勤手当のほか、次に掲げる賃金は、同条第1項及び第4項の割増賃金の基礎となる賃金には算入しない。

一 別居手当

二 子女教育手当

三 住宅手当

四 臨時に支払われた賃金

五 1箇月を超える期間ごとに支払われる賃金

〈宿日直勤務〉

第23条 使用者は、宿直又は日直の勤務で断続的な業務について、様式第10号によつて、所轄労働基準監督署長の許可を受けた場合は、これに従事する労働者を、法第32条の規定にかかわらず、使用することができる。

〈入出坑の労働者のみなし労働時間〉

第24条 使用者が一団として入坑及び出坑する労働者に関し、その入坑開始から入坑終了までの時間について様式第11号によつて所轄労働基準監督署長の許可を受けた場合には、法第38条第2項の規定の適用については、入坑終了から出坑終了までの時間を、その団に属する労働者の労働時間とみなす。

〈事業場外労働の時間計算〉

第24条の2 法第38条の2第1項の規定は、法第4章の労働時間に関する規定の適用に係る労働時間の算定について適用する。

② 法第38条の2第2項の協定（労働協約による場合を除き、労使委員会の決議及び労働時間等設定改善委員会の決議を含む。）には、有効期間の定めをするものとする。

③ 法第38条の2第3項の規定による届出は、様式第12号により、所轄労働基準監督署長にしなければならない。ただし、同条第2項の協定で定める時間が法第32条又は第40条に規定する労働時間以下である場合には、当該協定を届け出ることを要しない。

④ 使用者は、法第38条の2第2項の協定の内容を法第36条第1項の規定による届出（労使委員会の決議の届出及び労働時間等設定改善委員会の決議の届出を除く。）に付記して

　　所轄労働基準監督署長に届け出ることによつて、前項の届出に代えることができる。

〈裁量労働の時間計算〉

第24条の2の2　法第38条の3第1項の規定は、法第4章の労働時間に関する規定の適用に係る労働時間の算定について適用する。

②　法第38条の3第1項第1号の厚生労働省令で定める業務は、次のとおりとする。

　一　新商品若しくは新技術の研究開発又は人文科学若しくは自然科学に関する研究の業務

　二　情報処理システム（電子計算機を使用して行う情報処理を目的として複数の要素が組み合わされた体系であつてプログラムの設計の基本となるものをいう。）の分析又は設計の業務

　三　新聞若しくは出版の事業における記事の取材若しくは編集の業務又は放送法（昭和25年法律第132号）第2条第28号に規定する放送番組（以下「放送番組」という。）の制作のための取材若しくは編集の業務

　四　衣服、室内装飾、工業製品、広告等の新たなデザインの考案の業務

　五　放送番組、映画等の制作の事業におけるプロデューサー又はディレクターの業務

　六　前各号のほか、厚生労働大臣の指定する業務

③　法第38条の3第1項第6号の厚生労働省令で定める事項は、次に掲げるものとする。

　一　使用者は、法第38条の3第1項の規定により労働者を同項第1号に掲げる業務に就かせたときは同項第2号に掲げる時間労働したものとみなすことについて当該労働者の同意を得なければならないこと及び当該同意をしなかつた当該労働者に対して解雇その他不利益な取扱いをしてはならないこと。

　二　前号の同意の撤回に関する手続

　三　法第38条の3第1項に規定する協定（労働協約による場合を除き、労使委員会の決議及び労働時間等設定改善委員会の決議を含む。）の有効期間の定め

　四　使用者は、次に掲げる事項に関する労働者ごとの記録を前号の有効期間中及び当該有効期間の満了後5年間保存すること。

　　イ　法第38条の3第1項第4号に規定する労働者の労働時間の状況並びに当該労働者の健康及び福祉を確保するための措置の実施状況

　　ロ　法第38条の3第1項第5号に規定する労働者からの苦情の処理に関する措置の実施状況

　　ハ　第1号の同意及びその撤回

④　法第38条の3第2項において準用する法第38条の2第3項の規定による届出は、様式第13号により、所轄労働基準監督署長にしなければならない。

第24条の2の2の2　使用者は、前条第3項第4号イからハまでに掲げる事項に関する労働者ごとの記録を作成し、同項第3号の有効期間中及び当該有効期間の満了後5年間保存しなければならない。

〈企画業務型裁量労働制の決議で定める事項等〉

第24条の2の3　法第38条の4第1項の規定による届出は、様式第13号の2により、所轄労働基準監督署長にしなければならない。

② 法第38条の４第１項の規定は、法第４章の労働時間に関する規定の適用に係る労働時間の算定について適用する。

③ 法第38条の４第１項第７号の厚生労働省令で定める事項は、次に掲げるものとする。

一 法第38条の４第１項第１号に掲げる業務に従事する同項第２号に掲げる労働者の範囲に属する労働者（次号及び第24条の２の４第４項において「対象労働者」という。）の法第38条の４第１項第６号の同意の撤回に関する手続

二 使用者は、対象労働者に適用される評価制度及びこれに対応する賃金制度を変更する場合にあつては、労使委員会に対し、当該変更の内容について説明を行うこと。

三 法第38条の４第１項に規定する決議の有効期間の定め

四 使用者は、次に掲げる事項に関する労働者ごとの記録を前号の有効期間中及び当該有効期間の満了後５年間保存すること。

　イ 法第38条の４第１項第４号に規定する労働者の労働時間の状況並びに当該労働者の健康及び福祉を確保するための措置の実施状況

　ロ 法第38条の４第１項第５号に規定する労働者からの苦情の処理に関する措置の実施状況

　ハ 法第38条の４第１項第６号の同意及びその撤回

第24条の２の３の２ 使用者は、前条第３項第４号イからハまでに掲げる事項に関する労働者ごとの記録を作成し、同項第３号の有効期間中及び当該有効期間の満了後５年間保存しなければならない。

〈労使委員会の委員の指名等〉

第24条の２の４ 法第38条の４第２項第１号の規定による指名は、法第41条第２号に規定する監督又は管理の地位にある者以外の者について行わなければならず、また、使用者の意向に基づくものであつてはならない。。

② 法第38条の４第２項第２号の規定による議事録の作成及び保存については、使用者は、労使委員会の開催の都度その議事録を作成して、これをその開催の日（法第38条の４第１項に規定する決議及び労使委員会の決議並びに第25条の２に規定する労使委員会における委員の５分の４以上の多数による議決による決議（第７項において「労使委員会の決議等」という。）が行われた会議の議事録にあつては、当該決議に係る書面の完結の日（第56条第１項第５号の完結の日をいう。））から起算して５年間保存しなければならない。

③ 法第38条の４第２項第２号の規定による議事録の周知については、使用者は、労使委員会の議事録を、次に掲げるいずれかの方法によつて、当該事業場の労働者に周知させなければならない。

一 常時各作業場の見やすい場所へ掲示し、又は備え付けること。

二 書面を労働者に交付すること。

三 磁気テープ、磁気ディスクその他これらに準ずる物に記録し、かつ、各作業場に労働者が当該記録の内容を常時確認できる機器を設置すること。

④ 法第38条の４第２項第３号の厚生労働省令で定める要件は、労使委員会の運営に関す

る事項として次に掲げるものに関する規程が定められていることとする。

イ　労使委員会の招集、定足数及び議事に関する事項

ロ　対象労働者に適用される評価制度及びこれに対応する賃金制度の内容の使用者からの説明に関する事項

ハ　制度の趣旨に沿つた適正な運用の確保に関する事項

ニ　開催頻度を6箇月以内ごとに1回とすること。

ホ　イからニまでに掲げるもののほか、労使委員会の運営について必要な事項

⑤　使用者は、前項の規程の作成又は変更については、労使委員会の同意を得なければならない。

⑥　使用者は、労働者が労使委員会の委員であること若しくは労使委員会の委員になろうとしたこと又は労使委員会の委員として正当な行為をしたことを理由として不利益な取扱いをしないようにしなければならない。

⑦　使用者は、法第38条の4第2項第1号の規定により指名された委員が労使委員会の決議等に関する事務を円滑に遂行することができるよう必要な配慮を行わなければならない。

〈報告〉

第24条の2の5　法第38条の4第4項の規定による報告は、同条第1項に規定する決議の有効期間の始期から起算して6箇月以内に1回、及びその後1年以内ごとに1回、様式第13号の4により、所轄労働基準監督署長にしなければならない。

②　法第38条の4第4項の規定による報告は、同条第1項第4号に規定する労働者の労働時間の状況並びに当該労働者の健康及び福祉を確保するための措置の実施状況並びに同項第6号の同意及びその撤回の実施状況について行うものとする。

〈所定労働日数が少ない労働者に対する年次有給休暇の比例付与〉

第24条の3　法第39条第3項の厚生労働省令で定める時間は、30時間とする。

②　法第39条第3項の通常の労働者の1週間の所定労働日数として厚生労働省令で定める日数は、5.2日とする。

③　法第39条第3項の通常の労働者の1週間の所定労働日数として厚生労働省令で定める日数と当該労働者の1週間の所定労働日数又は1週間当たりの平均所定労働日数との比率を考慮して厚生労働省令で定める日数は、同項第1号に掲げる労働者にあつては次の表の上欄の週所定労働日数の区分に応じ、同項第2号に掲げる労働者にあつては同表の中欄の1年間の所定労働日数の区分に応じて、それぞれ同表の下欄に雇入れの日から起算した継続勤務期間の区分ごとに定める日数とする。

週所定労働日数	1年間の所定労働日数	雇入れの日から起算した継続勤務期間						
		6箇月	1年6箇月	2年6箇月	3年6箇月	4年6箇月	5年6箇月	6年6箇月以上
4日	169日から216日まで	7日	8日	9日	10日	12日	13日	15日

3日	121日から 168日まで	5日	6日	6日	8日	9日	10日	11日
2日	73日から 120日まで	3日	4日	4日	5日	6日	6日	7日
1日	48日から 72日まで	1日	2日	2日	2日	3日	3日	3日

④ 法第39条第3項第1号の厚生労働省令で定める日数は、4日とする。

⑤ 法第39条第3項第2号の厚生労働省令で定める日数は、216日とする。

〈時間単位の有給休暇に関する労使協定で定めるべき事項〉

第24条の4 法第39条第4項第3号の厚生労働省令で定める事項は、次に掲げるものとする。

一 時間を単位として与えることができることとされる有給休暇1日の時間数（1日の所定労働時間数（日によつて所定労働時間数が異なる場合には、1年間における1日平均所定労働時間数。次号において同じ。）を下回らないものとする。）

二 1時間以外の時間を単位として有給休暇を与えることとする場合には、その時間数（1日の所定労働時間数に満たないものとする。）

〈有給休暇の使用者の時季指定義務〉

第24条の5 使用者は、法第39条第7項ただし書の規定により同条第1項から第3項までの規定による10労働日以上の有給休暇を与えることとしたときは、当該有給休暇の日数のうち5日については、基準日（同条第7項の基準日をいう。以下この条において同じ。）より前の日であつて、10労働日以上の有給休暇を与えることとした日（以下この条及び第24条の7において「第一基準日」という。）から1年以内の期間に、その時季を定めることにより与えなければならない。

② 前項の規定にかかわらず、使用者が法第39条第1項から第3項までの規定による10労働日以上の有給休暇を基準日又は第一基準日に与えることとし、かつ、当該基準日又は第一基準日から1年以内の特定の日（以下この条及び第24条の7において「第二基準日」という。）に新たに10労働日以上の有給休暇を与えることとしたときは、履行期間（基準日又は第一基準日を始期として、第二基準日から1年を経過する日を終期とする期間をいう。以下この条において同じ。）の月数を12で除した数に5を乗じた日数について、当該履行期間中に、その時季を定めることにより与えることができる。

③ 第1項の期間又は前項の履行期間が経過した場合においては、その経過した日から1年ごとに区分した各期間（最後に1年未満の期間を生じたときは、当該期間）の初日を基準日とみなして法第39条第7項本文の規定を適用する。

④ 使用者が法第39条第1項から第3項までの規定による有給休暇のうち10労働日未満の日数について基準日以前の日（以下この項において「特定日」という。）に与えることとした場合において、特定日が複数あるときは、当該10労働日未満の日数が合わせて10労働日以上になる日までの間の特定日のうち最も遅い日を第一基準日とみなして前3項

の規定を適用する。この場合において、第一基準日とみなされた日より前に、同条第5項又は第6項の規定により与えた有給休暇の日数分については、時季を定めることにより与えることを要しない。

〈労働者からの意見の聴取〉

第24条の6 使用者は、法第39条第7項の規定により労働者に有給休暇を時季を定めることにより与えるに当たつては、あらかじめ、同項の規定により当該有給休暇を与えることを当該労働者に明らかにした上で、その時季について当該労働者の意見を聴かなければならない。

② 使用者は、前項の規定により聴取した意見を尊重するよう努めなければならない。

〈年次有給休暇管理簿〉

第24条の7 使用者は、法第39条第5項から第7項までの規定により有給休暇を与えたときは、時季、日数及び基準日（第一基準日及び第二基準日を含む。）を労働者ごとに明らかにした書類（第55条の2及び第56条第3項において「年次有給休暇管理簿」という。）を作成し、当該有給休暇を与えた期間中及び当該期間の満了後5年間保存しなければならない。

〈有給休暇の期間又は時間に支払われる通常の賃金等の算定〉

第25条 法第39条第9項の規定による所定労働時間労働した場合に支払われる通常の賃金は、次に定める方法によつて算定した金額とする。

一　時間によつて定められた賃金については、その金額にその日の所定労働時間数を乗じた金額

二　日によつて定められた賃金については、その金額

三　週によつて定められた賃金については、その金額をその週の所定労働日数で除した金額

四　月によつて定められた賃金については、その金額をその月の所定労働日数で除した金額

五　月、週以外の一定の期間によつて定められた賃金については、前各号に準じて算定した金額

六　出来高払制その他の請負制によつて定められた賃金については、その賃金算定期間（当該期間に出来高払制その他の請負制によつて計算された賃金がない場合においては、当該期間前において出来高払制その他の請負制によつて計算された賃金が支払われた最後の賃金算定期間。以下同じ。）において出来高払制その他の請負制によつて計算された賃金の総額を当該賃金算定期間における総労働時間数で除した金額に、当該賃金算定期間における1日平均所定労働時間数を乗じた金額

七　労働者の受ける賃金が前各号の2以上の賃金よりなる場合には、その部分について各号によつてそれぞれ算定した金額の合計額

② 法第39条第9項本文の厚生労働省令で定めるところにより算定した額の賃金は、平均賃金又は前項の規定により算定した金額をその日の所定労働時間数で除して得た額の賃金とする。

③　法第 39 条第 9 項ただし書の厚生労働省令で定めるところにより算定した金額は、健康保険法（大正 11 年法律第 70 号）第 40 条第 1 項に規定する標準報酬月額の 30 分の 1 に相当する金額（その金額に、5 円未満の端数があるときは、これを切り捨て、5 円以上 10 円未満の端数があるときは、これを 10 円に切り上げるものとする。）をその日の所定労働時間数で除して得た金額とする。

〈労働時間の特例〉

第 25 条の 2　使用者は、法別表第 1 第 8 号、第 10 号（映画の製作の事業を除く。）、第 13 号及び第 14 号に掲げる事業のうち常時 10 人未満の労働者を使用するものについては、法第 32 条の規定にかかわらず、1 週間について 44 時間、1 日について 8 時間まで労働させることができる。

②　使用者は、当該事業場に、労働者の過半数で組織する労働組合がある場合においてはその労働組合、労働者の過半数で組織する労働組合がない場合においては労働者の過半数を代表する者との書面による協定（労使委員会における委員の 5 分の 4 以上の多数による決議及び労働時間等設定改善法第 7 条の労働時間等設定改善委員会における委員の 5 分の 4 以上の多数による決議を含む。以下この条において同じ。）により、又は就業規則その他これに準ずるものにより、1 箇月以内の期間を平均し 1 週間当たりの労働時間が 44 時間を超えない定めをした場合においては、前項に規定する事業については同項の規定にかかわらず、その定めにより、特定された週において 44 時間又は特定された日において 8 時間を超えて、労働させることができる。

③　使用者は、就業規則その他これに準ずるものにより、その労働者に係る始業及び終業の時刻をその労働者の決定にゆだねることとした労働者については、当該事業場の労働者の過半数で組織する労働組合がある場合においてはその労働組合、労働者の過半数で組織する労働組合がない場合においては労働者の過半数を代表する者との書面による協定により、次に掲げる事項を定めたときは、その協定で第 2 号の清算期間として定められた期間を平均し 1 週間当たりの労働時間が 44 時間を超えない範囲内において、第 1 項に規定する事業については同項の規定にかかわらず、1 週間において 44 時間又は 1 日において 8 時間を超えて、労働させることができる。

一　この項の規定による労働時間により労働させることとされる労働者の範囲

二　清算期間（その期間を平均し 1 週間当たりの労働時間が 44 時間を超えない範囲内において労働させる期間をいい、1 箇月以内の期間に限るものとする。次号において同じ。）

三　清算期間における総労働時間

四　標準となる 1 日の労働時間

五　労働者が労働しなければならない時間帯を定める場合には、その時間帯の開始及び終了の時刻

六　労働者がその選択により労働することができる時間帯に制限を設ける場合には、その時間帯の開始及び終了の時刻

④　第 1 項に規定する事業については、法第 32 条の 3 第 1 項（同項第 2 号の清算期間が 1 箇月を超えるものである場合に限る。）、第 32 条の 4 又は第 32 条の 5 の規定により労働

者に労働させる場合には、前3項の規定は適用しない。

第25条の3 第6条の2第1項の規定は前条第2項及び第3項に規定する労働者の過半数を代表する者について、第6条の2第3項及び第4項の規定は前条第2項及び第3項の使用者について、第12条及び第12条の2第1項の規定は前条第2項及び第3項による定めについて、第12条の2の2第1項の規定は前条第2項の協定について、第12条の6の規定は前条第2項の使用者について準用する。

② 使用者は、様式第3号の2により、前条第2項の協定を所轄労働基準監督署長に届け出るものとする。

〈列車等の乗務員の予備勤務者の労働時間〉

第26条 使用者は、法別表第一第4号に掲げる事業において列車、気動車又は電車に乗務する労働者で予備の勤務に就くものについては、1箇月以内の一定の期間を平均し1週間当たりの労働時間が40時間を超えない限りにおいて、法第32条の2第1項の規定にかかわらず、1週間について40時間、1日について8時間を超えて労働させることができる。

〈休憩時間の適用除外〉

第31条 法別表第一第4号、第8号、第9号、第10号、第11号、第13号及び第14号に掲げる事業並びに官公署の事業（同表に掲げる事業を除く。）については、法第34条第2項の規定は、適用しない。

〈乗務員等の休憩時間〉

第32条 使用者は、法別表第一第4号に掲げる事業又は郵便若しくは信書便の事業に使用される労働者のうち列車、気動車、電車、自動車、船舶又は航空機に乗務する機関手、運転手、操縦士、車掌、列車掛、荷扱手、列車手、給仕、暖冷房乗務員及び電源乗務員（以下単に「乗務員」という。）で長距離にわたり継続して乗務するもの並びに同表第11号に掲げる事業に使用される労働者で屋内勤務者30人未満の日本郵便株式会社の営業所（簡易郵便局法（昭和24年法律第213号）第2条に規定する郵便窓口業務を行うものに限る。）において郵便の業務に従事するものについては、法第34条の規定にかかわらず、休憩時間を与えないことができる。

② 使用者は、乗務員で前項の規定に該当しないものについては、その者の従事する業務の性質上、休憩時間を与えることができないと認められる場合において、その勤務中における停車時間、折返しによる待合せ時間その他の時間の合計が法第34条第1項に規定する休憩時間に相当するときは、同条の規定にかかわらず、休憩時間を与えないことができる。

〈休憩時間の自由利用の適用除外〉

第33条 法第34条第3項の規定は、左の各号の一に該当する労働者については適用しない。

一 警察官、消防吏員、常勤の消防団員、准救急隊員及び児童自立支援施設に勤務する職員で児童と起居をともにする者

二 乳児院、児童養護施設及び障害児入所施設に勤務する職員で児童と起居をともにす

る者

三　児童福祉法（昭和22年法律第164号）第6条の3第11項に規定する居宅訪問型保育事業に使用される労働者のうち、家庭的保育者（同条第9項第1号に規定する家庭的保育者をいう。以下この号において同じ。）として保育を行う者（同一の居宅において、一の児童に対して複数の家庭的保育者が同時に保育を行う場合を除く。）

②　前項第2号に掲げる労働者を使用する使用者は、その員数、収容する児童数及び勤務の態様について、様式第13号の5によつて、予め所轄労働基準監督署長の許可を受けなければならない。

〈適用除外の許可〉

第34条　法第41条第3号の規定による許可は、従事する労働の態様及び員数について、様式第14号によつて、所轄労働基準監督署長より、これを受けなければならない。

〈高度プロフェッショナル制度の対象業務等〉

第34条の2　法第41条の2第1項の規定による届出は、様式第14号の2により、所轄労働基準監督署長にしなければならない。

②　法第41条の2第1項各号列記以外の部分に規定する厚生労働省令で定める方法は、次に掲げる事項を明らかにした書面に対象労働者（同項に規定する「対象労働者」をいう。以下同じ。）の署名を受け、当該書面の交付を受ける方法（当該対象労働者が希望した場合にあつては、当該書面に記載すべき事項を記録した電磁的記録の提供を受ける方法）とする。

一　対象労働者が法第41条の2第1項の同意をした場合には、同項の規定により、法第4章で定める労働時間、休憩、休日及び深夜の割増賃金に関する規定が適用されないこととなる旨

二　法第41条の2第1項の同意の対象となる期間

三　前号の期間中に支払われると見込まれる賃金の額

③　法第41条の2第1項第1号の厚生労働省令で定める業務は、次に掲げる業務（当該業務に従事する時間に関し使用者から具体的な指示（業務量に比して著しく短い期限の設定その他の実質的に当該業務に従事する時間に関する指示と認められるものを含む。）を受けて行うものを除く。）とする。

一　金融工学等の知識を用いて行う金融商品の開発の業務

二　資産運用（指図を含む。以下この号において同じ。）の業務又は有価証券の売買その他の取引の業務のうち、投資判断に基づく資産運用の業務、投資判断に基づく資産運用として行う有価証券の売買その他の取引の業務又は投資判断に基づき自己の計算において行う有価証券の売買その他の取引の業務

三　有価証券市場における相場等の動向又は有価証券の価値等の分析、評価又はこれに基づく投資に関する助言の業務

四　顧客の事業の運営に関する重要な事項についての調査又は分析及びこれに基づく当該事項に関する考案又は助言の業務

五　新たな技術、商品又は役務の研究開発の業務

④　法第 41 条の 2 第 1 項第 2 号イの厚生労働省令で定める方法は、使用者が、次に掲げる事項を明らかにした書面に対象労働者の署名を受け、当該書面の交付を受ける方法（当該対象労働者が希望した場合にあつては、当該書面に記載すべき事項を記録した電磁的記録の提供を受ける方法）とする。

一　業務の内容
二　責任の程度
三　職務において求められる成果その他の職務を遂行するに当たつて求められる水準

⑤　法第 41 条の 2 第 1 項第 2 号ロの基準年間平均給与額は、厚生労働省において作成する毎月勤労統計（以下「毎月勤労統計」という。）における毎月きまつて支給する給与の額の 1 月分から 12 月分までの各月分の合計額とする。

⑥　法第 41 条の 2 第 1 項第 2 号ロの厚生労働省令で定める額は、1,075 万円とする。

⑦　法第 41 条の 2 第 1 項第 3 号の厚生労働省令で定める労働時間以外の時間は、休憩時間その他対象労働者が労働していない時間とする。

⑧　法第 41 条の 2 第 1 項第 3 号の厚生労働省令で定める方法は、タイムカードによる記録、パーソナルコンピュータ等の電子計算機の使用時間の記録等の客観的な方法とする。ただし、事業場外において労働した場合であつて、やむを得ない理由があるときは、自己申告によることができる。

⑨　法第 41 条の 2 第 1 項第 5 号イの厚生労働省令で定める時間は、11 時間とする。

⑩　法第 41 条の 2 第 1 項第 5 号イの厚生労働省令で定める回数は、4 回とする。

⑪　法第 41 条の 2 第 1 項第 5 号ロの厚生労働省令で定める時間は、1 週間当たりの健康管理時間（同項第 3 号に規定する健康管理時間をいう。以下この条及び次条において同じ。）が 40 時間を超えた場合におけるその超えた時間について、次の各号に掲げる区分に応じ、当該各号に定める時間とする。

一　1 箇月　100 時間
二　3 箇月　240 時間

⑫　法第 41 条の 2 第 1 項第 5 号ニの厚生労働省令で定める要件は、一週間当たりの健康管理時間が 40 時間を超えた場合におけるその超えた時間が一箇月当たり 80 時間を超えたこと又は対象労働者からの申出があつたこととする。

⑬　法第 41 条の 2 第 1 項第 5 号ニの厚生労働省令で定める項目は、次に掲げるものとする。

一　労働安全衛生規則（昭和 47 年労働省令第 32 号）第 44 条第 1 項第 1 号から第 3 号まで、第 5 号及び第 8 号から第 11 号までに掲げる項目（同項第 3 号に掲げる項目にあつては、視力及び聴力の検査を除く。）
二　労働安全衛生規則第 52 条の 4 各号に掲げる事項の確認

⑭　法第 41 条の 2 第 1 項第 6 号の厚生労働省令で定める措置は、次に掲げる措置とする。

一　法第 41 条の 2 第 1 項第 5 号イからニまでに掲げるいずれかの措置であつて、同項の決議及び就業規則その他これに準ずるもので定めるところにより使用者が講ずることとした措置以外のもの
二　健康管理時間が一定時間を超える対象労働者に対し、医師による面接指導（問診そ

の他の方法により心身の状況を把握し、これに応じて面接により必要な指導を行うことをいい、労働安全衛生法（昭和 47 年法律第 57 号）第 66 条の 8 の 4 第 1 項の規定による面接指導を除く。）を行うこと。

三　対象労働者の勤務状況及びその健康状態に応じて、代償休日又は特別の休暇を付与すること。

四　対象労働者の心とからだの健康問題についての相談窓口を設置すること。

五　対象労働者の勤務状況及びその健康状態に配慮し、必要な場合には適切な部署に配置転換をすること。

六　産業医等による助言若しくは指導を受け、又は対象労働者に産業医等による保健指導を受けさせること。

⑮　法第 41 条の 2 第 1 項第 10 号の厚生労働省令で定める事項は、次に掲げるものとする。

一　法第 41 条の 2 第 1 項の決議の有効期間の定め及び当該決議は再度同項の決議をしない限り更新されない旨

二　法第 41 条の 2 第 1 項に規定する委員会の開催頻度及び開催時期

三　常時 50 人未満の労働者を使用する事業場である場合には、労働者の健康管理等を行うのに必要な知識を有する医師を選任すること。

四　使用者は、イからチまでに掲げる事項に関する対象労働者ごとの記録及びリに掲げる事項に関する記録を第 1 号の有効期間中及び当該有効期間の満了後 5 年間保存すること。

イ　法第 41 条の 2 第 1 項の規定による同意及びその撤回

ロ　法第 41 条の 2 第 1 項第 2 号イの合意に基づき定められた職務の内容

ハ　法第 41 条の 2 第 1 項第 2 号ロの支払われると見込まれる賃金の額

ニ　健康管理時間の状況

ホ　法第 41 条の 2 第 1 項第 4 号に規定する措置の実施状況

ヘ　法第 41 条の 2 第 1 項第 5 号に規定する措置の実施状況

ト　法第 41 条の 2 第 1 項第 6 号に規定する措置の実施状況

チ　法第 41 条の 2 第 1 項第 8 号に規定する措置の実施状況

リ　前号の規定による医師の選任

〈報告〉

第 34 条の 2 の 2　法第 41 条の 2 第 2 項の規定による報告は、同条第 1 項の決議の有効期間の始期から起算して 6 箇月以内ごとに、様式第 14 号の 3 により、所轄労働基準監督署長にしなければならない。

②　法第 41 条の 2 第 2 項の規定による報告は、健康管理時間の状況並びに同条第 1 項第 4 号に規定する措置、同項第 5 号に規定する措置及び同項第 6 号に規定する措置の実施状況について行うものとする。

〈準用〉

第 34 条の 2 の 3　第 24 条の 2 の 4（第 4 項ロからニまでを除く。）の規定は、法第 41 条の 2 第 1 項の委員会について準用する。この場合において、第 24 条の 2 の 4 第 4 項ホ中

「イからニまで」とあるのは、「イ」と読み替えるものとする。

〈年少者の変形労働時間制の例による労働時間〉

第34条の2の4 法第60条第3項第2号の厚生労働省令で定める時間は、48時間とする。

〈就業規則の届出〉

第49条 使用者は、常時10人以上の労働者を使用するに至つた場合においては、遅滞なく、法第89条の規定による就業規則の届出を所轄労働基準監督署長にしなければならない。

② 法第90条第2項の規定により前項の届出に添付すべき意見を記した書面は、労働者を代表する者の氏名を記載したものでなければならない。

〈就業規則の変更命令〉

第50条 法第92条第2項の規定による就業規則の変更命令は、様式第17号による文書で所轄労働基準監督署長がこれを行う。

〈法令等の周知方法〉

第52条の2 法第106条第1項の厚生労働省令で定める方法は、次に掲げる方法とする。

一 常時各作業場の見やすい場所へ掲示し、又は備え付けること。

二 書面を労働者に交付すること。

三 磁気テープ、磁気ディスクその他これらに準ずる物に記録し、かつ、各作業場に労働者が当該記録の内容を常時確認できる機器を設置すること。

〈年次有給休暇管理簿の調製〉

第55条の2 使用者は、年次有給休暇管理簿、第53条による労働者名簿又は第55条による賃金台帳をあわせて調製することができる。

　　　附　則

第65条 積雪の度が著しく高い地域として厚生労働大臣が指定する地域に所在する事業場において、冬期に当該地域における事業活動の縮小を余儀なくされる事業として厚生労働大臣が指定する事業に従事する労働者であつて、屋外で作業を行う必要がある業務であつて業務の性質上冬期に労働者が従事することが困難であるものとして厚生労働大臣が指定する業務に従事するものについては、第12条の4第4項の規定にかかわらず、当分の間、法第32条の4第3項の厚生労働省令で定める1日の労働時間の限度は10時間とし、1週間の労働時間の限度は52時間とする。

第66条 一般乗用旅客自動車運送事業（道路運送法（昭和26年法律第183号）第3条第1号ハの一般乗用旅客自動車運送事業をいう。以下この条及び第69条第2項において同じ。）における四輪以上の自動車（一般乗用旅客自動車運送事業の用に供せられる自動車であつて、当該自動車による運送の引受けが営業所のみにおいて行われるものを除く。）の運転の業務に従事する労働者であつて、次の各号のいずれにも該当する業務に従事するものについての法第32条の4第3項の厚生労働省令で定める1日の労働時間の限度は、第12条の4第4項の規定にかかわらず、当分の間、16時間とする。

一 当該業務に従事する労働者の労働時間（法第33条又は第36条第1項の規定により使用者が労働時間を延長した場合においては当該労働時間を、休日に労働させた場合

においては当該休日に労働させた時間を含む。以下この号において同じ。）の終了から次の労働時間の開始までの期間が継続して20時間以上ある業務であること。

二　始業及び終業の時刻が同一の日に属しない業務であること。

第66条の2　第24条の2の5第1項の規定の適用については、当分の間、同条同項中「6箇月以内に1回、及びその後1年以内ごとに1回」とあるのは「6箇月以内ごとに1回」とする。

〈令和6年3月31日をもって削除〉

第67条　法第133条の厚生労働省令で定める者は、次のとおりとする。

一　小学校就学の始期に達するまでの子を養育する労働者

二　負傷、疾病又は身体上若しくは精神上の障害により、2週間以上の期間にわたり常時介護を必要とする状態にある次に掲げるいずれかの者を介護する労働者

イ　配偶者、父母若しくは子又は配偶者の父母

ロ　当該労働者が同居し、かつ、扶養している祖父母、兄弟姉妹又は孫

②　法第133条の厚生労働省令で定める期間は、平成11年4月1日から平成14年3月31日までの間とする。

第69条　法第139条第1項及び第2項の厚生労働省令で定める事業は、次に掲げるものとする。

一　法別表第1第3号に掲げる事業

二　事業場の所属する企業の主たる事業が法別表第1第3号に掲げる事業である事業場における事業

三　工作物の建設の事業に関連する警備の事業（当該事業において労働者に交通誘導警備の業務を行わせる場合に限る。）

②　法第140条第1項の厚生労働省令で定める業務は、一般乗用旅客自動車運送事業の業務、貨物自動車運送事業（貨物自動車運送事業法（平成元年法律第83号）第2条第1項に規定する貨物自動車運送事業をいう。）の業務、一般乗合旅客自動車運送事業（道路運送法第3条第1号イに規定する一般乗合旅客自動車運送事業をいう。）の業務、一般貸切旅客自動車運送事業（同号ロに規定する一般貸切旅客自動車運送事業をいう。）の業務その他四輪以上の自動車の運転の業務とする。

第69条の2　法第141条第1項の厚生労働省令で定める者は、病院（医療法（昭和23年法律第205号）第1条の5第1項に規定する病院をいう。次条第2項第2号において同じ。）若しくは診療所（同法第1条の5第2項に規定する診療所をいう。次条第2項第2号において同じ。）において勤務する医師（医療を受ける者に対する診療を直接の目的とする業務を行わない者を除く。）又は介護老人保健施設（介護保険法（平成9年法律第123号）第8条第28項に規定する介護老人保健施設をいう。次条第2項第2号において同じ。）若しくは介護医療院（同法第8条第29項に規定する介護医療院をいう。次条第2項第2号において同じ。）において勤務する医師（以下「特定医師」という。）をいう。

第69条の3　法第141条第1項（医療法第128条の規定により適用する場合を含む。第5項において同じ。）の規定により法第36条の規定を読み替えて適用する場合における第

17条の規定の適用については，次の表の上欄〈編注：左欄〉に掲げる規定中同表の中欄に掲げる字句は、それぞれ同表の下欄〈編注：右欄〉に掲げる字句とする。ただし、医療法第128条の規定により読み替えられた場合にあつては、同表第1項ただし書きの項中「法第141条第2項」とあるのは「医療法（昭和23年法律第205号）第128条の規定により読み替えて適用する法第141条第2項」と、同表第1項第3号の項中「法第141条第3項」とあるのは「医療法第128条の規定により読み替えて適用する法第141条第3項」とする。

第1項ただし書き	同条第5項	法第141条第2項
第1項第2号	法第36条第2項第4号	第69条の3第2項第1号
第1項第3号	法第36条第6項第2号及び第3号	法第141条第3項
第1項第4号	法第36条第3項の限度時間	法第141条第1項（医療法（昭和23年法律第205号）第128条の規定により適用する場合を含む。）の規定により読み替えて適用する法第36条第3項の厚生労働省令で定める時間

② 第141条第1項の場合において、法第36条第1項の協定に、同条第2項第5号の厚生労働省令で定める事項として、前項の規定により読み替えて適用する第17条第1項各号に掲げる事項のほか、次に掲げる事項を定めるものとする。

一 対象期間における1日、1箇月及び1年のそれぞれの期間について労働時間を延長して労働させることができる時間又は労働させることができる休日の日数

二 医療法第10条の規定により病院若しくは診療所の開設者が当該病院若しくは当該診療所を管理させることとした者又は介護保険法第95条若しくは同法第109条の規定により介護老人保健施設若しくは介護医療院の開設者が当該介護老人保健施設若しくは当該介護医療院を管理させることとした者（以下この項において「管理者」という。）に、1箇月について労働時間を延長して労働させ、及び休日において労働させる時間が100時間以上となることが見込まれる特定医師に対して厚生労働大臣が定める要件に該当する面接指導を行わせること。

三 管理者に、前号の規定による面接指導（面接指導の対象となる特定医師の希望により、当該管理者の指定した医師以外の医師が行つた面接指導であつて、当該管理者がその結果を証明する書面の提出を受けたものを含む。）の結果に基づき、当該面接指導を受けた特定医師の健康を保持するために必要な措置について、当該面接指導が行われた後（当該管理者の指定した医師以外の医師が当該面接指導を行つた場合にあつては、当該管理者がその結果を証明する書面の提出を受けた後）、遅滞なく、当該面接指導を行つた医師の意見を聴かせること。

四 管理者に、第2号の規定による面接指導を行つた医師の意見を勘案し、その必要があると認めるときは、当該面接指導を受けた特定医師の実情を考慮して、遅滞なく、労

働時間の短縮、宿直の回数の減少その他の適切な措置を講じさせること。

五　管理者に、医療法第108条第6項の規定により、1箇月について労働時間を延長して労働させ、及び休日において労働させる時間が特に長時間である特定医師に対して労働時間の短縮のために必要な措置を講じさせること。

③　前項第3号の書面は、当該特定医師の受けた面接指導について、次に掲げる事項を記載したものでなければならない。

一　実施年月日

二　当該面接指導を受けた特定医師の氏名

三　当該面接指導を行つた医師の氏名

四　当該面接指導を受けた特定医師の睡眠の状況

五　当該面接指導を受けた特定医師の疲労の蓄積の状況

六　前二号に掲げるもののほか、当該面接指導を受けた特定医師の心身の状況

④　第2項第2号から第5号までの事項は、次の各号に掲げる区分に応じ、当該各号に定める場合には、法第36条第1項の協定に定めないことができる。

一　第2項第2号から第4号までに掲げる事項　1箇月について労働時間を延長して労働させ、及び休日において労働させる時間が100時間以上となることが見込まれない場合

二　第2項第5号に掲げる事項　1箇月について労働時間を延長して労働させ、及び休日において労働させる時間が特に長時間となることが見込まれない場合

⑤　法第141条第1項の規定により読み替えて適用する法第36条第3項の厚生労働省令で定める時間は、1箇月について45時間及び1年について360時間（法第32条の4第1項第2号の対象期間として3箇月を超える期間を定めて同条の規定により労働させる場合にあつては、1箇月について42時間及び1年について320時間）とする。

第69条の4　法第141条第2項の厚生労働省令で定める時間は、労働時間を延長して労働させ、及び休日において労働させることができる時間について、1箇月について100時間未満及び1年について960時間とする。ただし、法第36条第1項の協定に前条第2項第2号から第4号までに規定する事項を定めた場合にあつては、1年について960時間とする。

第69条の5　法第141条第3項の厚生労働省令で定める時間は、労働時間を延長して労働させ、及び休日において労働させる時間について、1箇月について100時間未満及び1年について960時間とする。ただし、第69条の3第2項第2号に規定する面接指導が行われ、かつ、同項第4号に規定する措置が講じられた特定医師については1年について960時間とする。

第70条　第16条第1項の規定にかかわらず、当該事業場の事業に法第139条第1項に規定する事業が含まれている場合における法第36条第1項の規定による届出は、様式第9号の3の2（法第139条第1項の規定により読み替えて適用する法第36条第5項に規定する事項に関する定めをする場合にあつては、様式第9号の3の3）により、法第36条第2項第1号に規定する労働者に法第140条第1項に規定する業務に従事する労働者

が含まれている場合における法第 36 条第 1 項の規定による届出は、様式第 9 号の 3 の 4（法第 140 条第 1 項の規定により読み替えて適用する法第 36 条第 5 項に規定する事項に関する定めをする場合にあつては、様式第 9 号の 3 の 5）により、法第 36 条第 2 項第 1 号に規定する労働者に特定医師が含まれている場合における同条第 1 項の規定による届出は、様式第 9 号の 4（法第 141 条第 2 項（医療法第 128 条の規定により読み替えて適用する場合を含む。）に規定する事項に関する定めをする場合にあつては、様式第 9 号の 5）により、所轄労働基準監督署長にしなければならない。

② 第 59 条の 2 の規定は、前項の届出について準用する。

③ 第 16 条第 3 項の規定は、第 1 項の届出について準用する。

第 71 条 読替後の法第 36 条第 1 項の協定については、令和 6 年 3 月 31 日までの間、第 17 条第 1 項第 3 号から第 7 号までの規定は適用しない。

〈令和 6 年 3 月 31 日をもって削除〉

〈編注：令和 6 年 3 月 31 日までの規則第 72 条の規定は次のとおり。〉

第 72 条 第 17 条第 2 項、第 24 条の 2 の 2 第 3 項第 2 号、第 24 条の 2 の 3 第 3 項第 2 号、第 24 条の 2 の 4 第 2 項（第 34 条の 2 の 3 において準用する場合を含む。）、第 24 条の 7 及び第 34 条の 2 第 15 項第 4 号の規定の適用については、当分の間、これらの規定中「5 年間」とあるのは、「3 年間」とする。

〈編注：規則第 72 条は、令和 6 年 4 月 1 日をもって、次のとおり第 71 条に繰り上がる。〉

第 71 条 第 17 条第 2 項、第 24 条の 2 の 2 第 3 項第 4 号、第 24 条の 2 の 2 の 2、第 24 条の 2 の 3 第 3 項第 4 号、第 24 条の 2 の 3 の 2、第 24 条の 2 の 4 第 2 項（第 34 条の 2 の 3 において準用する場合を含む。）、第 24 条の 7 及び第 34 条の 2 第 15 項第 4 号の規定の適用については、当分の間、これらの規定中「5 年間」とあるのは、「3 年間」とする。

　　附　則（平 30.9.7 厚生労働省令第 112 号）（抄）

（施行期日）

第 1 条 この省令は、平成 31 年 4 月 1 日から施行する。ただし、第 1 条中労働基準法施行規則第 68 条の改正規定は、令和 5 年 4 月 1 日から施行する。

第 4 条 この省令の施行の日前にした行為に対する罰則の適用については、なお従前の例による。

　　附則（令 4.1.19 厚生労働省令第 5 号）

1　この省令は、令和 6 年 4 月 1 日から施行する。

2　この省令の施行の日前にされた労働基準法（昭和 22 年法律第 49 号）第 141 条第 4 項の規定により読み替えて適用する同法第 36 条第 1 項の協定（同条第 2 項第 2 号の対象期間の初日が施行の日以後であるもの及び当該協定を更新しようとする旨の協定が同日以後にされるものを除く。）を同日以後に同条の規定により届け出る場合には、なお従前の様式によることができる。

　　附　則（令 4.3.30 厚生労働省令第 49 号）〈略〉

　　附　則（令 4.11.28 厚生労働省令第 158 号）

この省令は、令和 5 年 4 月 1 日から施行する。

附　則（令 5.1.18 厚生労働省令第 6 号）

この省令は、公布の日から施行する。

附　則（令 5.2.27 厚生労働省令第 14 号）

この省令は、令和 6 年 4 月 1 日から施行する。

附　則（令 5.3.29 厚生労働省令第 34 号）

(施行期日)

1　この省令は、令和 6 年 4 月 1 日から施行する。

(経過措置)

2　この省令の施行の日（以下「施行日」という。）前にされた労働基準法第 139 条第 2 項、第 140 条第 2 項及び第 142 条の規定により読み替えて適用する同法第 36 条の協定（同条第 2 項第 2 号の対象期間の初日が施行日以後であるもの及び当該協定を更新しようとする旨の協定が施行日以後にされるものを除く。）を施行日以後に同条の規定により届け出る場合には、なお従前の様式によることができる。

3　この省令の施行の際現にあるこの省令による改正前の様式による用紙については、当分の間、これを取り繕って使用することができる。

附　則（令 5.3.30 厚生労働省令第 39 号）（抄）

(施行期日)

第 1 条　この省令は、令和 6 年 4 月 1 日から施行する。

附　則　（令 5.4.7 厚生労働省令第 68 号）〈略〉

〈編注〉　ここに掲記した労働基準法施行規則の各法条は、原則として、令和 6 年 4 月 1 日から施行される改正箇所（令 4.1.19 厚生労働省令第 5 号、令 5.3.29 厚生労働省令第 34 号、令 5.3.30 厚生労働省令第 39 号関係）についても反映してあります。

⑷ 36協定届の様式（様式9号〜9号の7）

様式9号（一般労働者について、限度時間を超えないで時間外・休日労働を行わせる場合）

様式第9号（第16条第1項関係）

時間外労働
休日労働
に関する協定届

事業の種類	事業の名称	事業の所在地（電話番号）	協定の有効期間

労働保険番号 ／ 法人番号

（〒 　－　　）
（電話番号： 　－　　－　　）

時間外労働をさせる必要のある具体的事由 / 業務の種類 / 労働者数（満18歳以上の者）

			所定労働時間（1日）（任意）	延長することができる時間数				
				1日		1箇月（①については45時間まで、②については42時間まで）		1年（①については360時間まで、②については320時間まで）起算日（年月日）
				法定労働時間を超える時間数	所定労働時間を超える時間数（任意）	法定労働時間を超える時間数	所定労働時間を超える時間数（任意）	法定労働時間を超える時間数 / 所定労働時間を超える時間数（任意）

時間外労働
① 下記②に該当しない労働者
② 1年単位の変形労働時間制により労働する労働者

休日労働

休日労働をさせる必要のある具体的事由	業務の種類	労働者数（満18歳以上の者）	所定休日（任意）	労働させることができる法定休日の日数	労働させることができる法定休日における始業及び終業の時刻

上記で定める時間数にかかわらず、時間外労働及び休日労働を合算した時間数は、1箇月について100時間未満でなければならず、かつ2箇月から6箇月までを平均して80時間を超過しないこと。 □ （チェックボックスに要チェック）

協定の成立年月日　　　　年　　月　　日

協定の当事者である労働組合（事業場の労働者の過半数で組織する労働組合）の名称又は労働者の過半数を代表する者の　職名 / 氏名

協定の当事者（労働者の過半数を代表する者の場合）の選出方法（　　　　　　　　　　　　）

上記協定の当事者である労働組合が事業場の全ての労働者の過半数で組織する労働組合である又は上記協定の当事者である労働者の過半数を代表する者が事業場の全ての労働者の過半数を代表する者であること。□ （チェックボックスに要チェック）

上記労働者の過半数を代表する者が、労働基準法第41条第2号に規定する監督又は管理の地位にある者でなく、かつ、同法に規定する協定等をする者を選出することを明らかにして実施される投票、挙手等の方法による手続により選出された者であって使用者の意向に基づき選出されたものでないこと。□ （チェックボックスに要チェック）

　　　　年　　月　　日

使用者　　職名 / 氏名

労働基準監督署長殿

様式第9号（第16条第1項関係）（裏面）

（記載心得）

1 「業務の種類」の欄には、時間外労働又は休日労働をさせる必要のある業務を具体的に記入し、労働基準法第36条第6項第1号の健康上特に有害な業務について協定をした場合には、当該業務を他の業務と区別して記入すること。なお、業務の種類を記入するに当たつては、業務の区分を細分化することにより当該業務の範囲を明確にしなければならないことに留意すること。

2 「労働者数（満18歳以上の者）」の欄には、時間外労働又は休日労働をさせることができる労働者の数を記入すること。

3 「延長することができる時間数」の欄の記入に当たつては、次のとおりとすること。時間数は労働基準法第32条から第32条の5まで又は第40条の規定により労働させることができる最長の労働時間（以下「法定労働時間」という。）を超える時間数を記入すること。なお、本欄に記入する時間数にかかわらず、時間外労働及び休日労働を合算した時間数が1箇月について100時間以上となつた場合、及び2箇月から6箇月までを平均して80時間を超えた場合には労働基準法違反（同法第119条の規定により6箇月以下の懲役又は30万円以下の罰金）となることに留意すること。

　⑴ 「1日」の欄には、法定労働時間を超えて延長することができる時間数であつて、1日についての延長することができる限度となる時間数を記入すること。なお、所定労働時間を超える時間数についても協定する場合においては、所定労働時間を超える時間数を併せて記入することができる。

　⑵ 「1箇月」の欄には、法定労働時間を超えて延長することができる時間数であつて、「1年」の欄に記入する「起算日」において定める日から1箇月ごとについての延長することができる限度となる時間数を45時間（対象期間が3箇月を超える1年単位の変形労働時間制により労働する者については、42時間）の範囲内で記入すること。なお、所定労働時間を超える時間数についても協定する場合においては、所定労働時間を超える時間数を併せて記入することができる。

　⑶ 「1年」の欄には、法定労働時間を超えて延長することができる時間数であつて、「起算日」において定める日から1年についての延長することができる限度となる時間数を360時間（対象期間が3箇月を超える1年単位の変形労働時間制により労働する者については、320時間）の範囲内で記入すること。なお、所定労働時間を超える時間数についても協定する場合においては、所定労働時間を超える時間数を併せて記入することができる。

4 ②の欄は、労働基準法第32条の4の規定による労働時間により労働する労働者（対象期間が3箇月を超える1年単位の変形労働時間制により労働する者に限る。）について記入すること。なお、延長することができる時間の上限は①の欄の労働者よりも短い（1箇月42時間、1年320時間）ことに留意すること。

5 「労働させることができる法定休日の日数」の欄には、労働基準法第35条の規定による休日（1週1休又は4週4休であることに留意すること。）に労働させることができ

る日数を記入すること。

6　「労働させることができる法定休日における始業及び終業の時刻」の欄には、労働基準法第35条の規定による休日であつて労働させることができる日の始業及び終業の時刻を記入すること。

7　労働基準法第36条第6項第2号及び第3号の要件を遵守する趣旨のチェックボックスについて、「2箇月から6箇月まで」とは、起算日をまたぐケースも含め、連続した2箇月から6箇月までの期間を指すことに留意すること。また、チェックボックスにチェックがない場合には有効な協定とはならないことに留意すること。

8　協定については、労働者の過半数で組織する労働組合がある場合はその労働組合と、労働者の過半数で組織する労働組合がない場合は労働者の過半数を代表する者と協定すること。なお、労働者の過半数を代表する者は、労働基準法施行規則第6条の2第1項の規定により、労働基準法第41条第2号に規定する監督又は管理の地位にある者でなく、かつ同法に規定する協定等をする者を選出することを明らかにして実施される投票、挙手等の方法による手続により選出された者であつて、使用者の意向に基づき選出されたものでないこと。これらの要件を満たさない場合には、有効な協定とはならないことに留意すること。また、これらの要件を満たしていても、当該要件に係るチェックボックスにチェックがない場合には、届出の形式上の要件に適合していないことに留意すること。

9　本様式をもつて協定とする場合においても、協定の当事者たる労使双方の合意があることが、協定上明らかとなるような方法により締結するよう留意すること。

10　本様式で記入部分が足りない場合は同一様式を使用すること。この場合、必要のある事項のみ記入することで差し支えない。

（備考）

1　労働基準法施行規則第24条の2第4項の規定により、労働基準法第38条の2第2項の協定（事業場外で従事する業務の遂行に通常必要とされる時間を協定する場合の当該協定）の内容を本様式に付記して届け出る場合においては、事業場外労働の対象業務については他の業務とは区別し、事業場外労働の対象業務である旨を括弧書きした上で、「所定労働時間」の欄には当該業務の遂行に通常必要とされる時間を括弧書きすること。また、「協定の有効期間」の欄には事業場外労働に関する協定の有効期間を括弧書きすること。

2　労働基準法第38条の4第5項の規定により、労使委員会が設置されている事業場において、本様式を労使委員会の決議として届け出る場合においては、委員の5分の4以上の多数による議決により行われたものである旨、委員会の委員数、委員の氏名を記入した用紙を別途提出することとし、本様式中「協定については、労働者の過半数で組織する労働組合がある場合はその労働組合と、労働者の過半数で組織する労働組合がない場合は労働者の過半数を代表する者と協定すること。」とあるのは「労使委員会の委員の半数については、労働者の過半数で組織する労働組合がある場合はその労

働組合により、労働者の過半数で組織する労働組合がない場合は労働者の過半数を代表する者により任期を定めて指名されていること。」と、「協定する」とあるのは「労使委員会の決議を行う」と、「協定」とあるのは「労使委員会の決議」と、「の当事者である労働組合」とあるのは「をする委員の半数について任期を定めて指名した労働組合」と、「の当事者（労働者の過半数を代表する者の場合）の選出方法」とあるのは「をする委員の半数について任期を定めて指名した者（労働者の過半数を代表する者の場合）の選出方法」と、「の当事者である労働者」とあるのは「をする委員の半数について任期を定めて指名した労働者」と、「締結」とあるのは「決議」と読み替えるものとする。ただし、本様式中「同法に規定する協定等をする者」の「協定」については読み替えを行わない。なお、委員の氏名を記入するに当たつては、任期を定めて指名された委員とその他の委員とで区別することとし、任期を定めて指名された委員の氏名を記入するに当たつては、同条第2項第1号の規定により、労働者の過半数で組織する労働組合がある場合においてはその労働組合、労働者の過半数で組織する労働組合がない場合においては労働者の過半数を代表する者に任期を定めて指名された委員の氏名を記入することに留意すること。

3 労働時間等の設定の改善に関する特別措置法第7条の規定により、労働時間等設定改善委員会が設置されている事業場において、本様式を労働時間等設定改善委員会の決議として届け出る場合においては、委員の5分の4以上の多数による議決により行われたものである旨、委員会の委員数、委員の氏名を記入した用紙を別途提出することとし、本様式中「協定については、労働者の過半数で組織する労働組合がある場合はその労働組合と、労働者の過半数で組織する労働組合がない場合は労働者の過半数を代表する者と協定すること。」とあるのは「労働時間等設定改善委員会の委員の半数については、労働者の過半数で組織する労働組合がある場合はその労働組合の、労働者の過半数で組織する労働組合がない場合は労働者の過半数を代表する者の推薦に基づき指名されていること。」と、「協定する」とあるのは「労働時間等設定改善委員会の決議を行う」と、「協定」とあるのは「労働時間等設定改善委員会の決議」と、「の当事者である労働組合」とあるのは「をする委員の半数の推薦者である労働組合」と、「の当事者（労働者の過半数を代表する者の場合）の選出方法」とあるのは「をする委員の半数の推薦者（労働者の過半数を代表する者の場合）の選出方法」と、「の当事者である労働者」とあるのは「をする委員の半数の推薦者である労働者」と、「締結」とあるのは「決議」と読み替えるものとする。ただし、本様式中「同法に規定する協定等をする者」の「協定」については読み替えを行わない。なお、委員の氏名を記入するに当たつては、推薦に基づき指名された委員とその他の委員とで区別することとし、推薦に基づき指名された委員の氏名を記入するに当たつては、同条第1号の規定により、労働者の過半数で組織する労働組合がある場合においてはその労働組合、労働者の過半数で組織する労働組合がない場合においては労働者の過半数を代表する者の推薦に基づき指名された委員の氏名を記入することに留意すること。

様式9号の2 〔1枚目〕

様式第9号の2（第16条第1項関係）

時間外労働
休　日　労働　に関する協定届

労働保険番号	
法人番号	

事業の種類　事業の名称　事業の所在地（〒　　　－　　　）　　協定の有効期間

（電話番号：　　　－　　　－　　　）

時間外労働

	時間外労働をさせる必要のある具体的事由	業務の種類	労働者数（満18歳以上の者）	所定労働時間（1日）（任意）	延長することができる時間数					
					1日		1箇月（①については45時間ま で、②については42時間まで）		1年（①については360時間ま で、②については320時間まで）起算日（年月日）	
					法定労働時間を超える時間数	所定労働時間を超える時間数（任意）	法定労働時間を超える時間数	所定労働時間を超える時間数（任意）	法定労働時間を超える時間数	所定労働時間を超える時間数（任意）
① 下記②に該当しない労働者										
② 1年単位の変形労働時間制により労働する労働者										

休日労働

	休日労働をさせる必要のある具体的事由	業務の種類	労働者数（満18歳以上の者）	所定休日（任意）	労働させることができる法定休日の日数	労働させることができる法定休日における始業及び終業の時刻

上記で定める時間数にかかわらず、時間外労働及び休日労働を合算した時間数は、1箇月について100時間未満でなければならず、かつ2箇月から6箇月までを平均して80時間を超過しないこと。 □
（チェックボックスに要チェック）

様式第9号の2（第16条第1項関係）（裏面）

（記載心得）

1 「業務の種類」の欄には、時間外労働又は休日労働をさせる必要のある業務を具体的に記入し、労働基準法第36条第6項第1号の健康上特に有害な業務について協定をした場合には、当該業務を他の業務と区別して記入すること。なお、業務の種類を記入するに当たつては、業務の区分を細分化することにより当該業務の範囲を明確にしなければならないことに留意すること。

2 「労働者数（満18歳以上の者）」の欄には、時間外労働又は休日労働をさせることができる労働者の数を記入すること。

3 「延長することができる時間数」の欄の記入に当たつては、次のとおりとすること。時間数は労働基準法第32条から第32条の5まで又は第40条の規定により労働させることができる最長の労働時間（以下「法定労働時間」という。）を超える時間数を記入すること。なお、本欄に記入する時間数にかかわらず、時間外労働及び休日労働を合算した時間数が1箇月について100時間以上となつた場合、及び2箇月から6箇月までを平均して80時間を超えた場合には労働基準法違反（同法第119条の規定により6箇月以下の懲役又は30万円以下の罰金）となることに留意すること。

　⑴ 「1日」の欄には、法定労働時間を超えて延長することができる時間数であつて、1日についての延長することができる限度となる時間数を記入すること。なお、所定労働時間を超える時間数についても協定する場合においては、所定労働時間を超える時間数を併せて記入することができる。

　⑵ 「1箇月」の欄には、法定労働時間を超えて延長することができる時間数であつて、「1年」の欄に記入する「起算日」において定める日から1箇月ごとについての延長することができる限度となる時間数を45時間（対象期間が3箇月を超える1年単位の変形労働時間制により労働する者については、42時間）の範囲内で記入すること。なお、所定労働時間を超える時間数についても協定する場合においては、所定労働時間を超える時間数を併せて記入することができる。

　⑶ 「1年」の欄には、法定労働時間を超えて延長することができる時間数であつて、「起算日」において定める日から1年についての延長することができる限度となる時間数を360時間（対象期間が3箇月を超える1年単位の変形労働時間制により労働する者については、320時間）の範囲内で記入すること。なお、所定労働時間を超える時間数についても協定する場合においては、所定労働時間を超える時間数を併せて記入することができる。

4 ②の欄は、労働基準法第32条の4の規定による労働時間により労働する労働者（対象期間が3箇月を超える1年単位の変形労働時間制により労働する者に限る。）について記入すること。なお、延長することができる時間の上限は①の欄の労働者よりも短い（1箇月42時間、1年320時間）ことに留意すること。

5 「労働させることができる法定休日の日数」の欄には、労働基準法第35条の規定による休日（1週1休又は4週4休であることに留意すること。）に労働させることがで

きる日数を記入すること。

6　「労働させることができる法定休日における始業及び終業の時刻」の欄には、労働基準法第35条の規定による休日であつて労働させることができる日の始業及び終業の時刻を記入すること。

7　労働基準法第36条第6項第2号及び第3号の要件を遵守する趣旨のチェックボックスについて、「2箇月から6箇月まで」とは、起算日をまたぐケースも含め、連続した2箇月から6箇月までの期間を指すことに留意すること。また、チェックボックスにチェックがない場合には有効な協定とはならないことに留意すること。

8　協定については、労働者の過半数で組織する労働組合がある場合はその労働組合と、労働者の過半数で組織する労働組合がない場合は労働者の過半数を代表する者と協定すること。なお、労働者の過半数を代表する者は、労働基準法施行規則第6条の2第1項の規定により、労働基準法第41条第2号に規定する監督又は管理の地位にある者でなく、かつ同法に規定する協定等をする者を選出することを明らかにして実施される投票、挙手等の方法による手続により選出された者であつて、使用者の意向に基づき選出されたものでないこと。これらの要件を満たさない場合には、有効な協定とはならないことに留意すること。

9　本様式をもつて協定とする場合においても、協定の当事者たる労使双方の合意があることが、協定上明らかとなるような方法により締結するよう留意すること。

10　本様式で記入部分が足りない場合は同一様式を使用すること。この場合、必要のある事項のみ記入することで差し支えない。

（備考）

　　労働基準法施行規則第24条の2第4項の規定により、労働基準法第38条の2第2項の協定（事業場外で従事する業務の遂行に通常必要とされる時間を協定する場合の当該協定）の内容を本様式に付記して届け出る場合においては、事業場外労働の対象業務については他の業務とは区別し、事業場外労働の対象業務である旨を括弧書きした上で、「所定労働時間」の欄には当該業務の遂行に通常必要とされる時間を括弧書きすること。また、「協定の有効期間」の欄には事業場外労働に関する協定の有効期間を括弧書きすること。

様式９号の２〔２枚目〕（限度時間を超えて、時間外・休日労働を行わせる場合＜特別条項＞）

様式第９号の２（第16条第１項関係）

時間外労働
休日労働 に関する協定届（特別条項）

	業務の種類	労働者数（満18歳以上の者）	1日（任意）		1箇月（時間外労働及び休日労働を合算した時間数。100時間未満に限る。）				1年（時間外労働のみの時間数。720時間以内に限る。）起算日（年月日）		
			延長することができる時間数		限度時間を超えて労働させることができる回数（6回以内に限る。）	延長することができる時間数及び休日労働の時間数		限度時間を超えた労働に係る割増賃金率	延長することができる時間数		限度時間を超えた労働に係る割増賃金率
			法定労働時間を超える時間数	所定労働時間を超える時間数（任意）		法定労働時間を超える時間数と休日労働の時間数を合算した時間数	所定労働時間を超える時間数と休日労働の時間数を合算した時間数（任意）		法定労働時間を超える時間数	所定労働時間を超える時間数（任意）	
臨時的に限度時間を超えて労働させることができる場合								（任意）			（任意）

限度時間を超えて労働させる場合における手続

限度時間を超えて労働させる労働者に対する健康及び福祉を確保するための措置
（該当する番号）（具体的内容）

上記で定める時間数にかかわらず、時間外労働及び休日労働を合算した時間数は、1箇月について100時間未満でなければならず、かつ2箇月から6箇月までを平均して80時間を超過しないこと。☐（チェックボックスに要チェック）

協定の成立年月日　　　年　　月　　日

協定の当事者である労働組合（事業場の労働者の過半数で組織する労働組合の場合）の名称又は労働者の過半数を代表する者の　職名
　　　　氏名

協定の当事者（労働者の過半数を代表する者の場合）の選出方法（　　　　　　　　　　）

上記協定の当事者である労働組合が事業場の全ての労働者の過半数で組織する労働組合である又は上記協定の当事者である労働者の過半数を代表する者が事業場の全ての労働者の過半数を代表する者であること。☐（チェックボックスに要チェック）

上記労働者の過半数を代表する者が、労働基準法第41条第2号に規定する監督又は管理の地位にある者でなく、かつ、同法に規定する協定等をする者を選出することを明らかにして実施される投票、挙手等の方法による手続により選出された者であつて使用者の意向に基づき選出されたものでないこと。☐（チェックボックスに要チェック）

　　　年　　月　　日

使用者　職名
　　　　氏名

－－－－－－－－－労働基準監督署長殿

様式第９号の２（第16条第１項関係）（裏面）

（記載心得）

1　労働基準法第36条第１項の協定において同条第５項に規定する事項に関する定めを締結した場合における本様式の記入に当たつては、次のとおりとすること。

⑴　「臨時的に限度時間を超えて労働させることができる場合」の欄には、当該事業場における通常予見することのできない業務量の大幅な増加等に伴い臨時的に限度時間を超えて労働させる必要がある場合をできる限り具体的に記入すること。なお、業務の都合上必要な場合、業務上やむを得ない場合等恒常的な長時間労働を招くおそれがあるものを記入することは認められないことに留意すること。

⑵　「業務の種類」の欄には、時間外労働又は休日労働をさせる必要のある業務を具体的に記入し、労働基準法第36条第６項第１号の健康上特に有害な業務について協定をした場合には、当該業務を他の業務と区別して記入すること。なお、業務の種類を記入するに当たつては、業務の区分を細分化することにより当該業務の範囲を明確にしなければならないことに留意すること。

⑶　「労働者数（満18歳以上の者）」の欄には、時間外労働又は休日労働をさせることができる労働者の数を記入すること。

⑷　「起算日」の欄には、本様式における「時間外労働・休日労働に関する協定届」の起算日と同じ年月日を記入すること。

⑸　「延長することができる時間数及び休日労働の時間数」の欄には、労働基準法第32条から第32条の５まで又は第40条の規定により労働させることができる最長の労働時間（以下「法定労働時間」という。）を超える時間数と休日労働の時間数を合算した時間数であつて、「起算日」において定める日から１箇月ごとについての延長することができる限度となる時間数を100時間未満の範囲内で記入すること。なお、所定労働時間を超える時間数についても協定する場合においては、所定労働時間を超える時間数と休日労働の時間数を合算した時間数を併せて記入することができる。

　「延長することができる時間数」の欄には、法定労働時間を超えて延長することができる時間数を記入すること。「１年」にあつては、「起算日」において定める日から１年についての延長することができる限度となる時間数を720時間の範囲内で記入すること。なお、所定労働時間を超える時間数についても協定する場合においては、所定労働時間を超える時間数を併せて記入することができる。

　なお、これらの欄に記入する時間数にかかわらず、時間外労働及び休日労働を合算した時間数が１箇月について100時間以上となつた場合、及び２箇月から６箇月までを平均して80時間を超えた場合には労働基準法違反（同法第119条の規定により６箇月以下の懲役又は30万円以下の罰金）となることに留意すること。

⑹　「限度時間を超えて労働させることができる回数」の欄には、限度時間（１箇月45時間（対象期間が３箇月を超える１年単位の変形労働時間制により労働する者については、42時間））を超えて労働させることができる回数を６回の範囲内で記入すること。

⑺ 「限度時間を超えた労働に係る割増賃金率」の欄には、限度時間を超える時間外労働に係る割増賃金の率を記入すること。なお、当該割増賃金の率は、法定割増賃金率を超える率とするよう努めること。

⑻ 「限度時間を超えて労働させる場合における手続」の欄には、協定の締結当事者間の手続として、「協議」、「通告」等具体的な内容を記入すること。

⑼ 「限度時間を超えて労働させる労働者に対する健康及び福祉を確保するための措置」の欄には、以下の番号を「(該当する番号)」に選択して記入した上で、その具体的内容を「(具体的内容)」に記入すること。

① 労働時間が一定時間を超えた労働者に医師による面接指導を実施すること。

② 労働基準法第37条第4項に規定する時刻の間において労働させる回数を1箇月について一定回数以内とすること。

③ 終業から始業までに一定時間以上の継続した休息時間を確保すること。

④ 労働者の勤務状況及びその健康状態に応じて、代償休日又は特別な休暇を付与すること。

⑤ 労働者の勤務状況及びその健康状態に応じて、健康診断を実施すること。

⑥ 年次有給休暇についてまとまつた日数連続して取得することを含めてその取得を促進すること。

⑦ 心とからだの健康問題についての相談窓口を設置すること。

⑧ 労働者の勤務状況及びその健康状態に配慮し、必要な場合には適切な部署に配置転換をすること。

⑨ 必要に応じて、産業医等による助言・指導を受け、又は労働者に産業医等による保健指導を受けさせること。

⑩ その他

2 労働基準法第36条第6項第2号及び第3号の要件を遵守する趣旨のチェックボックスについて、「2箇月から6箇月まで」とは、起算日をまたぐケースも含め、連続した2箇月から6箇月までの期間を指すことに留意すること。また、チェックボックスにチェックがない場合には有効な協定とはならないことに留意すること。

3 協定については、労働者の過半数で組織する労働組合がある場合はその労働組合と、労働者の過半数で組織する労働組合がない場合は労働者の過半数を代表する者と協定すること。なお、労働者の過半数を代表する者は、労働基準法施行規則第6条の2第1項の規定により、労働基準法第41条第2号に規定する監督又は管理の地位にある者でなく、かつ同法に規定する協定等をする者を選出することを明らかにして実施される投票、挙手等の方法による手続により選出された者であつて、使用者の意向に基づき選出されたものでないこと。これらの要件を満たさない場合には、有効な協定とはならないことに留意すること。また、これらの要件を満たしていても、当該要件に係るチェックボックスにチェックがない場合には、届出の形式上の要件に適合していないことに留意すること。

4 本様式をもつて協定とする場合においても、協定の当事者たる労使双方の合意があ

ることが、協定上明らかとなるような方法により締結するよう留意すること。

5　本様式で記入部分が足りない場合は同一様式を使用すること。この場合、必要のある事項のみ記入することで差し支えない。

（備考）

1　労働基準法第38条の4第5項の規定により、労使委員会が設置されている事業場において、本様式を労使委員会の決議として届け出る場合においては、委員の5分の4以上の多数による議決により行われたものである旨、委員会の委員数、委員の氏名を記入した用紙を別途提出することとし、本様式中「協定については、労働者の過半数で組織する労働組合がある場合はその労働組合と、労働者の過半数で組織する労働組合がない場合は労働者の過半数を代表する者と協定すること。」とあるのは「労使委員会の委員の半数については、労働者の過半数で組織する労働組合がある場合はその労働組合により、労働者の過半数で組織する労働組合がない場合は労働者の過半数を代表する者により任期を定めて指名されていること。」と、「協定する」とあるのは「労使委員会の決議を行う」と、「協定」とあるのは「労使委員会の決議」と、「の当事者である労働組合」とあるのは「をする委員の半数について任期を定めて指名した労働組合」と、「の当事者（労働者の過半数を代表する者の場合）の選出方法」とあるのは「をする委員の半数について任期を定めて指名した者（労働者の過半数を代表する者の場合）の選出方法」と、「の当事者である労働者」とあるのは「をする委員の半数について任期を定めて指名した労働者」と、「締結」とあるのは「決議」と読み替えるものとする。ただし、本様式中「同法に規定する協定等をする者」及び「労働基準法第36条第1項の協定」の「協定」については読み替えを行わない。なお、委員の氏名を記入するに当たつては、任期を定めて指名された委員とその他の委員とで区別することとし、任期を定めて指名された委員の氏名を記入するに当たつては、同条第2項第1号の規定により、労働者の過半数で組織する労働組合がある場合においてはその労働組合、労働者の過半数で組織する労働組合がない場合においては労働者の過半数を代表する者に任期を定めて指名された委員の氏名を記入することに留意すること。

2　労働時間等の設定の改善に関する特別措置法第7条の規定により、労働時間等設定改善委員会が設置されている事業場において、本様式を労働時間等設定改善委員会の決議として届け出る場合においては、委員の5分の4以上の多数による議決により行われたものである旨、委員会の委員数、委員の氏名を記入した用紙を別途提出することとし、本様式中「協定については、労働者の過半数で組織する労働組合がある場合はその労働組合と、労働者の過半数で組織する労働組合がない場合は労働者の過半数を代表する者と協定すること。」とあるのは「労働時間等設定改善委員会の委員の半数については、労働者の過半数で組織する労働組合がある場合はその労働組合の、労働者の過半数で組織する労働組合がない場合は労働者の過半数を代表する者の推薦に基づき指名されていること。」と、「協定する」とあるのは「労働時間等設定改善委員会の決議を行う」と、「協定」とあるのは「労働時間等設定改善委員会の決議」と、「の

当事者である労働組合」とあるのは「をする委員の半数の推薦者である労働組合」と、「の当事者（労働者の過半数を代表する者の場合）の選出方法」とあるのは「をする委員の半数の推薦者（労働者の過半数を代表する者の場合）の選出方法」と、「の当事者である労働者」とあるのは「をする委員の半数の推薦者である労働者」と、「締結」とあるのは「決議」と読み替えるものとする。ただし、本様式中「同法に規定する協定等をする者」及び「労働基準法第36条第1項の協定」の「協定」については読み替えを行わない。なお、委員の氏名を記入するに当たつては、推薦に基づき指名された委員とその他の委員とで区別することとし、推薦に基づき指名された委員の氏名を記入するに当たつては、同条第1号の規定により、労働者の過半数で組織する労働組合がある場合においてはその労働組合、労働者の過半数で組織する労働組合がない場合においては労働者の過半数を代表する者の推薦に基づき指名された委員の氏名を記入することに留意すること。

様式９号の３（新技術・新商品等の研究開発業務に従事する労働者に時間外・休日労働を行わせる場合）

（以下の様式については記載要領 略）

様式第９号の３（第16条第２項関係）

時間外労働／休日労働 に関する協定届

事業の種類	事業の名称	事業の所在地（電話番号）	協定の有効期間

労働保険番号／法人番号

	業務の種類	労働者数（満18歳以上の者）	所定労働時間（1日）（任意）	延長することができる時間数

延長することができる時間数：1日／1箇月／1年（起算日）

法定労働時間を超える時間数／所定労働時間を超える時間数（任意）

時間外労働	時間外労働をさせる必要のある具体的事由			
	① 下記２に該当しない労働者			
	② １年単位の変形労働時間制により労働する労働者			

休日労働	休日労働をさせる必要のある具体的事由	業務の種類	労働者数（満18歳以上の者）	所定休日（任意）

労働させることができる法定休日の日数／労働させることができる法定休日における始業及び終業の時刻

労働基準法第36条第４項で定める時間を超えて労働させる労働者に対する健康及び福祉を確保するための措置（該当する番号）（具体的内容）

協定の成立年月日　　年　月　日

協定の当事者である労働組合（事業場の労働者の過半数で組織する労働組合）の名称又は労働者の過半数を代表する者の　職名　氏名

協定の当事者（労働者の過半数を代表する者の場合）の選出方法

上記協定の当事者である労働組合が事業場の全ての労働者の過半数で組織する労働組合である又は上記協定の当事者である労働者の過半数を代表する者が事業場の全ての労働者の過半数を代表する者であること。☐（チェックボックスに要チェック）

上記労働者の過半数を代表する者が、労働基準法第41条第２号に規定する監督又は管理の地位にある者でなく、かつ、同法に規定する協定等をする者を選出することを明らかにして実施される投票、挙手等の方法による手続により選出された者であつて使用者の意向に基づき選出されたものでないこと。☐（チェックボックスに要チェック）

　　年　月　日

使用者　職名　氏名

労働基準監督署長殿

214

様式9号の3の2：建設事業（災害時における復旧及び復興の事業）を含む場合において、限度時間以内で時間外・休日労働を行わせる場合（一般条項）【令和6年4月1日以降】

様式第9号の3の2（第70条関係）

時間外労働
休日労働 に関する協定届

事業の種類	事業の名称	事業の所在地（電話番号）	協定の有効期間

労働保険番号

法人番号

	業務の種類	労働者数（満18歳以上の者）	所定労働時間（1日）（任意）	延長することができる時間数				労働させることができる法定休日における始業及び終業の時刻
				1日	1箇月（①については45時間まで、②については42時間まで）		1年（①については360時間まで、②については320時間まで）起算日（年月日）	
				法定労働時間を超える時間数	所定労働時間を超える時間数（任意）	法定労働時間を超える時間数	所定労働時間を超える時間数（任意）	法定労働時間を超える時間数	所定労働時間を超える時間数（任意）

時間外労働をさせる必要のある具体的事由

① 下記②に該当しない労働者

② 1年単位の変形労働時間制により労働する労働者

休日労働	休日労働をさせる必要のある具体的事由	業務の種類	労働者数（満18歳以上の者）	所定休日（任意）	労働させることができる法定休日の日数	労働させることができる法定休日における始業及び終業の時刻

上記で定める時間数にかかわらず、時間外労働及び休日労働を合算した時間数は、1箇月について100時間未満でなければならず、かつ2箇月から6箇月までを平均して80時間を超過しないこと。（任意）（チェックボックスに要チェック）

□ （チェックボックスに要チェック）

□ 上記協定の当事者である労働組合が事業場の全ての労働者の過半数で組織する労働組合である又は上記協定の当事者である労働者の過半数を代表する者が事業場の全ての労働者の過半数を代表する者であること。（チェックボックスに要チェック）

□ （災害時における復旧及び復興の事業に要チェック）

協定の成立年月日　　年　　月　　日

協定の当事者である労働組合（事業場の労働者の過半数で組織する労働組合）の名称又は労働者の過半数を代表する者の　職名　氏名

協定の当事者（労働者の過半数を代表する者の場合）の選出方法（　　　　　　　）

上記労働者の過半数を代表する者が、労働基準法第41条第2号に規定する監督又は管理の地位にある者でなく、かつ、同法に規定する協定等をする者を選出することを明らかにして実施される投票、挙手等の方法による手続により選出された者であって使用者の意向に基づき選出されたものでないこと。（チェックボックスに要チェック）

　　年　　月　　日

使用者　職名　氏名

労働基準監督署長殿

215

様式9号の3の3：建設事業（災害時における復旧及び復興の事業）を含む場合において、限度時間を超えて時間外・休日労働を行わせる場合（特別条項）【令和6年4月1日以降】

様式第9号の3の3（第70条関係）

時間外労働
休日労働 に関する協定届（特別条項）

	業務の種類	労働者数（満18歳以上の者）	1日（任意）		1箇月（時間外労働及び休日労働を合算した時間数。①については100時間未満に限る。）			1年（時間外労働のみの時間数。720時間以内に限る。）起算日（年月日）		
			延長することができる時間数		限度時間を超えて労働させることができる回数（6回以内に限る。）	延長することができる時間数及び休日労働の時間数		限度時間を超えて労働させることができる時間数	限度時間を超えた労働に係る割増賃金率
			法定労働時間を超える時間数	所定労働時間を超える時間数（任意）		法定労働時間を超える時間数と休日労働の時間数を合算した時間数（任意）	所定労働時間を超える時間数と休日労働の時間数を合算した時間数（任意）限度時間を超えた労働に係る割増賃金率	法定労働時間を超える時間数	所定労働時間を超える時間数（任意）
臨時的に限度時間を超えて労働させることができる場合									
① 工作物の建設の事業に従事する場合									
② 災害時における復旧及び復興の事業に従事する場合（(事)して、①の事業に①の事業に従事する場合、①の事業に従事する場合も含めて記入すること。）									

（具体的内容）

限度時間を超えて労働させる場合における手続

限度時間を超えて労働させる労働者に対する健康及び福祉を確保するための措置

	（該当する番号）	（具体的内容）

上記で定める時間数にかかわらず、時間外労働及び休日労働を合算した時間数は、1箇月について100時間未満でなければならず、かつ2箇月から6箇月までを平均して80時間を超過しないこと。（チェックボックスに要チェック） □

協定の成立年月日　　　年　　月　　日

協定の当事者である労働組合（事業場の労働者の過半数で組織する労働組合）の名称又は労働者の過半数を代表する者の　職名
　　　氏名

協定の当事者（労働者の過半数を代表する者の場合）の選出方法（　　　　　　　　　　）

上記協定の当事者である労働者の過半数を代表する者が、労働基準法第41条第2号に規定する監督又は管理の地位にある者でなく、かつ、同法に規定する協定等をする者を選出することを明らかにして実施される投票、挙手等の方法による手続により選出された者であって使用者の意向に基づき選出されたものでないこと。（チェックボックスに要チェック） □

　　　　年　　月　　日
　　　　　　　　　　　　　　　　　　　　　　　　　　使用者　職名
　　　　　　　　　　　　　　　　　　　　　　　　　　　　　氏名

　　　　　　　　　　　労働基準監督署長殿

＊ 1枚目は省略

様式9号の3の4：自動車運転の業務を含む場合において、限度時間以内で時間外・休日労働を行わせる場合（一般条項）【令和6年4月1日以降】

様式第9号の3の4（第70条関係）

時間外労働
休日労働　に関する協定届

労働保険番号

法人番号

事業の種類

事業の名称

事業の所在地（電話番号）

（〒 　－ 　）

（電話番号： 　－ 　－ 　）

協定の有効期間

	業務の種類	労働者数（満18歳以上の者）	所定労働時間（1日）（任意）	延長することができる時間数			労働させることができる法定休日における始業及び終業の時刻
				1日	1箇月（①については45時間まで、②については42時間まで）	1年（①については360時間まで、②については320時間まで） 起算日（年月日）	
					法定労働時間を超える時間数／所定労働時間を超える時間数（任意）	法定労働時間を超える時間数／所定労働時間を超える時間数（任意）	法定労働時間を超える時間数／所定労働時間を超える時間数（任意）	

時間外労働をさせる必要のある具体的事由

① 下記②に該当しない労働者

② 1年単位の変形労働時間制により労働する労働者

休日労働をさせる必要のある具体的事由

業務の種類

労働者数（満18歳以上の者）

所定休日（任意）

労働させることができる法定休日の日数

上記で定める時間数にかかわらず、時間外労働及び休日労働を合算した時間数は、1箇月について100時間未満でなければならず、かつ2箇月から6箇月までを平均して80時間を超過しないこと（自動車の運転の業務に従事する労働者は除く。）。
□（チェックボックスに要チェック）

協定の成立年月日　　年　　月　　日

協定の当事者である労働組合（事業場の労働者の過半数で組織する労働組合）の名称又は労働者の過半数を代表する者の　職名
氏名（　　）

協定の当事者（労働者の過半数を代表する者の場合）の選出方法（　　）

上記協定の当事者である労働者の過半数を代表する者が、労働基準法第41条第2号に規定する監督又は管理の地位にある者でなく、かつ、同法に規定する協定等をする者を選出することを明らかにして実施される投票、挙手等の方法による手続により選出された者であって使用者の意向に基づき選出されたものでないこと。
□（チェックボックスに要チェック）

　　年　　月　　日

使用者　職名
氏名

労働基準監督署長殿

様式9号の3の5：自動車運転の業務を含む場合において、限度時間を超えて時間外・休日労働を行わせる場合（特別条項）【令和6年4月1日以降】

様式第9号の3の5（第70条関係）

時間外労働
休日労働 に関する協定届（特別条項）

業務の種類

労働者数（満18歳以上の者）

1日（任意）
延長することができる時間数
法定労働時間を超える時間数／所定労働時間を超える時間数（任意）

1箇月（時間外労働及び休日労働を合算した時間数。①については100時間未満に限る。）
限度時間を超えて労働させることができる回数（6回以内に限る。）／延長することができる時間数及び休日労働の時間数
法定労働時間を超える時間数と休日労働の時間数を合算した時間数。①については、100時間未満に限る。／所定労働時間を超える時間数と休日労働の時間数を合算した時間数（任意）／限度時間を超えた労働に係る割増賃金率

1年（時間外労働のみの時間数。①については720時間以内、②については960時間以内に限る。）
起算日（年月日）
延長することができる時間数
法定労働時間を超える時間数／所定労働時間を超える時間数（任意）／限度時間を超えた労働に係る割増賃金率

臨時的に限度時間を超えて労働させることができる場合

① 下記②以外の者

② 自動車の運転の業務に従事する労働者

（具体的内容）

限度時間を超えて労働させる場合における手続

（該当する番号）

限度時間を超えて労働させる労働者に対する健康及び福祉を確保するための措置

□（チェックボックスに要チェック）
限度時間を超えた労働に係る割増賃金率
□（チェックボックスに要チェック）
□（チェックボックスに要チェック）

（チェックボックスに要チェック）限度時間を超えて時間外労働及び休日労働を合算した時間数は、1箇月について100時間未満でなければならず、かつ2箇月から6箇月までを平均して80時間を超過しないこと（自動車の運転の業務に従事する労働者は除く。）。

協定の成立年月日　　　　　年　　月　　日

協定の当事者である労働組合（事業場の労働者の過半数で組織する労働組合）の名称又は労働者の過半数を代表する者の　職名
氏名

協定の当事者（労働者の過半数を代表する者の場合）の選出方法

上記協定の当事者である労働組合が事業場の全ての労働者の過半数で組織する労働組合である又は上記協定の当事者である労働者の過半数を代表する者が事業場の全ての労働者の過半数を代表する者であること。　□（チェックボックスに要チェック）

上記労働者の過半数を代表する者が、労働基準法第41条第2号に規定する監督又は管理の地位にある者でなく、かつ、同法に規定する協定等をする者を選出することを明らかにして実施される投票、挙手等の方法による手続により選出された者であって使用者の意向に基づき選出されたものでないこと。　□（チェックボックスに要チェック）

　　　年　　月　　日

　　　　　労働基準監督署長殿

使用者　職名
　　　　氏名

＊ 1枚目は省略

218

様式9号の4（適用猶予期間中における、適用猶予事業・業務に係る時間外・休日労働を行わせる場合）【令和6年3月31日まで】

様式第9号の4（第70条関係）

時間外労働
休日労働 に関する協定届

事業の種類	事業の名称	事業の所在地（電話番号）	

時間外労働をさせる必要のある具体的事由	業務の種類	労働者数（満18歳以上の者）	所定労働時間	延長することができる時間数 1日	1日を超える一定の期間（起算日）	期間
① 下記②に該当しない労働者						
② 1年単位の変形労働時間制により労働する労働者						

休日労働をさせる必要のある具体的事由	業務の種類	労働者数（満18歳以上の者）	所定休日	労働させることができる休日並びに始業及び終業の時刻	期間

協定の成立年月日　　年　　月　　日

協定の当事者である労働組合（事業場の労働者の過半数で組織する労働組合）の名称又は労働者の過半数を代表する者の　　職名　　氏名

協定の当事者（労働者の過半数を代表する者の場合）の選出方法（　　　　　）

上記協定の当事者である労働組合が事業場の全ての労働者の過半数で組織する労働組合である又は上記協定の当事者である労働者の過半数を代表する者が事業場の全ての労働者の過半数を代表する者であること。□（チェックボックスに要チェック）

上記労働者の過半数を代表する者が、労働基準法第41条第2号に規定する監督又は管理の地位にある者でなく、かつ、同法に規定する協定等をする者を選出することを明らかにして実施される投票、挙手等の方法による手続により選出された者であって使用者の意向に基づき選出されたものでないこと。□（チェックボックスに要チェック）

　　年　　月　　日

使用者　職名　氏名

労働基準監督署長殿

様式9号の4：医業に従事する医師を含む場合において、限度時間以内で時間外・休日労働を行わせる場合（一般条項）【令和6年4月1日以降】

様式第9号の4（第70条関係）

時間外労働 休日労働 に関する協定届

		労働保険番号			
		都道府県	所掌	管轄	基幹番号	枝番号	被一括事業場番号
		法人番号			

事業の種類	事業の名称	事業の所在地（電話番号）	協定の有効期間
		（〒 　 － 　 ）	
		（電話番号： 　 － 　 － 　 ）	

		時間外労働をさせる 必要のある具体的事由	業務の種類	労働者数 （満18歳以上の者）	所定労働時間 （1日） （任意）	延長することができる時間数			
						1日	1箇月（①については45時間まで、②については42時間まで）		1年（①については360時間まで、②については320時間まで） 起算日（年月日）
						法定労働時間を超える時間数	所定労働時間を超える時間数（任意）	法定労働時間を超える時間数	所定労働時間を超える時間数（任意）	法定労働時間を超える時間数	所定労働時間を超える時間数（任意）
時間外労働	① 下記②に該当しない労働者								
	② 1年単位の変形労働時間制により労働する労働者								

		休日労働をさせる必要のある具体的事由	業務の種類	労働者数 （満18歳以上の者）	所定休日 （任意）	労働させることができる法定休日の日数	労働させることができる法定休日における始業及び終業の時刻
休日労働							

上記で定める時間数にかかわらず、時間外労働及び休日労働を合算した時間数は、1箇月について100時間未満でなければならず、かつ2箇月から6箇月までを平均して80時間を超過しないこと。（医業に従事する医師は除く。）
□（チェックボックスに要チェック）

[医業に従事する医師]

上記で定める時間数にかかわらず、時間外労働及び休日労働を合算した時間数は、1箇月について100時間未満でなければならず、かつ、1年について960時間（B水準医療機関若しくは連携B水準医療機関に従事する医師に係る業務について当該指定に係る業務については1,860時間）以下でなければならないこと。（ただし、1箇月について100時間以上となることが見込まれる医師について面接指導を実施することとし、健康確保のために必要な就業上の適切な措置を講ずる場合を除く。1箇月の時間外労働及び休日労働を合算した時間数が100時間以上となる見込みのある医師に対して、以下の措置を講ずること。

1箇月の時間外労働及び休日労働を合算した時間数が100時間以上となる前に面接指導を行うこと（A水準医療機関に勤務する医師に面接指導を行う医師の要件が認められない場合は、100時間以上となる後の面接指導を行うこと）。□（チェックボックスに要チェック）

1箇月の時間外労働及び休日労働を合算した時間数が155時間を超えた場合、労働時間短縮のための具体的な措置を行うこと。□（チェックボックスに要チェック）

協定の成立年月日　　　年　　月　　日

協定の当事者である労働組合（事業場の労働者の過半数で組織する労働組合）の名称又は労働者の過半数を代表する者の　職名
　　氏名

協定の当事者（労働者の過半数を代表する者の場合）の選出方法（　　　　　　　　　　　　　　　　　）

上記協定の当事者である労働組合が事業場の全ての労働者の過半数で組織する労働組合である場合又は上記協定の当事者である労働者の過半数を代表する者が事業場の全ての労働者の過半数を代表する者であること。□（チェックボックスに要チェック）
上記労働者の過半数を代表する者が、労働基準法第41条第2号に規定する監督又は管理の地位にある者でなく、かつ、同法に規定する協定等をする者を選出することを明らかにして実施される投票、挙手等の方法による手続により選出された者であって使用者の意向に基づき選出されたものでないこと。□（チェックボックスに要チェック）

　　　年　　月　　日

　　　　　　　　使用者　職名
　　　　　　　　　　　　氏名

　　　　　　　　　　　　　労働基準監督署長殿

様式9号の5（適用猶予期間中における、適用猶予事業・業務において、事業場外労働のみなし労働時間に係る協定の内容を36協定に付記して届出する場合）【令和6年3月31日まで】

様式第9号の5（第70条関係）

時間外労働
休日労働
に関する協定届

事 業 の 種 類	事 業 の 名 称	事 業 の 所 在 地 （電話番号）	期間

	業務の種類	労働者数（満18歳以上の者）	所定労働時間	事業場外労働に関する協定で定める時間	延長することができる時間数		期間
					1日	1日を超える一定の期間（起算日）	

時間外労働をさせる必要のある具体的事由							
① 下記②に該当しない労働者							
② 1年単位の変形労働時間制により労働する労働者							

休日労働をさせる必要のある具体的事由	業務の種類	労働者数（満18歳以上の者）	所定休日	労働させることができる休日並びに始業及び終業の時刻	期間

協定の成立年月日　　　年　　月　　日

協定の当事者である労働組合（事業場の労働者の過半数で組織する労働組合）の名称又は労働者の過半数を代表する者の　職名　　　　　　　　　　氏名

協定の当事者（労働者の過半数を代表する者の場合）の選出方法（　　　　　　　　　　　）

上記協定の当事者である労働組合が事業場の全ての労働者の過半数で組織する労働組合である又は上記協定の当事者である労働者の過半数を代表する者が事業場の全ての労働者の過半数を代表する者であること。□（チェックボックスに要チェック）

上記労働者の過半数を代表する者が、労働基準法第41条第2号に規定する監督又は管理の地位にある者でなく、かつ、同法に規定する協定等をする者を選出することを明らかにして実施される投票、挙手等の方法による手続により選出された者であつて使用者の意向に基づき選出されたものでないこと。□（チェックボックスに要チェック）

　　　　　　年　　月　　日

使用者　　職名　　　　　　　　　　氏名

労働基準監督署長殿

様式9号の5：医業に従事する医師を含む場合において、限度時間を超えて時間外・休日労働を行わせる場合（特別条項）【令和6年4月1日以降】

様式第9号の5（第70条関係）

時間外労働
休日労働 に関する協定届（特別条項）

	業務の種類	労働者数（満18歳以上の者）	1日（任意）		1箇月（時間外労働及び休日労働を合算した時間数。100時間未満に限る。ただし、②～⑤については、面接指導を実施し、健康確保のために必要な就業上の適切な措置を講ずることとしている場合はこの限りではない）			1年（①については720時間以内（時間外労働のみの時間数）、②～⑤については960時間以内、③～⑤については1,860時間以内（②～⑤は時間外労働及び休日労働を合算した時間数）に限る。）起算日（年月日）	
			延長することができる時間数	所定労働時間を超える時間数（任意）	限度時間を超えて労働させることができる回数（①については年6回以内、②～⑤については任意）	延長することができる時間数及び休日労働の時間数	所定労働時間を超える時間数と休日労働の時間数を合算した時間数（任意）	延長することができる時間数	所定労働時間を超える時間数（任意）
			法定労働時間を超える時間数			法定労働時間を超える時間数と休日労働の時間数を合算した時間数		限度時間を超えて労働させることができる時間数	限度時間を超えた労働に係る割増賃金率
臨時的に限度時間を超えて労働させることができる場合									
①（下記②～⑤以外の者）									
②A水準医療機関で勤務する医師									
③B水準医療機関で対象業務に従事する医師									
④連携B水準医療機関で対象業務に従事する医師									
⑤C水準医療機関で対象業務に従事する医師									

＊ 1枚目は省略

様式9号の5：医業に従事する医師を含む場合において、限度時間を超えて時間外・休日労働を行わせる場合（特別条項）【令和6年4月1日以降】〔前頁からの続き〕

限度時間を超えて労働させる場合における手続		
限度時間を超えて労働させる労働者に対する健康及び福祉を確保するための措置	（該当する番号）	（具体的内容）

【医業に従事する医師】

上記で定める時間数にかかわらず、時間外労働及び休日労働を合算した時間数は、1箇月について100時間未満でなければならず、かつ1年について960時間（B水準医療機関若しくは連携B水準医療機関において当該指定に係る業務に従事する医師又は派遣先が連携B水準の指定に係るものに限る。）以下でなければならないこと（ただし、1箇月について100時間以上となっても差し支えない）。

□（チェックボックスに要チェック）

①〜⑤の場合、都道府県知事からB水準医療機関、連携B水準医療機関又はC水準医療機関としての指定を受けていること。

□（チェックボックスに要チェック）

協定で定める1箇月の時間外労働及び休日労働を合算した時間数が100時間以上である場合には、以下の措置を講ずること。

1箇月の時間外労働及び休日労働を合算した時間数が100時間に到達するまでに当該医師の状況等を確認し、面接指導を行うこと	□（チェックボックスに要チェック）
1箇月の時間外労働及び休日労働を合算した時間数が155時間を超えた場合、労働時間短縮のための具体的な措置を行うこと。	②で疲労の蓄積が認められない場合は、100時間以上となった後での面接指導で□（チェックボックスに要チェック） ②で疲労の蓄積が認められる場合は、労働時間の短縮のために必要な就業上の適切な措置を講ずること。 □（チェックボックスに要チェック）

①〜⑤の場合、1年の時間外労働及び休日労働を合算した時間数が960時間を超えることが見込まれる者に対して、勤務間インターバルの確保等により休息時間を確保すること。 □（チェックボックスに要チェック）

協定の成立年月日　　　　　年　　　月　　　日

協定の当事者である労働組合（事業場の労働者の過半数で組織する労働組合）の名称又は労働者の過半数を代表する者の　職名　　　　　　氏名

協定の当事者（労働者の過半数を代表する者の場合）の選出方法（　　　　　　　　　　　　　　　　　　　　　）

上記協定の当事者である労働組合が事業場の全ての労働者の過半数で組織する労働組合である又は上記協定の当事者である労働者の過半数を代表する者が事業場の全ての労働者の過半数を代表する者であること。

上記労働者の過半数を代表する者が、労働基準法第41条第2号に規定する監督又は管理の地位にある者でなく、かつ、同法に規定する協定等をする者を選出することを明らかにして実施される投票、挙手等の方法による手続により選出された者であって使用者の意向に基づき選出されたものでないこと。

　　　　　年　　　月　　　日

使用者　職名　　　　　　氏名

労働基準監督署長殿

223

様式9号の6（適用猶予期間中において、労使委員会の決議を届出する場合）

【令和6年3月31日まで】

様式第9号の6（第70条関係）

時間外労働
休日労働　に関する労使委員会の決議届

事業の種類	事業の名称	事業の所在地（電話番号）	期間

時間外労働をさせる必要のある具体的事由	業務の種類	労働者数（満18歳以上の者）	所定労働時間	延長することができる時間数		期間
				1日	1日を超える一定の期間（起算日）	
① 下記②に該当しない労働者						
② 1年単位の変形労働時間制により労働させる労働者						

休日労働をさせる必要のある具体的事由	業務の種類	労働者数（満18歳以上の者）	所定休日	労働させることができる休日並びに始業及び終業の時刻	期間

決議の成立年月日　　　　年　　月　　日

委員会の委員数（　　　）人

任期を定めて指名された委員	委員の氏名	職　名 氏　名

決議は、上記委員の5分の4以上の多数による議決により行われたものである。

委員会の委員の半数について任期を定めて指名した労働者の過半数を代表する者（事業場の労働者の過半数で組織する労働組合）の名称又は労働者の過半数を代表する者の選出方法（　　　　　　　　　　　）

上記委員会の委員の半数について任期を定めて指名した者は、□（チェックボックスに要チェック）した労働者の過半数で組織する労働組合である又は上記労働者の過半数を代表する者である。

場の全ての労働者の過半数を代表する者であること。□（チェックボックスに要チェック）

上記労働者の過半数を代表する者が、労働基準法第41条第2号に規定する監督又は管理の地位にある者でなく、かつ、同法に規定する協定等をする者を選出することを明らかにして実施される投票、挙手等の方法による手続により選出された者であって使用者の意向に基づき選出されたものでないこと。□（チェックボックスに要チェック）

　　　　　年　　月　　日

使用者　職　名
　　　　氏　名

労働基準監督署長　殿

様式9号の7（適用猶予期間中において、労働時間等設定改善委員会の決議を届出する場合）
【令和6年3月31日まで】

様式第9号の7（第70条関係）

時間外労働
休日労働 に関する労働時間等設定改善委員会の決議届

事 業 の 種 類	事 業 の 名 称	事 業 の 所 在 地 （電話番号）	期間

		業務の種類	労働者数（満18歳以上の者）	所定労働時間	延長することができる時間数			期間
					1日	1日を超える一定の期間（起算日）		
① 下記②に該当しない労働者	時間外労働をさせる必要のある具体的事由							
② 1年単位の変形労働時間制により労働する労働者								

休日労働をさせる必要のある具体的事由	業務の種類	労働者数（満18歳以上の者）	所定休日	労働させることができる休日並びに始業及び終業の時刻	期間

決議の成立年月日　　　　　　年　　月　　日

委員会の委員数（　　）人

委 員 の 職 名	委 員 の 氏 名
推薦に基づき指名された委員	その他の委員

決議は、上記委員の5分の4以上の多数による議決により行われたものである。
委員会の委員の半数について任期を定めて指名した委員の選出方法（　　　　　　　）

委員会の委員の半数は、労働者の過半数で組織する労働組合（事業場の労働者の過半数で組織する労働組合がある場合）又は労働者の過半数を代表する者（事業場の労働者の過半数で組織する労働組合がない場合）の推薦に基づき指名されたものであり、使用者の意向に基づき選出されたものでないこと。☐ （チェックボックスに要チェック）

上記労働者の過半数を代表する者が、労働基準法第41条第2号に規定する監督又は管理の地位にある者でなく、かつ、同法に規定する協定等をする者を選出することを明らかにして実施される投票、挙手等の方法による手続により選出された者であつて使用者の意向に基づき選出されたものでないこと。☐ （チェックボックスに要チェック）

年　　月　　日

　　　　　　　　労働基準監督署長　殿

使用者　職名
　　　　氏名

(ｂ) **労働基準法第 36 条第 1 項の協定で定める労働時間の延長及び休日の労働について留意すべき事項等に関する指針**

（平 30.9.7 厚生労働省告示第 323 号）

（最終改正　令 5.3.29 厚生労働省告示第 108 号）

（目的）

第 1 条　この指針は、労働基準法（昭和 22 年法律第 49 号。以下「法」という。）第 36 条第 1 項の協定（以下「時間外・休日労働協定」という。）で定める労働時間の延長及び休日の労働について留意すべき事項、当該労働時間の延長に係る割増賃金の率その他の必要な事項を定めることにより、労働時間の延長及び休日の労働を適正なものとすることを目的とする。

（労使当事者の責務）

第 2 条　法第 36 条第 1 項の規定により、使用者は、時間外・休日労働協定をし、これを行政官庁に届け出ることを要件として、労働時間を延長し、又は休日に労働させることができることとされているが、労働時間の延長及び休日の労働は必要最小限にとどめられるべきであり、また、労働時間の延長は原則として同条第 3 項の限度時間（第 5 条、第 8 条及び第 9 条において「限度時間」という。）を超えないものとされていることから、時間外・休日労働協定をする使用者及び当該事業場の労働者の過半数で組織する労働組合がある場合においてはその労働組合、労働者の過半数で組織する労働組合がない場合においては労働者の過半数を代表する者（以下「労使当事者」という。）は、これらに十分留意した上で時間外・休日労働協定をするように努めなければならない。

（使用者の責務）

第 3 条　使用者は、時間外・休日労働協定において定めた労働時間を延長して労働させ、及び休日において労働させることができる時間の範囲内で労働させた場合であっても、労働契約法（平成 19 年法律第 128 号）第 5 条の規定に基づく安全配慮義務を負うことに留意しなければならない。

2　使用者は、「血管病変等を著しく増悪させる業務による脳血管疾患及び虚血性心疾患等の認定基準について」（令和 3 年 9 月 14 日付け基発 0914 第 1 号厚生労働省労働基準局長通達）において、1 週間当たり 40 時間を超えて労働した時間が 1 箇月においておおむね 45 時間を超えて長くなるほど、業務と脳血管疾患及び虚血性心疾患（負傷に起因するものを除く。以下この項において「脳・心臓疾患」という。）の発症との関連性が徐々に強まると評価できるとされていること並びに発症前 1 箇月間におおむね 100 時間又は発症前 2 箇月間から 6 箇月間までにおいて 1 箇月当たりおおむね 80 時間を超える場合には業務と脳・心臓疾患の発症との関連性が強いと評価できるとされていることに留意しなければならない。

（業務区分の細分化）

第 4 条　労使当事者は、時間外・休日労働協定において労働時間を延長し、又は休日に労働させることができる業務の種類について定めるに当たっては、業務の区分を細分化す

ることにより当該業務の範囲を明確にしなければならない。

（限度時間を超えて延長時間を定めるに当たっての留意事項）

第５条　労使当事者は、時間外・休日労働協定において限度時間を超えて労働させることができる場合を定めるに当たっては、当該事業場における通常予見することのできない業務量の大幅な増加等に伴い臨時的に限度時間を超えて労働させる必要がある場合をできる限り具体的に定めなければならず、「業務の都合上必要な場合」、「業務上やむを得ない場合」など恒常的な長時間労働を招くおそれがあるものを定めることは認められないことに留意しなければならない。

2　労使当事者は、時間外・休日労働協定において次に掲げる時間を定めるに当たっては、労働時間の延長は原則として限度時間を超えないものとされていることに十分留意し、当該時間を限度時間にできる限り近づけるように努めなければならない。

一　法第36条第５項に規定する１箇月について労働時間を延長して労働させ、及び休日において労働させることができる時間

二　法第36条第５項に規定する１年について労働時間を延長して労働させることができる時間

3　労使当事者は、時間外・休日労働協定において限度時間を超えて労働時間を延長して労働させることができる時間に係る割増賃金の率を定めるに当たっては、当該割増賃金の率を、法第36条第１項の規定により延長した労働時間の労働について法第37条第１項の政令で定める率を超える率とするように努めなければならない。

（１箇月に満たない期間において労働する労働者についての延長時間の目安）

第６条　労使当事者は、期間の定めのある労働契約で労働する労働者その他の１箇月に満たない期間において労働する労働者について、時間外・休日労働協定において労働時間を延長して労働させることができる時間を定めるに当たっては、別表の上欄に掲げる期間の区分に応じ、それぞれ同表の下欄に掲げる目安時間を超えないものとするように努めなければならない。

（休日の労働を定めるに当たっての留意事項）

第７条　労使当事者は、時間外・休日労働協定において休日の労働を定めるに当たっては、労働させることができる休日の日数をできる限り少なくし、及び休日に労働させる時間をできる限り短くするように努めなければならない。

（健康福祉確保措置）

第８条　労使当事者は、限度時間を超えて労働させる労働者に対する健康及び福祉を確保するための措置について、次に掲げるもののうちから協定することが望ましいことに留意しなければならない。

一　労働時間が一定時間を超えた労働者に医師による面接指導を実施すること。

二　法第37条第４項に規定する時刻の間において労働させる回数を１箇月について一定回数以内とすること。

三　終業から始業までに一定時間以上の継続した休息時間を確保すること。

四　労働者の勤務状況及びその健康状態に応じて、代償休日又は特別な休暇を付与する

　こと。

　五　労働者の勤務状況及びその健康状態に応じて、健康診断を実施すること。

　六　年次有給休暇についてまとまった日数連続して取得することを含めてその取得を促進すること。

　七　心とからだの健康問題についての相談窓口を設置すること。

　八　労働者の勤務状況及びその健康状態に配慮し、必要な場合には適切な部署に配置転換をすること。

　九　必要に応じて、産業医等による助言・指導を受け、又は労働者に産業医等による保健指導を受けさせること。

（適用除外等）

第9条　法第36条第11項に規定する業務に係る時間外・休日労働協定については、第5条、第6条及び前条の規定は適用しない。

2　前項の時間外・休日労働協定をする労使当事者は、労働時間を延長して労働させることができる時間を定めるに当たっては、限度時間を勘案することが望ましいことに留意しなければならない。

3　第1項の時間外・休日労働協定をする労使当事者は、1箇月について45時間又は1年について360時間（法第32条の4第1項第2号の対象期間として3箇月を超える期間を定めて同条の規定により労働させる場合にあっては、1箇月について42時間又は1年について320時間）を超えて労働時間を延長して労働させることができることとする場合においては、当該時間外・休日労働協定において当該時間を超えて労働させる労働者に対する健康及び福祉を確保するための措置を定めるように努めなければならず、当該措置については、前条各号に掲げるもののうちから定めることが望ましいことに留意しなければならない。

　　附　則

1　この告示は、平成31年4月1日から適用する。

2　労働基準法第36条第1項の協定で定める労働時間の延長の限度等に関する基準（平成10年労働省告示第154号）は、廃止する。

3　法第139条第2項、第140条第2項、第141条第4項又は第142条の規定の適用を受ける時間外・休日労働協定に対する第9条の規定の適用については、令和6年3月31日までの間、同条第1項中「法第36条第11項に規定する業務に係る時間外・休日労働協定」とあるのは、「法第139条第2項、第140条第2項、第141条第4項及び第142条の規定の適用を受ける時間外・休日労働協定」とし、同条第3項の規定は適用しない。

〈編注：附則の3は、令和6年3月31日をもって削除〉

別表（第6条関係）

期間	目安時間
1週間	15時間
2週間	27時間
4週間	43時間

備考　期間が次のいずれかに該当する場合は、目安時間は、当該期間の区分に応じ、それぞれに定める時間（その時間に1時間未満の端数があるときは、これを1時間に切り上げる。）とする。

一　1日を超え1週間未満の日数を単位とする期間　15時間に当該日数を7で除して得た数を乗じて得た時間

二　1週間を超え2週間未満の日数を単位とする期間　27時間に当該日数を14で除して得た数を乗じて得た時間

三　2週間を超え4週間未満の日数を単位とする期間　43時間に当該日数を28で除して得た数を乗じて得た時間（その時間が27時間を下回るときは、27時間）

(6)　年少者労働基準規則（抄）

（昭29.6.19労働省令第13号）

（最終改正　令2.12.22厚生労働省令第203号）

（児童の使用許可申請）

第1条　使用者は、労働基準法（昭和22年法律第49号。以下「法」という。）第56条第2項の規定による許可を受けようとする場合においては、使用しようとする児童の年令を証明する戸籍証明書、その者の修学に差し支えないことを証明する学校長の証明書及び親権者又は後見人の同意書を様式第1号の使用許可申請書に添えて、これをその事業場の所在地を管轄する労働基準監督署長（以下「所轄労働基準監督署長」という。）に提出しなければならない。

第2条　所轄労働基準監督署長は、前条の規定によつてされた使用許可の申請について許否の決定をしたときは、申請をした使用者にその旨を通知するとともに、前条に規定する添付書類を返還し、許可しないときは、当該申請にかかる児童にその旨を通知しなければならない。

2　所轄労働基準監督署長は、前項の許否の決定をしようとする場合においては、当該申請にかかる児童の居住地を管轄する労働基準監督署長の意見を聴かなければならない。

（交替制による深夜業の許可申請）

第5条　法第61条第3項の規定による許可は、様式第3号の交替制による深夜業時間延長許可申請書により、所轄労働基準監督署長から受けなければならない。

Ⅱ 36 協定関係行政解釈例

(1) 法第 36 条の趣旨

【趣旨】 法は 1 週 40 時間、1 日 8 時間労働制・週休制を原則としているが、法第 36 条第 1 項の規定により時間外・休日労働協定を締結し、労働基準監督署長に届け出ることを要件として法定労働時間を超える時間外労働、法定休日における労働を認めている。しかし、法第 36 条第 1 項は時間外・休日労働を無制限に認める趣旨ではなく、時間外・休日労働は本来臨時的なものとして必要最小限にとどめられるべきものであり、法第 36 条第 1 項は労使がこのことを十分意識した上で時間外・休日労働協定を締結することを期待しているものである。

(昭 63.3.14 基発第 150 号、平 11.3.31 基発第 168 号)

(2) 36 協定の締結を要する場合

【法定時間内の時間外労働】

問 就業規則に実労働時間を 1 週 38 時間と定めたときは、1 週 38 時間を超え 1 週間の法定労働時間まで労働時間を延長する場合、法第 36 条第 1 項の規定に基き労働組合と協定する必要があるか。

答 各日の労働時間が 8 時間を超えない限り労働基準法第 36 条第 1 項に基く協定の必要はない。

(昭 23.4.28 基収第 1497 号、昭 63.3.14 基発第 150 号、平 11.3.31 基発第 168 号)

【4 週 4 日以上の休日】

問 休日労働について 4 週間に 4 日以上の休日があり、その基準以上の休日に労働させ 4 週間に 4 日の休日は確保する場合、協定届出の義務はないものと解するが如何。

答 見解の通り。

(昭 23.12.18 基収第 3970 号)

【代休】

問 労働基準法第 36 条第 1 項によつて休日労働をした労働者に対しては以後必ず代休を与えねばならぬか。

答 労働基準法第 36 条第 1 項において「前条の休日に関する規定にかかわらず」と規定してあるから、設問の場合においては代休を与える法律上の義務はない。

(昭 23.4.9 基収第 1004 号、昭 63.3.14 基発第 150 号、平 11.3.31 基発第 168 号)

【消防法による消防訓練】

問 消防法第8条の規定に基いて所定労働時間外に消防訓練を行う場合は時間外労働として法第36条第1項の協定を要するか。

答 使用者が消防法の規定により法定労働時間を超えて訓練を行う場合においては時間外労働として法第36条第1項による協定を締結したうえで行わなければならない。

（昭23.10.23 基収第3141号、平11.3.31 基発第168号）

【交通事情等による労働時間の運用】
交通機関の早朝ストライキ等1日のうちの一部の時間帯のストライキによる交通事情等のため、始業終業時刻を繰下げたり、繰上げることは、実働8時間の範囲内である限り時間外労働の問題は生じない。

（昭26.10.11 基発第696号、昭63.3.14 基発第150号）

【遅刻時間に相当する時間延長】

問 労働基準法第32条は1日の労働時間を8時間と定め、第36条第1項ではこの労働時間の延長については時間外協定の義務を課し、又第37条では延長した労働時間に対しては割増賃金を支払うべきことを定めているが、この点に関して就業規則に定めるところにより労働時間を延長してもその日の実労働時間が8時間に充たぬ場合（例えば遅刻、早退等があつた様な場合）には労働基準法上の時間外労働とはならず、従つて第36条第1項及び第37条の適用もないから、かかる場合の時間延長は時間外協定の枠外で行い得るし、又延長した時間に対しては時間外割増賃金を支払う必要はないと考えられるが如何。

答 法第32条又は第40条に定める労働時間は実労働時間をいうものであり、時間外労働について法第36条第1項に基く協定及び法第37条に基く割増賃金の支払を要するのは、右の実労働時間を超えて労働させる場合に限るものである。従つて、例えば労働者が遅刻をした場合その時間だけ通常の終業時刻を繰り下げて労働させる場合には、1日の実労働時間を通算すれば法第32条又は第40条の労働時間を超えないときは、法第36条第1項に基く協定及び法第37条に基く割増賃金支払の必要はない。

（昭29.12.1 基収第6143号、昭63.3.14 基発第150号、平11.3.31 基発第168号）

(3) 協定当事者

【過半数で組織する労働組合がある場合】

問 当該事業場に労働者の過半数で組織する労働組合がある時は、その労働組合と書面による協定をすることにより時間外又は休日の労働が可能となるが、当該事業場に2つの組合があり（例えば職員組合と工具組合がある場合）、1つの組合は当該事業場の3分の1の労働者で組織されており、他の1つは当該事業場の3分の2の労働者で組織されている場合に、3分の2の労働者で組織されている組合との書面協定は当然他の3分の1の労働者で組織している組合の労働者にも効力が及ぶものであるか。

答 当該事業場の労働者の過半数で組織されている労働組合と協定すれば足り他の労働組合と協定する必要はない。

(昭 23.4.5 基発第 535 号)

【労働者の過半数代表者の要件】 次のいずれの要件も満たすものであること。
(1) 法第 41 条第 2 号に規定する監督又は管理の地位にある者でないこと。
(2) 法に基づく労使協定の締結当事者、就業規則の作成・変更の際に使用者から意見を聴取される者等を選出することを明らかにして実施される投票、挙手等の方法による手続により選出された者であって、使用者の意向に基づき選出された者ではないこと。

なお、法第 18 条第 2 項、法第 24 条第 1 項ただし書、法第 39 条第 4 項、第 6 項及び第 9 項ただし書並びに法第 90 条第 1 項に規定する過半数代表者については、当該事業場に上記(1)に該当する労働者がいない場合(法第 41 条第 2 号に規定する監督又は管理の地位にある者のみの事業場である場合)には、上記(2)の要件を満たすことで足りるものであること。

(平 11.1.29 基発第 45 号、平 22.5.18 基発第 0518 第 1 号、平 31.4.1 基発 0401 第 43 号)

【労働者の過半数代表者の選出手続】
問 則第 6 条の 2 に規定する「投票、挙手等」の「等」には、どのような手続が含まれているか。
答 労働者の話合い、持ち回り決議等労働者の過半数が当該者の選任を支持していることが明確になる民主的な手続が該当する。

(平 11.3.31 基発第 169 号)

【過半数代表者の不利益取扱い】 過半数代表者であること若しくは過半数代表者になろうとしたこと又は過半数代表者として正当な行為をしたことを理由として、解雇、賃金の減額、降格等労働条件について不利益取扱いをしないようにしなければならないこととしたものであること。

「過半数代表者として正当な行為」には、法に基づく労使協定の締結の拒否、1 年単位の変形労働時間制の労働日ごとの労働時間についての不同意等も含まれるものであること。

(平 11.1.29 基発第 45 号)

【過半数代表者に対する配慮】 使用者は、過半数代表者が則第 6 条の 2 第 1 項に掲げる各規定に基づく事務を円滑に遂行できるよう必要な配慮を行わなければならないものであること。

(平 11.1.29 基発第 45 号、平 31.4.1 基発 0401 第 43 号)

【本社と労働組合本部との協定】
問 法第 36 条第 1 項の協定は、当該事業場ごとに締結するよう規定されているが、他府

県（同一府県内を含む）に本社があつて、本県に支店又は出張所がある場合、本社において社長と当該会社の労働組合本部の長とが締結した協定書に基き支店又は出張所がそれぞれ当該事業場の業務の種類、労働者数、所定労働時間等所要事項のみ記入して、所轄労働基準監督署に届出た場合、有効なものとして差支えないか。

答　当該組合が各事業場ごとにその事業場の労働者の過半数で組織されている限り、見解の通り取り扱つて差支えない。

（昭 24.2.9 基収第 4234 号、昭 63.3.14 基発第 150 号、平 11.3.31 基発第 168 号）

【事業場に労働組合の支部等がない場合】

問　当局の職員は全員が○○労働組合に加入しており、当該組合には支部分会等の下部組織もありますが、当局限りではその支部分会は結成されておらず、又その代表者も当局にはおりませんので、当局の職員の過半数を代表するものと 36 協定を締結し届出たいと思いますが労働基準法上適法な協定であるか伺います。

答　法第 36 条第 1 項の協定は、当該事業場の労働者の過半数が加入している労働組合がある場合においては、その労働組合と締結すべきものであり、従つて、設問の場合は適法な協定とはいえない。

（昭 36.9.7 基収第 4932 号、平 11.3.31 基発第 168 号）

【○○公団の場合】

問　当公団においては、本所と 2 つの建設事務所があり、各事業場における使用者の責任者は、本所においては理事長、建設事務所においては所長であり、更に、理事長は、公団を総括代表するものであるが、各事業場には、組合の支部はなく、単一労働組合がある。この場合において、労働基準法（昭和 22 年法律第 49 号）第 36 条第 1 項に規定する「使用者」及び「組合の代表者」の解釈について、左記の点に疑義があるので御教示願いたい。

記

一　各事業場における組合員数が職員の過半数を占める場合においては、当該組合を代表する執行委員長と当該事業場の総括代表者たる理事長とは、各事業場毎に同一内容の協定を締結することができると解するが、どうか。

二　1 つの事業場において、組合員数が職員の過半数を占めるに至らない場合においては、当該事業場の使用者の責任者と当該事業場の職員の過半数を代表する者（以下「職員代表者」という。）とが、協定を締結すべきであると解するが、どうか。

　　また、この場合において、当該事業場の総括代表者たる理事長と職員代表者とが、協定を締結することも可能であると解するが、どうか。

答　設問の一、二とも、貴見の通り。

（昭 36.9.7 基収第 1392 号、平 11.3.31 基発第 168 号）

【法第 36 条第 1 項協定の三者連名】

問 法第 36 条第 1 項の本旨により施行規則の様式第 9 号に要求されている内容を具備して
いれば協定当事者として使用者側、第一組合及び第二組合の三者連名の協定であつ
ても違法ではないと解してよいか。

答 見解の通り。

（昭 28.1.30 基収第 398 号、昭 63.3.14 基発第 150 号、平 11.3.31 基発第 168 号）

【日雇い労働者の時間外労働】

問 事業場に日雇労働者と常雇労働者とがいる場合、常雇労働者の代表との協定で日雇
労働者の時間延長、休日廃止をなし得るか。

答 常雇労働者の代表が当該事業場の労働者の過半数を代表している場合には、その常
雇労働者の代表と協定すれば足りる。

（昭 23.3.17 基発第 461 号）

【派遣労働者の場合】 派遣元の使用者は、当該派遣元の事業場に労働者の過半数で組織す
る労働組合がある場合にはその労働組合と協定をし、過半数で組織する労働組合がない
場合には、労働者の過半数を代表する者と協定をすることになる。この場合の労働者と
は、当該派遣元の事業場のすべての労働者であり、派遣中の労働者とそれ以外の労働者
との両者を含むものであること。

なお、派遣中の労働者が異なる派遣先に派遣されているため意見交換の機会が少ない
場合があるが、その場合には代表者選任のための投票に併せて時間外労働・休日労働の
事由、限度等についての意見・希望等を提出させ、これを代表者が集約するなどにより
派遣労働者の意思が反映されることが望ましいこと。

（昭 61.6.6 基発第 333 号）

【法第 36 条第 1 項の規定における労働者の範囲】

問 一 疑義事項

法第 36 条第 1 項の規定でいう「当該事業場の労働者の過半数」について、次のような
者を「労働者」のなかに包含して差し支えないか。

㈠ 法第 41 条第 2 号の規定に該当する者

例えば、管理職手当又は役付手当等の支給を受け、時間外等の割増賃金が支給され
ない者であつて、労働組合との関係においては、非組合員として扱われている者。

㈡ 病欠、出張、休職期間中等の者

例えば、病気、出張、休職等によつて、当該協定締結当日出勤していない者又は当
該協定期間中に出勤が全く予想されない者。

二 当局の見解

㈠ 前記一の㈠について

法第 36 条第 1 項では、「労働者」について特段の規定がないうえ、労働基準法の他
の規定、すなわち、第 18 条、第 24 条、第 39 条、第 90 条においても同一の表現が用

いられており、第36条第1項に限つて、労働者の範囲を制限的に解する理由はなく、また、他の場合に法第41条第2号の規定に該当する者を除外する合理的な理由がないこと、法第36条第1項の「労働者」から法律上あるいは事実上時間外労働又は休日労働がありえない者（例えば、年少者、女子等）を除外することは明文に照して無理があること等を考慮すると、法第9条の定義によるべきが妥当と考えられる。

㈡　前記一の㈡について

前述㈠のような見地からすれば、事実上時間外労働又は休日労働がありえないこれらの者といえども当該事業場に在籍している限り、その者を、法第36条第1項の規定にいう「労働者」から除外する理由は何等存しないものと考えられる。

答　労働基準法第36条第1項の協定は、当該事業場において法律上又は事実上時間外労働又は休日労働の対象となる労働者の過半数の意思を問うためのものではなく、同法第18条、第24条、第39条及び第90条におけると同様当該事業場に使用されているすべての労働者の過半数の意思を問うためのものであり、設問の㈠、㈡とも貴見のとおりである。

（昭46.1.18　45基収第6206号、昭63.3.14基発第150号、平11.3.31基発第168号）

【臨時雇用労働者の契約期間を超える期間を有効期間とする協定】

問　標記について、左記1～4の事実を前提として5のとおり疑義を生じたので何分の御教示をお願いします。

記

1　当局管下某社において第一組合と第二組合があり、第一組合が全労働者の過半数で組織する労働組合であつたが、第一組合の争議に伴い同社が臨時雇備の労働者（非組合員にして運転手、車掌、技工、守衛等─これらの者との労働契約の内容は別添（略）のとおりである。）を雇い入れた結果、第二組合を組織する労働者と前記臨時雇備の労働者とで全労働者の過半数を占めるに至つた。

2　第一組合は従来の労働基準法第36条第1項に基づく時間外及び休日労働に関する協定（以下36協定という）の有効期間満了後時間外及び休日労働を拒否している。

3　同社は1によつて全労働者の過半数に達した第二組合員の代表者と臨時雇備の労働者の代表者と36協定を締結し、協定の有効期間を6カ月とした。

4　同協定締結当時臨時雇備の労働者の契約期間は最長30日、最短10日であつた。

5　このように協定締結の際過半数労働者の一部である臨時雇備労働者の契約期間を超える期間を有効期間とする36協定は有効であるか。

答　労働基準法第36条第1項に定める協定の締結当事者の要件は、当該協定締結の際、労働者の過半数で組織する労働組合がある場合においてはその労働組合、労働者の過半数で組織する組合がない場合においては労働者の過半数を代表する者であることであり、従つて、設問の如き協定も有効であること。

（昭36.1.6基収第6619号、平11.3.31基発第168号）

【解雇について労働委員会に提訴中の場合】

問 1事業場に2つの労働組合があり、その所属組合員が同数である場合、1組合（甲組合）は法第36条第1項の時間外又は休日労働の協定をなしたが他の組合（乙組合）は右協定に反対する場合は協定は無効であるが、たまたま乙組合員中に会社で解雇した者を含み、この解雇者を除外すれば甲組合員全員で全労働者の過半数となる場合（甲乙両組合員各10名、乙組合の解雇者2名）に、乙組合が右解雇を労働組合法第7条違反であるとして労働委員会に提訴中の場合甲組合との休日労働及び時間外労働に関する協定届が監督署に提出されたとき、前記解雇が労働基準法上違反しないと認められる場合はこれを受理して差支えないか。

答 見解の通り

（昭24.1.26基収第267号、昭63.3.14基発第150号、平11.3.31基発第168号）

(4) 協　　定

イ　効　　力

【労使協定の効力】　労働基準法上の労使協定の効力は、その協定に定めるところによつて労働させても労働基準法に違反しないという免罰効果をもつものであり、労働者の民事上の義務は、当該協定から直接生じるものではなく、労働協約、就業規則等の根拠が必要なものであること。

（昭63.1.1基発第1号）

【協定の限度を超える時間延長】

問 業務上必要ある場合（法第33条による場合を除く）に、法第36条第1項の協定で定めた限度を超えて労働時間を延長してはならないか。

答 見解の通り。

（昭23.7.27基収第2622号、平11.3.31基発第168号）

【協定の附款の効力】

問 法第36条第1項の時間外、休日労働の協定の附款として、

(1) 「甲（使用者）は時間外又は休日労働を行わせる場合、当該職員の了解（又は承認）を得るとともに乙（労働組合）の下部機関に通知しなければならない。」

(2) 「協定の有効期間中といえども乙（労働組合）の破棄通告により失効する。」

(3) (2)の場合で、「乙（労働組合）の破棄通告のあつた日から3日後に失効する。」の如き条項があつても法第36条第2項、第3項及び第5項並びに施行規則第17条（様式第9号及び第9号の2）に定める内容を具備していれば、受理すべきものと思料するが、受理することと、右条項の効力とは別に考えるべき問題であるか、あるいは受理する以上右の条項も当然有効と考えるべきであるか。

答 法第36条第1項による時間外及び休日労働の協定届は、その内容が法第36条第2項、第3項及び第5項並びに施行規則第17条（様式第9号及び第9号の2）の要件を

具備したものであれば、協定当事者の意思により同条に掲げられた必要事項以外の事項について協定したものであつてもこれを受理すべきであつて、協定届を受理することと附せられた約款が有効であるか無効であるかは別個の問題である。

　なお、設問(1)、(2)、(3)の如き附款は、いずれも違法な条件ではないから有効であると解する。

（昭 28.7.14 基収第 2843 号、昭 63.3.14 基発第 150 号、
平 11.3.31 基発第 168 号、平 31.4.1 基発 0401 第 43 号）

【協定で定めた手続の効力】　原則たる延長時間を定めるとともに、特別の事情が生じたときに限り、一定期間ごとに、労使間において定める手続を経て、これを超える一定の時間（法第 36 条第 5 項に規定する時間数の範囲内に限る。以下「特別延長期間」という。）まで労働時間を延長することができる旨を協定した場合については、その手続きは、一定期間ごとに当該特別の事情が生じたときに必ず行わなければならず、所定の手続を経ることなく、原則たる延長時間を超えて労働時間を延長した場合は、法違反となるものであること。

　なお、所定の手続がとられ原則たる延長時間を超えて労働時間を延長する際には、その旨を届け出る必要はないが、労使間においてとられた所定の手続の時期、内容、相手方等を書面等で明らかにしておく必要があること。

（昭 63.3.14 基発第 150 号、平 31.4.1 基発 0401 第 43 号）

【休日の日直と協定】

　問　施行規則第 23 条によつて日直を断続的勤務として許可をうけた場合においても、休日には法第 36 条第 1 項による協定がなければ日直をさせることができないものと解するか。

　答　使用者が施行規則第 23 条によつて日直の許可を受けた場合には、法第 36 条第 1 項の協定がなくとも、休日に日直をさせることができる。

（昭 23.6.16 基収第 1933 号、昭 63.3.14 基発第 150 号、平 11.3.31 基発第 168 号）

ロ　有効期間

【時間外労働協定の有効期間】

　問　時間外労働協定の有効期間は、1 年以上であれば限度はないか。

　答　時間外労働協定について定期的に見直しを行う必要があると考えられることから、有効期間は 1 年間とすることが望ましい。

（平 11.3.31 基発第 169 号）

【規則第 17 条の趣旨】

(1)　時間外又は休日労働の協定（労働協約による場合を除く。）には、その協定の有効期間を定めておかなければならないのであつて、無期限の協定をすることは許されないのであるが、その期間は、労使間の自主的決定によつて定められるべきものであること。なお、有効期間の定めのない協定は、形式的に瑕疵のある協定と解されるので、こ

れを受理しないこと。

(2) 労働協約による時間外又は休日労働の協定については、それが労働協約である以上、当然に労働組合法第15条の規定の適用を受けることになるから、本条第1項第1号の適用はなく、従つて必ずしも有効期間の定めをする必要はないものであること。

(昭 29.6.29 基発第 355 号)

【労働協約による場合】 時間外、休日労働の協定であつても労働組合との間に締結され当事者の署名又は記名押印があれば、その協定が施行規則第16条第2項〔改正則第17条第1項第1号〕の労働協約と解されるものであること。

(昭 27.9.20 基発第 675 号)

【有効期間中の破棄申入れ】

問 法第36条第1項により時間外労働又は休日労働の協定を行つている事業場において協定の有効期間内に労働者又は使用者より一方的に協定破棄の申入れをしても他方においてこれに応じないときは協定の効力には影響なきものと思われるが如何。

答 貴見のとおり。

(昭 23.9.20 基収第 2640 号、平 11.3.31 基発第 168 号)

ハ 届 出

【様式第9号と36協定の協定書】 施行規則第17条第1項の規定により、法第36条第1項の届出は様式第9号〔同条第5項に規定する事項に関する定めをする場合にあつては様式第9号の2〕によつて行えば足り、必ずしも36協定の協定書そのものを提出する必要はないが、当該協定書は当該事業場に保存しておく必要があること。また、36協定を書面で結ばずに様式第9号〔同条第5項に規定する事項に関する定めをする場合にあつては様式第9号の2〕のみを届け出たとしても、時間外労働等を行わせることができないことはいうまでもないこと。

なお、様式第9号〔同条第5項に規定する事項に関する定めをする場合にあつては様式第9号の2〕に労働者代表の押印等を加えることにより、これを36協定の協定書とすることは差し支えなく、これを届け出ることも差し支えないが、この場合には、当該協定書の写しを当該事業場に保存しておく必要があること。

(昭 53.11.20 基発第 642 号、昭 63.3.14 基発第 150 号、平 11.3.31 基発第 168 号)

【施行規則第16条の趣旨】 本条第3項は、協定を更新する場合における届出の手続を定めたものであるが、協定の有効期間について自動更新の定めがなされている場合においては、本条第3項の届出は、当該協定の更新について労使両当事者のいずれからも異議の申出がなかつた事実を証する書面を届け出ることをもつて足りるものであること。

(昭 29.6.29 基発第 355 号、平 31.4.1 基発 0401 第 43 号)

【時間外・休日労働協定の本社一括届出】　労働基準法（以下「法」という。）第36条第1項の規定による協定（以下「協定」という。）については、事業場単位で締結し、当該事業場の所在地を管轄する労働基準監督署長（以下「所轄署長」という。）に届け出ることとされているが、今般、複数の事業場を有する企業においては、下記により、いわゆる本社機能を有する事業場（以下「本社」という。）の使用者が一括して本社の所轄署長に届出を行う場合には、本社以外の事業場の所轄署長に届出があったものとしても差し支えないこととしたので、その実施に遺漏なきを期されたい。

記

1　趣旨

　法第36条第1項及び労働基準法施行規則第16条第1項、同条第2項及び第70条第1項において、協定は各事業場ごとに締結し、各事業場ごとに所轄署長に届け出ることとされているものであり、今般の取扱いによってもこの考え方は変更されるものではない。また、昭和24年2月9日付け基収第4234号において、本社において社長と当該会社の労働組合本部の長とが締結した協定書に基づき、本社以外の事業場が労働者数等所要事項のみを記入して所轄署長に届け出た場合、当該労働組合が各事業場ごとにその事業場の労働者の過半数で組織されている限り、有効なものとして取り扱って差し支えないとしているところである。

　今回の措置は、従来の取扱いに加えて、このようにして締結された協定のうち、その内容が本社と全部又は一部の本社以外の事業場について同一であるものについては、本社所轄の労働基準監督署を経由して全部又は一部の本社以外の各事業場の所轄署長に届け出ることをも認めるものであること。

2　要件

(1)　本社と全部又は一部の本社以外の事業場に係る協定の内容が同一であること。

　「同一」とは、様式第9号における記載事項のうち、「事業の種類」、「事業の名称」、「事業の所在地（電話番号）」、「労働者数」以外の事項が同一であることをいう。したがって、「協定の当事者である労働組合の名称又は労働者の過半数を代表する者の職名及び氏名」及び「使用者の職名及び氏名」もすべての協定について同一である必要があるが、昭和24年2月9日付け基収第4234号のとおり、協定の締結主体である労働組合が、一括して届出がなされる各事業場ごとに、その事業場の労働者の過半数で組織されている必要があることに留意すること。

(2)　本社の所轄署長に対する届出の際には、本社を含む事業場数に対応した部数の協定を提出すること。

3　その他

　協定の記載事項を同一とするため、最も長く時間外労働又は休日労働をさせることができる協定の「延長することができる時間」又は「労働させることができる休日並びに始業及び終業の時刻」（以下「延長時間等」という。）にその他の協定の延長時間等を合わせることも想定される。

　しかしながら、協定の締結に当たっては、各事業場の実態に即し延長時間等を設定す

ることが必要であるから、単に各協定の記載事項を同一とすることを目的として、各事業場における実態によらずして延長時間等を定めることは望ましくないものであること。

(平 15.2.15 基発第 0215002 号、平 31.4.1 基発 0401 第 43 号)

(5) 健康上特に有害な場合

【労働基準法第 36 条第 6 項第 1 号の解釈】

労働基準法第 36 条第 6 項第 1 号の解釈については、下記のとおり解されるので、十分了知されたい。

記

一、労働基準法（以下「法」という。）第 36 条第 6 項第 1 号の規定の趣旨は、同条本文の手続をとる場合においても、坑内労働その他命令で定める健康上特に有害な業務（以下「坑内労働等」という。）の 1 日における労働時間数が、1 日についての法定労働時間数（法第 32 条又は法第 40 条の規定に基づく命令によつて許容されている 1 日についての最長の労働時間数をいう。以下同じ。）に 2 時間を加えて得た時間数をこえることを禁止したものである。

二、したがつて、坑内労働等とその他の労働が同 1 日中に行なわれ、かつ、これら二種の労働の労働時間数の合計が 1 日についての法定労働時間数をこえた場合においても、その日における坑内労働等の労働時間数が 1 日についての法定労働時間数に 2 時間を加えて得た時間数をこえないときは、法第 36 条第 1 項本文の手続がとられている限り適法である。

三、以上のことを法第 32 条第 2 項の 8 時間労働制との関係で具体的に例示すれば、次のとおりである。

(1) 図の(1)の場合は、同 1 日中に坑内労働等のみを 11 時間にわたり行なわせた場合であるが、この場合における坑内労働等の労働時間数は、1 日についての法定労働時間数に 2 時間を加えて得た時間数すなわち 10 時間をこえているから、法第 36 条第 1 項本文の手続がとられている場合においても違法である。

(2) 図の(2)の場合は、同 1 日中に坑内労働等を 8 時間行なわせ、引き続いてその他の労働を数時間行なわせた場合であるが、この場合は、坑内労働等の労働時間数は 8 時間であつて 10 時間をこえていないから、法第 36 条第 1 項本文の手続がとられているときは適法である。

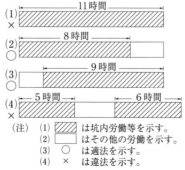

(注)	(1) ⧄⧄⧄	は坑内労働等を示す。
	(2) ▭	はその他の労働を示す。
	(3) ○	は適法を示す。
	(4) ×	は違法を示す。

(3) 図の(3)の場合は、同1日中にその他の労働を数時間行なわせ、引き続いて坑内労働等を9時間行なわせた場合であるが、この場合は、坑内労働等の労働時間数は9時間であつて10時間をこえていないから、法第36条第1項本文の手続がとられているときは適法である。

(4) 図の(4)の場合は、同1日中に坑内労働等を5時間行なわせ、引き続いてその他の労働を数時間行なわせ、更に引き続いて坑内労働等を6時間行なわせた場合であるが、この場合は、坑内労働等の労働時間数は、11時間であつて10時間をこえているから、法第36条第1項本文の手続がとられている場合においても違法である。

（昭41.9.19基発第997号、昭63.3.14基発第150号、
平11.3.31基発第168号、平31.4.1基発0401第43号）

【有害業務の時間外労働制限の適用範囲】

問 第36条第6項第1号の規定は坑内労働及び施行規則第18条に規定する業務に従事する者の時間延長を法第32条の規定による法定労働時間の労働時間より2時間とのみ制限するものであるか、又は法第32条の2第1項等の規定により特定の週において1日10時間1週60時間と定めた場合、その1日の時間より2時間の延長をも認めるものであるか。後段の如く解することは労働者の健康保持上適当でないから法第32条の法定労働時間に限るものと考えるが如何。

答 第36条第6項第1号の規定で労働時間の延長を2時間に制限したのは必ずしも法第32条の法定労働時間を超える部分についてのみでなく、法第32条の2第1項の規定により就業規則で変形労働時間制を定める場合にはその特定の日の所定労働時間を超える部分についても適用されるものである。

（昭22.11.21基発第366号、昭63.3.14基発第150号、
平11.3.31基発第168号、平31.4.1基発0401第43号）

【交替制と有害業務の時間延長制限】

問 施行規則第18条第1号に該当する高熱の場所における業務にして三交替制を実施中であるが、左の如く交替日（土曜日）に4時間の超過労働をしなければこの交替が円滑に行なわれない。

(一) 交替日に非ざる三交替就業時間
A番午前8時～午後4時
B番午後4時～午前0時
C番午前0時～午前8時

(二) 交替日における就業時間
C番（交替日前日の最後のものとする）は便宜上午前12時迄引続き作業を継続し次の番と交替する。
次の番（A）は午後4時から午前0時迄であるが、これも交替日だけ便宜上4時間早出し、C番が4時間延長した午前12時から就業する。即ち交替日には両番（AC）

にて4時間宛時間外労働をなし残りB番の分を労働するものとする。

　右の場合勿論法第36条第1項の協定をするのであるが、しかも法第36条第6項第1号には1日について2時間を超えてはならぬとなつているが、この1日について2時間は毎日常態として継続するものと解し交替日の4時間は変則的時間外労働とみなして許可してよいか。もしいけないとすれば如何に取扱うべきか。

答　第36条第6項第1号に該当する業務については、たとえ交替日のみに限つても同条の協定によつて1日に2時間以上労働時間を延長することは違法である。又質疑の場合は休日が3週間に1度しか与えられないことになるから、週休を与えることを前提として法第32条の2第1項の運用によつて作業の実態に即応した時間、休日の制度を採るよう指導せられたい。

（昭 23.4.8 基収第 1337 号、昭 63.3.14 基発第 150 号、
平 11.3.31 基発第 168 号、平 31.4.1 基発 0401 第 43 号）

【有害業務の休日労働】

問　労働者を休日に労働させるには、使用者は法第36条第1項によつて休日労働に関する協定届を提出することを要するが、この協定に当つてその休日の労働時間は法第32条又は法第40条の労働時間の制限はないものと解してよいか。

　法第37条によつて休日は初めから所定時間外のものとして8時間を超えて働いても割増賃金率が重複しないこと、休日労働に関する協定届の様式中「始業及び終業時刻」を記載させていること及び法第60条によつて年少者の休日労働が禁止されていること等に鑑みて法的にも又実際的にも右の解釈で差支えないものと思われるが、この解釈によると法第36条第1項ただし書の有害業務について平日は時間延長が2時間と制限され、休日は無制限に労働させることができることとなり、いささか不合理とも思われるが如何。

答　第36条第6項第1号は、通常の労働日においては原則として最長10時間を限度とする規定であるから、休日においては10時間を超えて休日労働をさせることを禁止する法意であると解される。

（昭 24.10.4 基収第 1484 号、昭 63.3.14 基発第 150 号、
平 11.3.31 基発第 168 号、平 31.4.1 基発 0401 第 43 号）

【三交替制労働者の休日労働と第 36 条第 6 項第 1 号の関係】

問　当局管内の石炭鉱山○○鉱業所の休日は原則として日曜日であり、この日をはさんで1週間毎に別図のとおり番方を変更するのであるが、これは昭和26年10月7日付け基収第3962号通達（継続24時間休日の場合の範囲）よりみて1、2番方の休日は、暦日による継続24時間があるので日曜日の0時より24時までを休日とし、3番方については日曜日の7時より月曜日の7時までを休日とみなし取り扱つてさしつかえないと考える。この場合、本番として土曜日の3番方に就労した者を例のごとく、日曜日の2番方（15時〜23時）（例1）又は日曜日の23時から始まる3番方（例2）に

出勤させた場合は、休日出勤であるから法第36条第1項ただし書の範囲内である限り違反とはならない、と解してよろしいか。

答 貴見のとおり。

なお、休日における法第36条第1項ただし書〔改正法第36条第6項第1号〕の適用については、昭和24年10月4日付け基収第1484号通達を参照されたい。

（昭42.12.27基収第5675号、昭63.3.14基発第150号、

平11.3.31基発第168号、平31.4.1基発0401第43号）

	金			土			日			月			火		
	③	①	②	③	①	②	③	①	②	③	①	②	③	①	②
	23	7	15	23	7	15	23	7	15	23	7	15	23	7	15	23
A組															
B組															
C組							例1	例2							

【超過勤務が翌日に及んだ場合の坑内労働の取扱い】

問 当局管内○○炭鉱において、別図のとおり午前0時より24時までの間に、法第32条第2項による各番方8時間労働の三交替制勤務を採用した場合、このときの1日は暦日によつているので、たとえば所定労働時間が3番方（0時～8時）勤務の者をその後同日の2番方（16時～24時）に就労させたときは法第36条第6項第1号の違反となるが、2番方（16時～24時）の所定労働時間の勤務を終了したものを3番方に就労させても違反とはならないとも解せられ、前者の場合と比して不合理を生ずるので、それぞれの労働者の所定始業時刻より起算して継続した24時間をもつて1日として取り扱つてよろしいか。

答 24時間三交替制連続作業の場合であつても、設問のごとく同1暦日内において始業し、終業する勤務については、原則どおり午前0時から午後12時までの暦日をもつて「1日」と解する。

なお、この場合においても、2番方の勤務が延長され、終業時刻が翌日に及んだようなときには、継続勤務としてたとえ暦日を異にする場合でも1勤務として取り扱うべきものである。

（昭42.12.27基収第5675号、昭63.3.14基発第150号、

平11.3.31基発第168号、平31.4.1基発0401第43号）

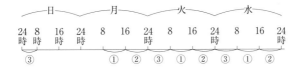

【有害業務の範囲】　労働基準法施行規則第18条の衛生上有害な業務の取扱い基準について左記の通り定める。

記

次の一から八までのそれぞれに掲げる作業を主たる作業とする業務及び九に掲げる業務は、通常、労働基準法施行規則第18条に規定する業務に該当する。ただし、当該有害要因の発散源が密閉されている場合又は当該業務を遠隔操作によつて隔離室において行う場合等であつて、有害要因の影響を受けない業務は、この限りでない。

なお、労働基準法第36条第6項第1号の適用に当たり、一定時間有害業務に従事しないことが予め定められている場合等当該業務に従事しない時間数が確認できるものは、有害業務従事労働時間数に算入しないことは、昭和41年9月19日付け基発第997号で示した通りであるので念のため申し添える。

一　第1号関係

(1)　鉱物又は金属を精錬する平炉、転炉、電気炉、溶鉱炉等について、原料を装入し、鉱さい若しくは溶融金属を取り出し、又は炉の状況を監視する作業

(2)　鉱物、ガラス又は金属を溶解するキュポラ、るつぼ、電気炉等について、原料を装入し、溶融物を取り出し、若しくは攪拌し、又は炉の状況を監視する作業

(3)　鉱物、ガラス又は金属を加熱する焼鈍炉、均熱炉、焼入炉、加熱炉等について、被加熱物を装入し、取り出し、又は炉の状況を監視する作業

(4)　陶磁器、レンガ等を焼成する窯について、被焼成物を取り出し、又は炉の状況を監視する作業

(5)　鉱物の焙焼、焼結等を行う装置について、原料を装入し、処理物を取り出し、又は反応状況を監視する作業

(6)　加熱された金属について、これを運搬し、又は圧延、鍛造、焼入、伸線等の加工を行う作業

(7)　溶融金属を運搬し、又は鋳込みする作業

(8)　溶融ガラスからガラス製品を成型する作業

(9)　ゴムを加硫缶により加熱加硫する作業

(10)　熱源を用いる乾燥室について、被乾燥物を装入し、又は乾燥物を取り出す作業

二　第2号関係

(1)　多量の液体空気、ドライアイス等を取り扱う場合にこれらのものが皮膚にふれ、又はふれるおそれのある作業

(2)　冷蔵倉庫業、製氷業、冷凍食品製造業における冷蔵庫、製氷庫、貯氷庫、冷凍庫等の内部に出入りして行う作業

三　第3号関係

電離放射線障害防止規則第3条に規定する管理区域内において行う同規則第2条第3項に定める作業

四　第4号関係

じん肺法施行規則第2条に定める粉じん作業

五 第 5 号関係

(1) 潜函工法、潜鐘工法、圧気シールド工法その他の圧気工法による大気圧をこえる圧力下の作業室、シャフト等の内部における作業

(2) ヘルメット式潜水器、マスク式潜水器その他の潜水器（アクアラング等）を用い、かつ、空気圧縮機若しくは手押しポンプによる送気又はボンベからの給気を受けて行う作業

六 第 6 号関係

(1) さく岩機、びょう打機、はつり機、コーキングハンマ、スケーリングハンマ、コンクリートブレーカ、サンドランマ等の手持ち打撃空気機械（ストローク 70㎜以下であつて、かつ、重量 2kg 以下のものを除く。）を用いて行う作業

(2) チェンソー又はブッシュクリーナ（刈払機）を用いる作業

七 第 7 号関係

重量物を取り扱う（人力により、持ち上げ、運び又は下に卸す）作業であつて、その対象物がおおむね 30kg 以上であるもの

八 第 8 号関係

(1) さく岩機、びょう打機、はつり機、コーキングハンマ、スケーリングハンマ、コンクリートブレーカ、鋳物の型込機等圧縮空気を用いる機械工具を取り扱う作業

(2) 圧縮空気を用いて溶融金属を吹き付ける作業

(3) ロール機、圧延機等により金属を圧延し、伸線し、歪取りし、又は板曲げする作業（液圧プレスによる歪取り又は板曲げ及びダイスによる線引きを除く。）

(4) 動力を使用するハンマを用いて金属の鍛造又は成型を行う作業

(5) 両手で持つハンマを用いて金属の打撃又は成型を行う作業

(6) タンブラにより金属製品の研ま又は砂落しを行う作業

(7) チェン等を用い、動力によりドラム缶を洗滌する作業

(8) ドラムバーカを用いて木材を削皮する作業

(9) チッパを用いてチップする作業

(10) 抄紙機を用いて紙を抄く作業

九 第 9 号関係

(1) 鉛中毒予防規則第 1 条第 5 号に定めるもののうち、屋内作業場又はタンク等の施設内において行う鉛業務（同規則第 3 条の規定により適用を除外されたものを除く。）

(2) 四アルキル鉛中毒予防規則第 1 条第 1 項第 5 号に定める四アルキル鉛業務（同規則第 1 条第 2 項の規定により適用を除外されたものを除く。）

(3) クロームメッキ槽のある屋内作業場における、メッキ状況の監視、加工物のメッキ槽への取付け及び取りはずし、メッキ後の加工物の水洗等の一連の作業

(注) この場合、ゼロミスト等で無水クローム酸の液面を覆つても、有害要因の発散源を密閉したものとはみなさない。

(4) 有機溶剤中毒予防規則第 1 条第 1 項第 6 号に掲げるもののうち、屋内作業場又はタンク等の施設内において行うもの（同規則第 2 条又は第 3 条の規定により適用を

除外されたものを除く。）

(5)　地下駐車場の業務のうち、入庫受付け業務、出庫受付け業務、料金徴収業務、自動車誘導等の場内業務、洗車等のサービス業務

　　　　　　　（昭 43.7.24 基発第 472 号、昭 46.3.18 基発第 223 号、
　　　昭 63.3.14 基発第 150 号、平 11.3.31 基発第 168 号、平 31.4.1 基発 0401 第 43 号）

【鉱山における坑の範囲】

問　鉱山における坑の範囲如何。

答　労働基準法における坑の範囲については従来疑義があつたが、今般鉱山について左の如く決定した。

(一)　労働基準法における坑とは鉱山についていえば一般に地下にある鉱物を試掘又は採掘する場所及び地表に出ることなしにこの場所に達するためにつくられる地下の通路をいう。

(二)　当初から地表に貫通するためにつくられ、かつ公道と同様程度の安全衛生が保障されており、かつ坑内夫以外の者の通行が可能である地下の通路は労働基準法上の坑ではない。

(三)　本来地下にある鉱物を試掘又は採掘する場所に達するためにつくられた地下の通路がたまたま地表に貫通しても、あるいは、地勢の関係上部分的に地表にあらわれても、これが公道と同様な程度の安全衛生を保障されるに至り、かつ坑内夫以外の者の通行が可能である通路に変化しない限り労働基準法上の坑である性質は変化しない。

　　　　　　　　　　　　　　　　　　（昭 25.8.11 基発第 732 号）

Ⅲ 平成 31 年 4 月 1 日施行の改正労働基準法に関する行政通達等

⑴　働き方改革を推進するための関係法律の整備に関する法律による改正後の労働基準法の施行について（抄）（改正労働基準法の施行通達）

（平 30.9.7 基発 0907 第 1 号）

（最終改正　令 3.9.15 基発 0915 第 2 号）

第 1　フレックスタイム制（新労基法第 32 条の 3 及び第 32 条の 3 の 2 並びに新労基則第 12 条の 3 関係）

1　趣旨

　フレックスタイム制は、一定の期間（清算期間）の総労働時間を定めておき、労働者がその範囲内で各日の始業及び終業の時刻を選択して働くことにより、労働者が仕事と生活の調和を図りながら効率的に働くことを可能とし、労働時間を短縮しようとする制度である。

　整備法においては、子育てや介護、自己啓発など様々な生活上のニーズと仕事との調和を図りつつ、効率的な働き方を一層可能にするため、フレックスタイム制がより利用しやすい制度となるよう、清算期間の上限の延長等の見直しを行ったものであること。

　なお、フレックスタイム制の運用に当たっては、使用者が各日の始業・終業時刻を画一的に特定することは認められないことに留意すること。

2　清算期間の上限の延長（新労基法第 32 条の 3 第 1 項関係）

　仕事と生活の調和を一層図りやすくするため、フレックスタイム制における清算期間の上限をこれまでの 1 箇月以内から 3 箇月以内に延長したものであること。

3　清算期間が 1 箇月を超え 3 箇月以内である場合の過重労働防止（新労基法第 32 条の 3 第 2 項関係）

　清算期間を 3 箇月以内に延長することにより、清算期間内の働き方によっては、各月における労働時間の長短の幅が大きくなることが生じ得る。

　このため、対象労働者の過重労働を防止する観点から、清算期間が 1 箇月を超える場合には、当該清算期間を 1 箇月ごとに区分した各期間（最後に 1 箇月未満の期間を生じたときには、当該期間）ごとに当該各期間を平均し 1 週間当たりの労働時間が 50 時間を超えないこととしたものであること。

　また、フレックスタイム制の場合にも、使用者には各日の労働時間の把握を行う責務があるが、清算期間が 1 箇月を超える場合には、対象労働者が自らの各月の時間外労働時間数を把握しにくくなることが懸念されるため、使用者は、対象労働者の各月の労働時間数の実績を対象労働者に通知等することが望ましいこと。

　なお、整備省令による改正後の労働安全衛生規則（昭和 47 年労働省令第 32 号）第

247

52 条の 2 第 3 項に基づき、休憩時間を除き 1 週間当たり 40 時間を超えて労働させた場合におけるその超えた時間が 1 月当たり 80 時間を超えた労働者に対しては、当該超えた時間に関する情報を通知しなければならないことに留意する必要があること。

　加えて、清算期間が 1 箇月を超える場合であっても、1 週平均 50 時間を超える労働時間について月 60 時間を超える時間外労働に対して 5 割以上の率で計算した割増賃金の支払が必要であることや、法定の要件に該当した労働者について労働安全衛生法（昭和 47 年法律第 57 号）に基づき医師による面接指導を実施しなければならないことは従前と同様であり、使用者には、長時間労働の抑制に努めることが求められるものであること。

4　完全週休 2 日制の場合の清算期間における労働時間の限度（新労基法第 32 条の 3 第 3 項関係）

　完全週休 2 日制の下で働く労働者（1 週間の所定労働日数が 5 日の労働者）についてフレックスタイム制を適用する場合においては、曜日のめぐり次第で、1 日 8 時間相当の労働でも清算期間における法定労働時間の総枠を超え得るという課題を解消するため、完全週休 2 日制の事業場において、労使協定により、所定労働日数に 8 時間を乗じた時間数を清算期間における法定労働時間の総枠とすることができるようにしたものであること。

　この場合において、次の式で計算した時間数を 1 週間当たりの労働時間の限度とすることができるものであること。

$$8 \times 清算期間における所定労働日数 \quad \div \quad \frac{清算期間における暦日数}{7}$$

5　労使協定の締結及び届出（新労基法第 32 条の 3 第 4 項及び新労基則第 12 条の 3 関係）

　フレックスタイム制の導入に当たっては、新労基法第 32 条の 3 第 1 項の規定に基づき、就業規則等の定め及び労使協定の締結を要するものであるが、今回の改正により、清算期間が 1 箇月を超えるものである場合においては、労使協定に有効期間の定めをするとともに、新労基則様式第 3 号の 3 により、当該労使協定を所轄労働基準監督署長に届け出なければならないものであること。

6　清算期間が 1 箇月を超える場合において、フレックスタイム制により労働させた期間が当該清算期間よりも短い労働者に係る賃金の取扱い（新労基法第 32 条の 3 の 2 関係）

　清算期間が 1 箇月を超える場合において、フレックスタイム制により労働させた期間が当該清算期間よりも短い労働者については、当該労働させた期間を平均して 1 週間当たり 40 時間を超えて労働させた時間について、労働基準法第 37 条の規定の例により、割増賃金を支払わなければならないものであること。

7　法定時間外労働となる時間

　フレックスタイム制を採用した場合に法定時間外労働となるのは、以下の(1)及び(2)に示す労働時間であること。なお、上記 4 の特例に留意すること。

⑴ 清算期間が１箇月以内の場合

従前のとおり、清算期間における実労働時間数のうち、法定労働時間の総枠を超えた時間が法定時間外労働となるものであること。具体的な計算方法は、次の式によること。

$$\boxed{\text{清算期間における実労働時間数}} - \boxed{\text{週の法定労働時間} \times \frac{\text{清算期間における暦日数}}{7}}$$

⑵ 清算期間が１箇月を超え３箇月以内の場合

次のア及びイを合計した時間が法定時間外労働となるものであること。

ア 清算期間を１箇月ごとに区分した各期間（最後に１箇月未満の期間を生じたときには、当該期間）における実労働時間のうち、各期間を平均し１週間当たり50時間を超えて労働させた時間。具体的な計算方法は、次の式によること。

$$\boxed{\begin{array}{c}\text{清算期間を１箇月ごとに区分した}\\\text{期間における実労働時間数}\end{array}} - \boxed{50 \times \frac{\begin{array}{c}\text{清算期間を１箇月ごとに}\\\text{区分した期間における暦日数}\end{array}}{7}}$$

イ 清算期間における総労働時間のうち、当該清算期間の法定労働時間の総枠を超えて労働させた時間（ただし、上記アで算定された時間外労働時間を除く。）。

8 罰則（新労基法第 120 条関係）

新労基法第 32 条の３第４項に違反した使用者に対しては、新労基法第 120 条第１号の罰則の適用があること。

9 施行期日（整備法附則第１条関係）

フレックスタイム制に係る改正規定の施行期日は、平成 31 年４月１日であること。

第２ 時間外労働の上限規制（新労基法第 36 条及び第 139 条から第 142 条まで、新労基則第 16 条等並びに指針関係）

1 趣旨

長時間労働は、健康の確保だけでなく、仕事と家庭生活との両立を困難にし、少子化の原因や、女性のキャリア形成を阻む原因、男性の家庭参加を阻む原因となっている。これに対し、長時間労働を是正すれば、ワーク・ライフ・バランスが改善し、女性や高齢者も仕事に就きやすくなり、労働参加率の向上に結びつく。

こうしたことから、時間外労働の上限について、現行の労働基準法第 36 条第１項の協定で定める労働時間の延長の限度等に関する基準（平成 10 年労働省告示第 154 号。以下「限度基準告示」という。）に基づく指導ではなく、これまで上限無く時間外労働が可能となっていた臨時的な特別の事情がある場合として労使が合意した場合であっても、上回ることのできない上限を法律に規定し、これを罰則により担保するものであること。

2 新労基法第 36 条第１項の協定の届出（新労基法第 36 条第１項並びに新労基則第 16

条及び第 70 条関係）

　新労基法第 36 条第 1 項の協定（以下「時間外・休日労働協定」という。）の届出様式を改めたものであること。具体的には、時間外・休日労働協定に特別条項（新労基法第 36 条第 5 項に規定する事項に関する定めをいう。以下同じ。）を設けない場合にあっては新労基則様式第 9 号により、特別条項を設ける場合にあっては新労基則様式第 9 号の 2 により、所轄労働基準監督署長に届け出なければならないものであること。

　併せて、新労基法第 36 条第 11 項に規定する業務に対応した様式（新労基則様式第 9 号の 3）、新労基法第 139 条第 2 項、第 140 条第 2 項、第 141 条第 4 項又は第 142 条の規定により読み替えて適用する新労基法第 36 条の規定に対応した様式（新労基則様式第 9 号の 4 から第 9 号の 7 まで）を整備したものであること。

3　時間外・休日労働協定における協定事項（新労基法第 36 条第 2 項及び新労基則第 17 条第 1 項関係）

　時間外・休日労働協定において、以下の(1)から(5)までの事項を定めることとしたものであること。

(1)　新労基法第 36 条の規定により労働時間を延長し、又は休日に労働させることができることとされる労働者の範囲（新労基法第 36 条第 2 項第 1 号関係）

　時間外・休日労働協定の対象となる「業務の種類」及び「労働者数」を協定するものであること。

(2)　対象期間（新労基法第 36 条第 2 項第 2 号関係）

　時間外・休日労働協定により労働時間を延長し、又は休日に労働させることができる期間をいい、時間外・休日労働協定において、1 年間の上限を適用する期間を協定するものであること。

　なお、事業が完了し、又は業務が終了するまでの期間が 1 年未満である場合においても、時間外・休日労働協定の対象期間は 1 年間とする必要があること。

(3)　労働時間を延長し、又は休日に労働させることができる場合（新労基法第 36 条第 2 項第 3 号関係）

　時間外労働又は休日労働をさせる必要のある具体的事由について協定するものであること。

(4)　対象期間における 1 日、1 箇月及び 1 年のそれぞれの期間について労働時間を延長して労働させることができる時間又は労働させることができる休日の日数（新労基法第 36 条第 2 項第 4 号関係）

　整備法による改正前の労働基準法における時間外・休日労働協定は、労働基準法施行規則第 16 条第 1 項において「1 日」及び「1 日を超える一定の期間」についての延長時間が必要的協定事項とされているが、今般、新労基法第 36 条第 4 項において、1 箇月について 45 時間及び 1 年について 360 時間（対象期間が 3 箇月を超える 1 年単位の変形労働時間制により労働させる場合は 1 箇月について 42 時間及び 1 年について 320 時間）の原則的上限が法定された趣旨を踏まえ、整備法の施行後の時間外・休日労働協定においては「1 日」、「1 箇月」及び「1 年」のそれぞれの期間に

ついて労働時間を延長して労働させることができる時間又は労働させることができる休日の日数について定めるものとしたものであること。

(5) 労働時間の延長及び休日の労働を適正なものとするために必要な事項として厚生労働省令で定める事項（新労基法第36条第2項第5号及び新労基則第17条第1項関係）

ア 時間外・休日労働協定の有効期間の定め（新労基則第17条第1項第1号関係）
時間外・休日労働協定（労働協約による場合を除く。）において、当該時間外・休日労働協定の有効期間を定めるものであること。

イ 新労基法第36条第2項第4号の規定に基づき定める1年について労働時間を延長して労働させることができる時間の起算日（新労基則第17条第1項第2号関係）
時間外・休日労働協定において定めた新労基法第36条第2項第4号の1年について労働時間を延長して労働させることができる時間を適用する期間の起算日を明確にするものであること。

ウ 新労基法第36条第6項第2号及び第3号に定める要件を満たすこと。（新労基則第17条第1項第3号関係）
時間外・休日労働協定で定めるところにより時間外・休日労働を行わせる場合であっても、新労基法第36条第6項第2号及び第3号に規定する時間を超えて労働させることはできないものであり、時間外・休日労働協定においても、この規定を遵守することを協定するものであること。
これを受け、新労基則様式第9号及び第9号の2にチェックボックスを設け、当該チェックボックスにチェックがない場合には、当該時間外・休日労働協定は法定要件を欠くものとして無効となるものであること。

エ 限度時間を超えて労働させることができる場合（新労基則第17条第1項第4号関係）
時間外・休日労働協定に特別条項を設ける場合において、限度時間（新労基法第36条第3項の限度時間をいう。以下同じ。）を超えて労働させることができる具体的事由について協定するものであること。

オ 限度時間を超えて労働させる労働者に対する健康及び福祉を確保するための措置（新労基則第17条第1項第5号関係）
過重労働による健康障害の防止を図る観点から、時間外・休日労働協定に特別条項を設ける場合においては、限度時間を超えて労働させる労働者に対する健康及び福祉を確保するための措置（以下「健康福祉確保措置」という。）を協定することとしたものであること。なお、健康福祉確保措置として講ずることが望ましい措置の内容については、指針第8条に規定していること。

カ 限度時間を超えた労働に係る割増賃金の率（新労基則第17条第1項第6号関係）
時間外・休日労働協定に特別条項を設ける場合においては、限度時間を超える時間外労働に係る割増賃金率を1箇月及び1年のそれぞれについて定めなければならないものであること。

　　　なお、限度時間を超える時間外労働に係る割増賃金率については、労働基準法第89条第2号の「賃金の決定、計算及び支払の方法」として就業規則に記載する必要があること。

　キ　限度時間を超えて労働させる場合における手続（新労基則第17条第1項第7号関係）

　　　限度基準告示第3条第1項に規定する手続と同様のものであり、時間外・休日労働協定の締結当事者間の手続として、時間外・休日労働協定を締結する使用者及び労働組合又は労働者の過半数を代表する者（以下「労使当事者」という。）が合意した協議、通告その他の手続（以下「所定の手続」という。）を定めなければならないものであること。

　　　また、「手続」は、1箇月ごとに限度時間を超えて労働させることができる具体的事由が生じたときに必ず行わなければならず、所定の手続を経ることなく、限度時間を超えて労働時間を延長した場合は、法違反となるものであること。

　　　なお、所定の手続がとられ、限度時間を超えて労働時間を延長する際には、その旨を届け出る必要はないが、労使当事者間においてとられた所定の手続の時期、内容、相手方等を書面等で明らかにしておく必要があること。

4　健康福祉確保措置の実施状況に関する記録の保存（新労基則第17条第2項関係）

　　使用者は、健康福祉確保措置の実施状況に関する記録を当該時間外・休日労働協定の有効期間中及び当該有効期間の満了後3年間保存しなければならないものであること。

5　限度時間（新労基法第36条第3項及び第4項関係）

　　時間外・休日労働協定において新労基法第36条第2項第4号の労働時間を延長して労働させる時間を定めるに当たっては、当該事業場の業務量、時間外労働の動向その他の事情を考慮して通常予見される時間外労働の範囲内において、限度時間を超えない時間に限るものとしたこと。

　　また、限度時間は、1箇月について45時間及び1年について360時間（対象期間が3箇月を超える1年単位の変形労働時間制により労働させる場合は、1箇月について42時間及び1年について320時間）であること。

6　特別条項を設ける場合の延長時間等（新労基法第36条第5項関係）

　　時間外・休日労働協定においては、上記3に掲げる事項のほか、当該事業場における通常予見することのできない業務量の大幅な増加等に伴い臨時的に限度時間を超えて労働させる必要がある場合において、1箇月について労働時間を延長して労働させ、及び休日において労働させることができる時間並びに1年について労働時間を延長して労働させることができる時間を定めることができることとしたものであること。

　　この場合において、1箇月について労働時間を延長して労働させ、及び休日において労働させることができる時間については、上記3(4)に関して協定した時間を含め100時間未満の範囲内としなければならず、1年について労働時間を延長して労働させることができる時間については、上記3(4)に関して協定した時間を含め720時間を超えない範囲内としなければならないものであること。

　　さらに、対象期間において労働時間を延長して労働させることができる時間が1箇月について45時間(対象期間が3箇月を超える1年単位の変形労働時間制により労働させる場合は42時間)を超えることができる月数を1年について6箇月以内の範囲で定めなければならないものであること。

7　時間外・休日労働協定で定めるところにより労働させる場合の実労働時間数の上限(新労基法第36条第6項及び新労基則第18条関係)

　　使用者は、時間外・休日労働協定で定めるところにより時間外・休日労働を行わせる場合であっても、以下の(1)から(3)までの要件を満たすものとしなければならないこと。また、以下の(2)及び(3)の要件を満たしている場合であっても、連続する月の月末・月初に集中して時間外労働を行わせるなど、短期間に長時間の時間外労働を行わせることは望ましくないものであること。

　　なお、労働者が、自社、副業・兼業先の両方で雇用されている場合には、その使用者が当該労働者の他社での労働時間も適正に把握する責務を有しており、以下の(1)から(3)までの要件については、労働基準法第38条に基づき通算した労働時間により判断する必要があること。その際、労働基準法における労働時間等の規定の適用等については、平成30年1月31日付け基発0131第2号「「副業・兼業の促進に関するガイドライン」の周知等について」の別添1「副業・兼業の促進に関するガイドライン」を参考とすること。

(1)　坑内労働その他厚生労働省令で定める健康上特に有害な業務について、1日における時間外労働時間数が2時間を超えないこと。(新労基法第36条第6項第1号及び新労基則第18条関係)

　　整備法による改正前の労働基準法第36条第1項ただし書と同様の内容であること。

(2)　1箇月における時間外・休日労働時間数が100時間未満であること。(新労基法第36条第6項第2号関係)

　　1箇月について労働時間を延長して労働させ、及び休日において労働させた時間の合計時間が100時間未満であることを規定したものであること。

(3)　対象期間の初日から1箇月ごとに区分した各期間の直前の1箇月、2箇月、3箇月、4箇月及び5箇月の期間を加えたそれぞれの期間における時間外・休日労働時間数が1箇月当たりの平均で80時間を超えないこと。(新労基法第36条第6項第3号関係)

　　時間外・休日労働協定の対象期間におけるいずれの2箇月間ないし6箇月間における労働時間を延長して労働させ、及び休日において労働させた時間の1箇月当たりの平均時間が80時間を超えないことを規定したものであること。

8　厚生労働大臣が定める指針(新労基法第36条第7項から第10項まで関係)

　　厚生労働大臣は、時間外・休日労働協定で定める労働時間の延長及び休日の労働について留意すべき事項、当該労働時間の延長に係る割増賃金の率その他の必要な事項について、労働者の健康、福祉、時間外労働の動向その他の事情を考慮して指針を定めることができるものとし、今般、指針を定めたものであること。

　労使当事者は、当該時間外・休日労働協定の内容が指針に適合したものとなるようにしなければならないものであること。

　また、行政官庁は、指針に関し、労使当事者に必要な助言及び指導を行うことができるものとし、当該助言及び指導を行うに当たっては、労働者の健康が確保されるよう特に配慮しなければならないものであること。

　指針の内容等については、下記11のとおりであること。

9　適用除外（新労基法第36条第11項関係）

　新たな技術、商品又は役務の研究開発に係る業務については、専門的、科学的な知識、技術を有する者が従事する新たな技術、商品又は役務の研究開発に係る業務の特殊性が存在する。このため、限度時間（新労基法第36条第3項及び第4項）、時間外・休日労働協定に特別条項を設ける場合の要件（新労基法第36条第5項）、1箇月について労働時間を延長して労働させ、及び休日において労働させた時間の上限（新労基法第36条第6項第2号及び第3号）についての規定は、当該業務については適用しないものであること。

　なお、新たな技術、商品又は役務の研究開発に係る業務とは、専門的、科学的な知識、技術を有する者が従事する新技術、新商品等の研究開発の業務をいうものであること。

10　適用猶予（新労基法第139条から第142条まで並びに新労基則第69条及び第71条関係）

　以下の(1)から(4)までに掲げる事業又は業務については、その性格から直ちに時間外労働の上限規制を適用することになじまないため、猶予措置を設けたものであること。

(1)　工作物の建設等の事業（新労基法第139条及び新労基則第69条第1項関係）

　工作物の建設その他これに関連する事業として厚生労働省令で定める事業（以下「工作物の建設等の事業」という。）については、令和6年3月31日までの間、新労基法第36条第3項から第5項まで及び第6項（第2号及び第3号に係る部分に限る。）の規定は適用しないこととし、同年4月1日以降、当分の間、災害時における復旧及び復興の事業に限り、新労基法第36条第6項（第2号及び第3号に係る部分に限る。）の規定は適用しないこととしたものであること。

ア　猶予対象となる事業の範囲（新労基則第69条第1項関係）

　新労基法第139条により時間外労働の上限規制の適用が猶予される工作物の建設等の事業の範囲は、新労基則第69条第1項各号に掲げる事業をいうものであること。

　新労基則第69条第1項第2号に規定する事業とは、建設業に属する事業の本店、支店等であって、労働基準法別表第1第3号に該当しないものをいうものであること。

　また、新労基則第69条第1項第3号に規定する事業については、当該事業において交通誘導警備の業務を行う労働者に限るものであること。

イ　令和6年3月31日までの新労基法第36条の適用（新労基法第139条第2項及

び新労基則第 71 条関係)

令和 6 年 3 月 31 日(同日及びその翌日を含む期間を定めている時間外・休日労働協定に関しては、当該協定に定める期間の初日から起算して 1 年を経過する日)までの間、時間外・休日労働協定においては、①1 日、②1 日を超え 3 箇月以内の範囲で労使当事者が定める期間、③1 年についての延長時間を協定するものであり、限度時間(新労基法第 36 条第 3 項及び第 4 項)、時間外・休日労働協定に特別条項を設ける場合の要件(新労基法第 36 条第 5 項)、1 箇月について労働時間を延長して労働させ、及び休日において労働させた時間の上限(新労基法第 36 条第 6 項第 2 号及び第 3 号)についての規定は適用されないものであること。

また、新労基則第 17 条第 1 項第 3 号から第 7 号までの規定は適用されないものであること。

ウ 令和 6 年 4 月 1 日以降の新労基法第 36 条の適用(新労基法第 139 条第 1 項関係)

令和 6 年 4 月 1 日以降は、災害時における復旧及び復興の事業を除き、工作物の建設等の事業に対して新労基法第 36 条の規定が全面的に適用されるものであること。

災害時における復旧及び復興の事業については、令和 6 年 4 月 1 日以降も、当分の間、1 箇月について労働時間を延長して労働させ、及び休日において労働させた時間の上限(新労基法第 36 条第 6 項第 2 号及び第 3 号)についての規定は適用されず、特別条項において定める 1 箇月の時間外・休日労働時間数は、労使当事者間において、事業場の実情に応じた時間数を協定するものであること。

(2) 自動車の運転の業務(新労基法第 140 条及び新労基則第 69 条第 2 項関係)

自動車の運転の業務については、令和 6 年 3 月 31 日までの間、新労基法第 36 条第 3 項から第 5 項まで及び第 6 項(第 2 号及び第 3 号に係る部分に限る。)の規定は適用しないこととし、同年 4 月 1 日以降、当分の間、時間外労働の上限規制として 1 年について 960 時間以内の規制を適用することとしたものであること。

ア 猶予対象となる業務の範囲(新労基則第 69 条第 2 項関係)

新労基法第 140 条により時間外労働の上限規制の適用が猶予される自動車の運転の業務の範囲は、新労基則第 69 条第 2 項に規定する業務をいうものであり、自動者運転者の労働時間等の改善のための基準(平成元年労働省告示第 7 号)の対象となる自動車運転者の業務と同義であること。

イ 令和 6 年 3 月 31 日までの新労基法第 36 条の適用(新労基法第 140 条第 2 項及び新労基則第 71 条関係)

令和 6 年 3 月 31 日(同日及びその翌日を含む期間を定めている時間外・休日労働協定に関しては、当該協定に定める期間の初日から起算して 1 年を経過する日)までの間、時間外・休日労働協定においては、①1 日、②1 日を超え 3 箇月以内の範囲で労使当事者が定める期間、③1 年についての延長時間を協定するものであり、限度時間(新労基法第 36 条第 3 項及び第 4 項)、時間外・休日労働協定に特別条項を設ける場合の要件(新労基法第 36 条第 5 項)、1 箇月について労働時

間を延長して労働させ、及び休日において労働させた時間の上限（新労基法第36条第6項第2号及び第3号）についての規定は適用されないものであること。

　　　また、新労基則第17条第1項第3号から第7号までの規定は適用されないものであること。

　ウ　令和6年4月1日以降の新労基法第36条の適用（新労基法第140条第1項関係）

　　　令和6年4月1日以降は、当分の間、1箇月について労働時間を延長して労働させ、及び休日において労働させた時間の上限（新労基法第36条第6項第2号及び第3号）についての規定は適用されず、特別条項において定める時間外・休日労働時間数は、労使当事者間において、1箇月については事業場の実情に応じた時間数を、1年については960時間を超えない範囲内の時間数をそれぞれ協定するものであること。

(3)　医業に従事する医師（新労基法第141条関係）

　　医業に従事する医師については、時間外労働の上限規制を適用するに当たって、医師法（昭和23年法律第201号）第19条第1項に基づく応召義務等の特殊性を踏まえた対応が必要であることから、令和6年4月1日から時間外労働の上限規制を適用することとし、具体的な規制の在り方等については、現在、医療界の参加の下で有識者による検討を行っているものであること。

　ア　猶予対象となる医師の範囲（新労基法第141条第1項関係）

　　　新労基法第141条第1項に規定する医師の範囲については、有識者による検討結果等を踏まえながら、今後厚生労働省令で定めることとしているものであること。

　イ　令和6年3月31日までの新労基法第36条の適用（新労基法第141条第4項及び新労基則第71条関係）

　　　令和6年3月31日（同日及びその翌日を含む期間を定めている時間外・休日労働協定に関しては、当該協定に定める期間の初日から起算して1年を経過する日）までの間、時間外・休日労働協定においては、①1日、②1日を超え3箇月以内の範囲で労使当事者が定める期間、③1年についての延長時間を協定するものであり、限度時間（新労基法第36条第3項及び第4項）、時間外・休日労働協定に特別条項を設ける場合の要件（新労基法第36条第5項）、1箇月について労働時間を延長して労働させ、及び休日において労働させた時間の上限（新労基法第36条第6項第2号及び第3号）についての規定は適用されないものであること。

　　　また、新労基則第17条第1項第3号から第7号までの規定は適用されないものであること。

　ウ　令和6年4月1日以降の新労基法第36条の適用（新労基法第141条第1項から第3項まで関係）

　　　令和6年4月1日以降は、当分の間、労働時間を延長して労働させることができる時間を協定するに当たっては、新労基法第36条第2項第2号の対象期間における時間数を協定するものであり、1日、1箇月及び1年の区分は設けないもので

あること。また、新労基法第 36 条第 2 項第 3 号に基づき協定する時間外労働の原則的上限については、別途厚生労働省令で定めることとしたものであること。

　また、時間外・休日労働協定に特別条項を設ける場合の協定事項や時間外・休日労働時間数の上限については、新労基法第 36 条第 5 項によらず、別途厚生労働省令で定めることとしたものであること。

　さらに、時間外・休日労働協定で定めるところにより労働させる場合の実労働時間数の上限については、新労基法第 36 条第 6 項によらず、別途厚生労働省令で定めることとしたものであること。

(4)　鹿児島県及び沖縄県における砂糖を製造する事業（新労基法第 142 条及び新労基則第 71 条関係）

　鹿児島県及び沖縄県における砂糖を製造する事業については、令和 6 年 3 月 31 日（同日及びその翌日を含む期間を定めている時間外・休日労働協定に関しては、当該協定に定める期間の初日から起算して 1 年を経過する日）までの間、時間外・休日労働協定に特別条項を設ける場合の 1 箇月についての上限（新労基法第 36 条第 5 項）、1 箇月について労働時間を延長して労働させ、及び休日において労働させた時間の上限（新労基法第 36 条第 6 項第 2 号及び第 3 号）についての規定は適用されないものであること。

　また、新労基則第 17 条第 1 項第 3 号から第 7 号までの規定は適用されないものであること。

　令和 6 年 4 月 1 日以降は、新労基法第 36 条の規定が全面的に適用されるものであること。

11　労働基準法第 36 条第 1 項の協定で定める労働時間の延長及び休日の労働について留意すべき事項等に関する指針関係

(1)　目的（指針第 1 条関係）

　指針は、時間外・休日労働協定で定める労働時間の延長及び休日の労働について留意すべき事項、当該労働時間の延長に係る割増賃金の率その他の必要な事項を定めることにより、労働時間の延長及び休日の労働を適正なものとすることを目的とするものであること。

(2)　労使当事者の責務（指針第 2 条関係）

　時間外・休日労働協定による労働時間の延長及び休日の労働は必要最小限にとどめられるべきであり、また、労働時間の延長は原則として限度時間を超えないものとされていることから、労使当事者は、これらに十分留意した上で時間外・休日労働協定をするように努めなければならないものであること。

(3)　使用者の責務（指針第 3 条関係）

　使用者は、時間外・休日労働協定において定めた範囲内で時間外・休日労働を行わせた場合であっても、労働契約法（平成 19 年法律第 128 号）第 5 条の規定に基づく安全配慮義務を負うことに留意しなければならないものであること。

　また、使用者は、令和 3 年 9 月 14 日付け基発 0914 第 1 号「血管病変等を著しく

増悪させる業務による脳血管疾患及び虚血性心疾患等の認定基準について」において、①1週間当たり40時間を超えて労働した時間が1箇月においておおむね45時間を超えて長くなるほど、業務と脳・心臓疾患の発症との関連性が徐々に強まると評価できるとされていること、②発症前1箇月間におおむね100時間又は発症前2箇月間から6箇月間までにおいて1箇月当たりおおむね80時間を超える場合には業務と脳・心臓疾患の発症との関連性が強いと評価できるとされていることに留意しなければならないものであること。

(4) 業務区分の細分化（指針第4条関係）

　労使当事者は、時間外・休日労働協定において労働時間を延長し、又は休日に労働させることができる業務の種類について定めるに当たっては、業務の区分を細分化することにより当該業務の範囲を明確にしなければならないものであること。

　これは、業務の区分を細分化することにより当該業務の種類ごとの時間外労働時間をきめ細かに協定するものとしたものであり、労使当事者は、時間外・休日労働協定の締結に当たり各事業場における業務の実態に即し、業務の種類を具体的に区分しなければならないものであること。

(5) 限度時間を超えて延長時間を定めるに当たっての留意事項（指針第5条関係）

　労使当事者は、時間外・休日労働協定において限度時間を超えて労働させることができる場合を定めるに当たっては、当該事業場における通常予見することのできない業務量の大幅な増加等に伴い臨時的に限度時間を超えて労働させる必要がある場合をできる限り具体的に定めなければならず、「業務の都合上必要な場合」、「業務上やむを得ない場合」など恒常的な長時間労働を招くおそれがあるものを定めることは認められないことに留意しなければならないものであること。

　また、労使当事者は、特別条項において1箇月の時間外・休日労働時間数及び1年の時間外労働時間数を協定するに当たっては、労働時間の延長は原則として限度時間を超えないものとされていることに十分留意し、当該時間を限度時間にできる限り近づけるように努めなければならないものであること。

　さらに、労使当事者は、時間外・休日労働協定において限度時間を超えて労働時間を延長して労働させることができる時間に係る割増賃金の率を定めるに当たっては、当該割増賃金の率を、労働基準法第37条第1項の時間外及び休日の割増賃金に係る率の最低限度を定める政令（平成6年政令第5号）で定める率（2割5分）を超える率とするように努めなければならないものであること。

(6) 1箇月に満たない期間において労働する労働者についての延長時間の目安（指針第6条関係）

　労使当事者は、期間の定めのある労働契約で労働する労働者その他の1箇月に満たない期間において労働する労働者について、時間外・休日労働協定において労働時間を延長して労働させることができる時間を定めるに当たっては、指針別表の上欄に掲げる期間の区分に応じ、それぞれ同表の下欄に掲げる目安時間を超えないものとするように努めなければならないものであること。

別表（第 6 条関係）

期間	目安時間
1 週間	15 時間
2 週間	27 時間
4 週間	43 時間

備考　期間が次のいずれかに該当する場合は、目安時間は、当該期間の区分に応じ、それぞれに定める時間（その時間に 1 時間未満の端数があるときは、これを 1 時間に切り上げる。）とする。

一　1 日を超え 1 週間未満の日数を単位とする期間　15 時間に当該日数を 7 で除して得た数を乗じて得た時間

二　1 週間を超え 2 週間未満の日数を単位とする期間　27 時間に当該日数を 14 で除して得た数を乗じて得た時間

三　2 週間を超え 4 週間未満の日数を単位とする期間　43 時間に当該日数を 28 で除して得た数を乗じて得た時間（その時間が 27 時間を下回るときは、27 時間）

(7)　休日の労働を定めるに当たっての留意事項（指針第 7 条関係）

　　労使当事者は、時間外・休日労働協定において休日の労働を定めるに当たっては労働させることができる休日の日数をできる限り少なくし、及び休日に労働させる時間をできる限り短くするように努めなければならないものであること。

(8)　健康福祉確保措置（指針第 8 条関係）

　　労使当事者は、時間外・休日労働協定に特別条項を設ける場合において、健康福祉確保措置を協定するに当たっては、次に掲げるもののうちから協定することが望ましいことに留意しなければならないものであること。

①　労働時間が一定時間を超えた労働者に医師による面接指導を実施すること。

②　労働基準法第 37 条第 4 項に規定する時刻の間において労働させる回数を 1 箇月について一定回数以内とすること。

③　終業から始業までに一定時間以上の継続した休息時間を確保すること。

④　労働者の勤務状況及びその健康状態に応じて、代償休日又は特別な休暇を付与すること。

⑤　労働者の勤務状況及びその健康状態に応じて、健康診断を実施すること。

⑥　年次有給休暇についてまとまった日数連続して取得することを含めてその取得を促進すること。

⑦　心とからだの健康問題についての相談窓口を設置すること。

⑧　労働者の勤務状況及びその健康状態に配慮し、必要な場合には適切な部署に配置転換をすること。

⑨　必要に応じて、産業医等による助言・指導を受け、又は労働者に産業医等による保健指導を受けさせること。

(9)　適用除外等（指針第9条及び指針附則関係）

　　ア　新労基法第36条第11項に規定する業務（指針第9条関係）

　　　新労基法第36条第11項に規定する業務については、指針第5条、第6条及び第8条の規定は適用しないものであること。

　　　また、新労基法第36条第11項に規定する業務に係る時間外・休日労働協定をする労使当事者は、延長時間を定めるに当たっては、限度時間を勘案することが望ましいことに留意しなければならないものであること。

　　　さらに、新労基法第36条第11項に規定する業務に係る時間外・休日労働協定をする労使当事者は、限度時間に相当する時間を超えて労働時間を延長して労働させることができることとする場合においては、当該時間外・休日労働協定において当該時間を超えて労働させる労働者に対する健康及び福祉を確保するための措置を定めるように努めなければならず、当該措置については、指針第8条各号に掲げるもののうちから定めることが望ましいことに留意しなければならないものであること。

　　イ　新労基法第139条第2項、第140条第2項、第141条第4項又は第142条の規定の適用を受ける時間外・休日労働協定（指針附則第3項関係）

　　　新労基法第139条第2項、第140条第2項、第141条第4項又は第142条の規定の適用を受ける時間外・休日労働協定についても、令和6年3月31日までの間、必要な読替えを行った上で、指針第9条第1項及び第2項を適用するものであること。

　　ウ　限度基準告示の取扱い（指針附則第2項関係）

　　　限度基準告示は、廃止するものであること。

12　罰則（新労基法第119条関係）

　　新労基法第36条第6項に違反した使用者に対しては、新労基法第119条第1号の罰則の適用があること。

13　施行期日等（整備法附則第1条及び指針附則第1項関係）

　　時間外労働の上限規制に係る改正規定の施行期日及び指針の適用日は、平成31年4月1日であること。

第3　年次有給休暇（新労基法第39条及び新労基則第24条の5等関係）〈略〉

第5　検討規定（整備法附則第12条関係）

1　新労基法第36条の規定に係る検討（整備法附則第12条第1項関係）

　　政府は、整備法の施行後5年を経過した場合において、新労基法第36条の規定について、その施行の状況、労働時間の動向その他の事情を勘案しつつ検討を加え、必要があると認めるときは、その結果に基づいて所要の措置を講ずるものとされていること。

2　新労基法第139条及び第140条の規定に係る検討（整備法附則第12条第2項関係）

　　政府は、新労基法第139条に規定する事業及び新労基法第140条に規定する業務に係る新労基法第36条の規定の特例の廃止について、整備法施行後の労働時間の動向その他の事情を勘案しつつ引き続き検討するものとされていること。

3　改正後の各法律の規定に係る検討（整備法附則第12条第3項関係）

　　政府は、上記1及び2のほか、整備法の施行後5年を目途として、整備法による改正後の各法律の規定について、労働者と使用者の協議の促進等を通じて、仕事と生活の調和、労働条件の改善、雇用形態又は就業形態の異なる労働者の間の均衡のとれた待遇の確保その他の労働者の職業生活の充実を図る観点から、改正後の各法律の施行の状況等を勘案しつつ検討を加え、必要があると認めるときは、その結果に基づいて所要の措置を講ずるものとされていること。

第6　労働基準法施行規則の見直し（新労基則第5条及び第6条の2関係）

1　趣旨

　　労働政策審議会における建議を踏まえ、労働基準法施行規則について必要な見直しを行ったものであること。

2　労働条件の明示（新労基則第5条関係）

(1)　明示しなければならない労働条件を事実と異なるものとしてはならないこと（新労基則第5条第2項関係）

　　使用者は、労働基準法第15条第1項の規定により明示しなければならないとされている労働条件について、事実と異なるものとしてはならないこととしたものであること。この場合において、「事実と異なるもの」とは、同条第2項において、労働者が即時に労働契約を解除することができるとされる場合と同様に判断されることに留意すること。

(2)　労働条件の明示の方法（新労基則第5条第4項関係）

　　労働条件明示の方法について、労働者が希望した場合には、①ファクシミリの送信、②電子メール等の送信（当該労働者が当該電子メール等の記録を出力することにより書面を作成することができるものに限る。）により明示することを可能としたものであること。

　　なお、整備省令による改正後の特定有期雇用労働者に係る労働基準法施行規則第5条の特例を定める省令（平成27年厚生労働省令第36号）第1条及び第2条における計画対象第一種特定有期雇用労働者及び計画対象第二種特定有期雇用労働者に係る労働条件の明示についても同様の改正を行ったものであること。

3　過半数代表者（新労基則第6条の2関係）

　　時間外・休日労働協定の締結等に際し、労働基準法の規定に基づき労働者の過半数を代表する者を選出するに当たっては、使用者側が指名するなど不適切な取扱いがみられるところである。このため、過半数代表者の要件として、「使用者の意向に基づき選出されたものでないこと」を新労基則において明記したものであること。

　　また、使用者は、過半数代表者がその事務を円滑に遂行することができるよう必要な配慮を行わなければならないこととしたものであること。

4　施行期日（整備省令附則第1条関係）

　　上記2及び3に係る改正規定の施行期日は、平成31年4月1日であること。

(2) 働き方改革を推進するための関係法律の整備に関する法律による改正後の労働基準法関係の解釈について（抄）

（平 30.12.28 基発 1228 第 15 号）

第 1 フレックスタイム制（法第 32 条の 3 関係）

〈時間外・休日労働協定及び割増賃金との関係〉

問1 清算期間が 1 箇月を超える場合において、清算期間を 1 箇月ごとに区分した各期間を平均して 1 週間当たり 50 時間を超えて労働させた場合、法第 36 条第 1 項の協定（以下「時間外・休日労働協定」という。）の締結と割増賃金の支払は必要か。

答1 清算期間が 1 箇月を超える場合において、清算期間を 1 箇月ごとに区分した各期間を平均して 1 週間当たり 50 時間を超えて労働させた場合は時間外労働に該当するものであり、時間外・休日労働協定の締結及び届出を要し、清算期間の途中であっても、当該各期間に対応した賃金支払日に割増賃金を支払わなければならない。

〈時間外・休日労働協定における協定事項〉

問2 フレックスタイム制において時間外・休日労働協定を締結する際、現行の取扱いでは 1 日について延長することができる時間を協定する必要はなく、清算期間を通算して時間外労働をすることができる時間を協定すれば足りるとしているが、今回の法改正後における取扱い如何。

答2 1 日について延長することができる時間を協定する必要はなく、1 箇月及び 1 年について協定すれば足りる。

〈月 60 時間超の時間外労働に対する割増賃金率の適用〉

問3 法第 37 条第 1 項ただし書により、月 60 時間を超える時間外労働に対しては 5 割以上の率で計算した割増賃金を支払う必要があるが、清算期間が 1 箇月を超えるフレックスタイム制に対してはどのように適用するのか。

答3 清算期間を 1 箇月ごとに区分した各期間を平均して 1 週間当たり 50 時間を超えて労働させた時間については、清算期間の途中であっても、時間外労働としてその都度割増賃金を支払わなければならず、当該時間が月 60 時間を超える場合は法第 37 条第 1 項ただし書により 5 割以上の率で計算した割増賃金を支払わなければならない。

　　また、清算期間を 1 箇月ごとに区分した各期間の最終の期間においては、当該最終の期間を平均して 1 週間当たり 50 時間を超えて労働させた時間に加えて、当該清算期間における総実労働時間から、①当該清算期間の法定労働時間の総枠及び②当該清算期間中のその他の期間において時間外労働として取り扱った時間を控除した時間が時間外労働時間として算定されるものであり、この時間が 60 時間を超える場合には法第 37 条第 1 項ただし書により 5 割以上の率で計算した割増賃金を支払わなければならない。

〈法第36条第6項第2号及び第3号の適用〉

問4 法第36条第6項第2号及び第3号は、清算期間が1箇月を超えるフレックスタイム制に対してはどのように適用するのか。

答4 清算期間が1箇月を超える場合のフレックスタイム制においては、法第36条第6項第2号及び第3号は、清算期間を1箇月ごとに区分した各期間について、当該各期間（最終の期間を除く。）を平均して1週間当たり50時間を超えて労働させた時間に対して適用される。

また、清算期間を1箇月ごとに区分した各期間の最終の期間においては、当該最終の期間を平均して1週間当たり50時間を超えて労働させた時間に加えて、当該清算期間における総実労働時間から、①当該清算期間の法定労働時間の総枠及び②当該清算期間中のその他の期間において時間外労働として取り扱った時間を控除した時間が時間外労働時間として算定されるものであり、この時間について法第36条第6項第2号及び第3号が適用される。

なお、フレックスタイム制は、労働者があらかじめ定められた総労働時間の範囲内で始業及び終業の時刻を選択し、仕事と生活の調和を図りながら働くための制度であり、長時間の時間外労働を行わせることは、フレックスタイム制の趣旨に合致しないことに留意すること。

第2　時間外労働の上限規制（法第36条及び第139条から第142条まで関係）

〈時間外・休日労働協定の対象期間と有効期間〉

問1 時間外・休日労働協定の対象期間と有効期間の違い如何。

答1 時間外・休日労働協定における対象期間とは、法第36条の規定により労働時間を延長し、又は休日に労働させることができる期間をいい、1年間に限るものであり、時間外・休日労働協定においてその起算日を定めることによって期間が特定される。

これに対して、時間外・休日労働協定の有効期間とは、当該協定が効力を有する期間をいうものであり、対象期間が1年間に限られることから、有効期間は最も短い場合でも原則として1年間となる。また、時間外・休日労働協定について定期的に見直しを行う必要があると考えられることから、有効期間は1年間とすることが望ましい。

なお、時間外・休日労働協定において1年間を超える有効期間を定めた場合の対象期間は、当該有効期間の範囲内において、当該時間外・休日労働協定で定める対象期間の起算日から1年ごとに区分した各期間となる。

〈1日、1箇月及び1年以外の期間についての協定〉

問2 時間外・休日労働協定において、1日、1箇月及び1年以外の期間について延長時間を定めることはできるか。定めることができる場合、当該延長時間を超えて労働させた場合は法違反となるか。

答2 1日、1箇月及び1年に加えて、これ以外の期間について延長時間を定めることも可能である。この場合において、当該期間に係る延長時間を超えて労働させた場合は、法

第 32 条違反となる。

〈1 年単位の変形労働時間制の対象期間の一部が含まれる場合〉

問3 対象期間とする 1 年間の中に、対象期間が 3 箇月を超える 1 年単位の変形労働時間制の対象期間の一部が含まれている場合の限度時間は、月 42 時間かつ年 320 時間か。

答3 時間外・休日労働協定で対象期間として定められた 1 年間の中に、対象期間が 3 箇月を超える 1 年単位の変形労働時間制の対象期間が 3 箇月を超えて含まれている場合には、限度時間は月 42 時間及び年 320 時間となる。

〈限度時間等を超える協定の効力〉

問4 法第 36 条第 4 項に規定する限度時間又は同条第 5 項に規定する 1 箇月及び 1 年についての延長時間の上限（1 箇月について休日労働を含んで 100 時間未満、1 年について 720 時間）若しくは月数の上限（6 箇月）を超えている時間外・休日労働協定の効力如何。

答4 設問の事項は、いずれも法律において定められた要件であり、これらの要件を満たしていない時間外・休日労働協定は全体として無効である。

〈対象期間の途中における破棄・再締結〉

問5 対象期間の途中で時間外・休日労働協定を破棄・再締結し、対象期間の起算日を当初の時間外・休日労働協定から変更することはできるか。

答5 時間外労働の上限規制の実効性を確保する観点から、法第 36 条第 4 項の 1 年についての限度時間及び同条第 5 項の月数は厳格に適用すべきものであり、設問のように対象期間の起算日を変更することは原則として認められない。

　なお、複数の事業場を有する企業において、対象期間を全社的に統一する場合のように、やむを得ず対象期間の起算日を変更する場合は、時間外・休日労働協定を再締結した後の期間においても、再締結後の時間外・休日労働協定を遵守することに加えて、当初の時間外・休日労働協定の対象期間における 1 年の延長時間及び限度時間を超えて労働させることができる月数を引き続き遵守しなければならない。

〈限度時間を超えて労働させる必要がある場合〉

問6 法第 36 条第 5 項に規定する「通常予見することのできない業務量の大幅な増加等に伴い臨時的に第 3 項の限度時間を超えて労働させる必要がある場合」とは具体的にどのような状態をいうのか。

答6 「通常予見することのできない業務量の大幅な増加等に伴い臨時的に第 3 項の限度時間を超えて労働させる必要がある場合」とは、全体として 1 年の半分を超えない一定の限られた時期において一時的・突発的に業務量が増える状況等により限度時間を超えて労働させる必要がある場合をいうものであり、「通常予見することのできない業務量の増加」とは、こうした状況の一つの例として規定されたものである。

　その上で、具体的にどのような場合を協定するかについては、労使当事者が事業又は

業務の態様等に即して自主的に協議し、可能な限り具体的に定める必要があること。

なお、法第 33 条の非常災害時等の時間外労働に該当する場合はこれに含まれないこと。

〈転勤の場合〉

問7 同一企業内のA事業場からB事業場へ転勤した労働者について、①法第 36 条第 4 項に規定する限度時間、②同条第 5 項に規定する 1 年についての延長時間の上限、③同条第 6 項第 2 号及び第 3 号の時間数の上限は、両事業場における当該労働者の時間外労働時間数を通算して適用するのか。

答7 ①法第 36 条第 4 項に規定する限度時間及び②同条第 5 項に規定する 1 年についての延長時間の上限は、事業場における時間外・休日労働協定の内容を規制するものであり、特定の労働者が転勤した場合は通算されない。

これに対して、③同条第 6 項第 2 号及び第 3 号の時間数の上限は、労働者個人の実労働時間を規制するものであり、特定の労働者が転勤した場合は法第 38 条第 1 項の規定により通算して適用される。

〈法第 36 条第 6 項第 3 号の適用範囲〉

問8 法第 36 条第 6 項第 3 号に規定する要件は、改正法施行前の期間や経過措置の期間も含めて満たす必要があるのか。

また、複数の時間外・休日労働協定の対象期間をまたぐ場合にも適用されるものであるか。

答8 法第 36 条第 6 項第 3 号の要件については、同号の適用がない期間（整備法の施行前の期間、整備法附則第 2 条の規定によりなお従前の例によることとされている期間及び法第 139 条から第 142 条までの規定により法第 36 条第 6 項の規定が適用されない期間）の労働時間は算定対象とならない。

また、法第 36 条第 6 項第 3 号の規定は、複数の時間外・休日労働協定の対象期間をまたぐ場合にも適用されるものである。

〈指針に適合しない時間外・休日労働協定の効力〉

問9 指針に適合しない時間外・休日労働協定の効力如何。

答9 指針は、時間外・休日労働を適正なものとするために留意すべき事項等を定めたものであり、法定要件を満たしているが、指針に適合しない時間外・休日労働協定は直ちには無効とはならない。

なお、指針に適合しない時間外・休日労働協定は、法第 36 条第 9 項の規定に基づく助言及び指導の対象となるものである。

〈適用猶予・除外業務等に係る届出様式の取扱い〉

問10 適用猶予・除外業務等について上限規制の枠内の時間外・休日労働協定を届け出る

場合に、則様式第9号又は第9号の2を使用することは差し支えないか。

答10 法第36条の適用が猶予・除外される対象であっても、同条に適合した時間外・休日労働協定を締結することが望ましい。

この場合において、則様式第9号又は第9号の2を使用することも差し支えない。

〈指針第8条第2号の深夜業の回数制限〉

問12 指針第8条第2号に規定する健康確保措置の対象には、所定労働時間内の深夜業の回数も含まれるのか。

また、目安となる回数はあるか。

答12 指針第8条第2号に規定する健康確保措置の対象には、所定労働時間内の深夜業の回数制限も含まれるものである。なお、交替制勤務など所定労働時間に深夜業を含んでいる場合には、事業場の実情に合わせ、その他の健康確保措置を講ずることが考えられる。

また、指針は、限度時間を超えて労働させる労働者に対する健康及び福祉を確保するための措置として望ましい内容を規定しているものであり、深夜業を制限する回数の設定を含め、その具体的な取扱いについては、労働者の健康及び福祉を確保するため、各事業場の業務の実態等を踏まえて、必要な内容を労使間で協定すべきものである。

例えば、労働安全衛生法（昭和47年法律第57号）第66条の2の規定に基づく自発的健康診断の要件として、1月当たり4回以上深夜業に従事したこととされていることを参考として協定することも考えられる。

〈指針第8条第3号の休息時間〉

問13 指針第8条第3号の「休息時間」とはどのような時間か。目安となる時間数はあるか。

答13 指針第8条第3号の「休息時間」は、使用者の拘束を受けない時間をいうものであるが、限度時間を超えて労働させる労働者に対する健康及び福祉を確保するための措置として望ましい内容を規定しているものであり、休息時間の時間数を含め、その具体的な取扱いについては、労働者の健康及び福祉を確保するため、各事業場の業務の実態等を踏まえて、必要な内容を労使間で協定すべきものである。

〈法第36条第11項に規定する業務の範囲〉

問14 法第36条第11項に規定する「新たな技術、商品又は役務の研究開発に係る業務」の具体的な範囲如何。

答14 法第36条第11項に規定する「新たな技術、商品又は役務の研究開発に係る業務」は、専門的、科学的な知識、技術を有する者が従事する新技術、新商品等の研究開発の業務をいい、既存の商品やサービスにとどまるものや、商品を専ら製造する業務などはここに含まれないこと。

〈則第 69 条第 1 項第 3 号の対象となる範囲〉

問15 則第 69 条第 1 項第 3 号の対象となる範囲如何。

答15 建設現場における交通誘導警備の業務を主たる業務とする労働者を指すものである。

〈自動車の運転の業務の範囲〉

問16 法第 140 条及び則第 69 条第 2 項に規定する自動車の運転の業務の範囲如何。

答16 法第 140 条及び則第 69 条第 2 項に規定する「自動車の運転の業務」に従事する者は、自動車運転者の労働時間等の改善のための基準（平成元年労働省告示第 7 号。以下「改善基準告示」という。）第 1 条の自動車運転者と範囲を同じくするものである。

　　すなわち、改善基準告示第 1 条の「自動車の運転に主として従事する者」が対象となるものであり、物品又は人を運搬するために自動車を運転することが労働契約上の主として従事する業務となっている者は原則として該当する。（ただし、物品又は人を運搬するために自動車を運転することが労働契約上の主として従事する業務となっていない者についても、実態として物品又は人を運搬するために自動車を運転する時間が現に労働時間の半分を超えており、かつ、当該業務に従事する時間が年間総労働時間の半分を超えることが見込まれる場合には、「自動車の運転に主として従事する者」として取り扱うこと。）

　　そのため、自動車の運転が労働契約上の主として従事する業務でない者、例えば、事業場外において物品等の販売や役務の提供、取引契約の締結・勧誘等を行うための手段として自動車を運転する者は原則として該当しない。

　　なお、労働契約上、主として自動車の運転に従事することとなっている者であっても、実態として、主として自動車の運転に従事することがなければ該当しないものである。

〈「医業に従事する医師」の範囲〉

問17 法第 141 条に規定する「医業に従事する医師」の範囲如何。

答17 労働者として使用され、医行為を行う医師をいう。なお、医行為とは、当該行為を行うに当たり、医師の医学的判断及び技術をもってするのでなければ人体に危害を及ぼし、又は危害を及ぼすおそれのある行為をいうものである。

〈労働者派遣事業の場合〉

問18 労働者派遣事業を営む事業主が、法第 139 条から第 142 条までに規定する事業又は業務に労働者を派遣する場合、これらの規定は適用されるのか。

　　また、事業場の規模により法第 36 条の適用が開始される日が異なるが、派遣元又は派遣先のいずれの事業場の規模について判断すればよいか。

答18 労働者派遣事業の適正な運営の確保及び派遣労働者の保護等に関する法律（昭和 60 年法律第 88 号。以下「労働者派遣法」という。）第 44 条第 2 項前段の規定により、派遣中の労働者の派遣就業に係る法第 36 条の規定は派遣先の使用者について適用され、同項

後段の規定により、時間外・休日労働協定の締結・届出は派遣元の使用者が行うこととなる。

このため、法第139条から第142条までの規定は派遣先の事業又は業務について適用されることとなり、派遣元の使用者においては、派遣先における事業・業務の内容を踏まえて時間外・休日労働協定を締結する必要がある。

また、事業場の規模についても、労働者派遣法第44条第2項前段の規定により、派遣先の事業場の規模によって判断することとなる。

時間外・休日労働協定の届出様式については、派遣先の企業規模や事業内容、業務内容に応じて適切なものを使用することとなる。

〈一般則適用業務と適用除外・猶予業務等との間で転換した場合〉

問19 法第36条の規定が全面的に適用される業務（以下「一般則適用業務」という。）と法第36条の適用除外・猶予業務等との間で業務転換した場合や出向した場合の取扱い如何。

答19 【業務転換の場合】

同一の時間外・休日労働協定によって時間外労働を行わせる場合は、対象期間の途中で業務を転換した場合においても、対象期間の起算日からの当該労働者の時間外労働の総計を当該時間外・休日労働協定で定める延長時間の範囲内としなければならない。したがって、例えば法第36条の適用除外・猶予業務から一般則適用業務に転換した場合、当該協定における一般則適用業務の延長時間（最大1年720時間）から、適用除外・猶予業務において行った時間外労働時間数を差し引いた時間数まで時間外労働を行わせることができ、適用除外・猶予業務において既に年720時間を超える時間外労働を行っていた場合は、一般則適用業務への転換後に時間外労働を行わせることはできない。

なお、法第36条第6項第2号及び第3号の規定は、時間外・休日労働協定の内容にかかわらず、一般則適用業務に従事する期間における実労働時間についてのみ適用されるものである。

【出向の場合】

出向先において出向元とは別の時間外・休日労働協定の適用を受けることとなる場合は、出向元と出向先との間において特段の取決めがない限り、出向元における時間外労働の実績にかかわらず、出向先の時間外・休日労働協定で定める範囲内で時間外・休日労働を行わせることができる。

ただし、一般則適用業務の実労働時間については、法第36条第6項第2号及び第3号の要件を満たす必要があり、法第38条第1項により出向の前後で通算される。

第5　過半数代表者（則第6条の2関係）
〈「必要な配慮」の内容〉

問1 則第6条第4項の「必要な配慮」にはどのようなものが含まれるのか。

答1 則第6条第4項の「必要な配慮」には、例えば、過半数代表者が労働者の意見集約

等を行うに当たって必要となる事務機器（イントラネットや社内メールを含む。）や事務
スペースの提供を行うことが含まれるものである。

Ⅳ 労働時間等設定改善法関係法令

（1） 労働時間等の設定の改善に関する特別措置法（抄）

（平 4.7.2 法律第 90 号）

（最終改正　平 30.7.6 法律第 71 号）

第 1 章　総　則

（目的）

第 1 条　この法律は、我が国における労働時間等の現状及び動向にかんがみ、労働時間等設定改善指針を策定するとともに、事業主等による労働時間等の設定の改善に向けた自主的な努力を促進するための特別の措置を講ずることにより、労働者がその有する能力を有効に発揮することができるようにし、もって労働者の健康で充実した生活の実現と国民経済の健全な発展に資することを目的とする。

（定義）

第 1 条の 2　この法律において「労働時間等」とは、労働時間、休日及び年次有給休暇（労働基準法（昭和 22 年法律第 49 号）第 39 条の規定による年次有給休暇として与えられるものをいう。以下同じ。）その他の休暇をいう。

2　この法律において「労働時間等の設定」とは、労働時間、休日数、年次有給休暇を与える時季、深夜業の回数、終業から始業までの時間その他の労働時間等に関する事項を定めることをいう。

（事業主等の責務）

第 2 条　事業主は、その雇用する労働者の労働時間等の設定の改善を図るため、業務の繁閑に応じた労働者の始業及び終業の時刻の設定、健康及び福祉を確保するために必要な終業から始業までの時間の設定、年次有給休暇を取得しやすい環境の整備その他の必要な措置を講ずるように努めなければならない。

2　事業主は、労働時間等の設定に当たっては、その雇用する労働者のうち、その心身の状況及びその労働時間等に関する実情に照らして、健康の保持に努める必要があると認められる労働者に対して、休暇の付与その他の必要な措置を講ずるように努めるほか、その雇用する労働者のうち、その子の養育又は家族の介護を行う労働者、単身赴任者（転任に伴い生計を一にする配偶者との別居を常況とする労働者その他これに類する労働者をいう。）、自ら職業に関する教育訓練を受ける労働者その他の特に配慮を必要とする労働者について、その事情を考慮してこれを行う等その改善に努めなければならない。

3　事業主の団体は、その構成員である事業主の雇用する労働者の労働時間等の設定の改善に関し、必要な助言、協力その他の援助を行うように努めなければならない。

4　事業主は、他の事業主との取引を行う場合において、著しく短い期限の設定及び発注の内容の頻繁な変更を行わないこと、当該他の事業主の講ずる労働時間等の設定の改善に

関する措置の円滑な実施を阻害することとなる取引条件を付けないこと等取引上必要な配慮をするように努めなければならない。

（国及び地方公共団体の責務）

第3条 国は、労働時間等の設定の改善について、事業主、労働者その他の関係者の自主的な努力を尊重しつつその実情に応じてこれらの者に対し必要な指導、援助等を行うとともに、これらの者その他国民一般の理解を高めるために必要な広報その他の啓発活動を行う等、労働時間等の設定の改善を促進するために必要な施策を総合的かつ効果的に推進するように努めなければならない。

2 地方公共団体は、前項の国の施策と相まって、広報その他の啓発活動を行う等労働時間等の設定の改善を促進するために必要な施策を推進するように努めなければならない。

（適用除外）

第3条の2 この法律は、国家公務員及び地方公務員並びに船員法（昭和22年法律第100号）の適用を受ける船員については、適用しない。

第2章　労働時間等設定改善指針等

（労働時間等設定改善指針の策定）

第4条 厚生労働大臣は、第2条に定める事項に関し、事業主及びその団体が適切に対処するために必要な指針（以下「労働時間等設定改善指針」という。）を定めるものとする。

2 厚生労働大臣は、労働時間等設定改善指針を定める場合には、あらかじめ、関係行政機関の長と協議し、及び都道府県知事の意見を求めるとともに、労働政策審議会の意見を聴かなければならない。

3 厚生労働大臣は、労働時間等設定改善指針を定めたときは、遅滞なく、これを公表しなければならない。

4 前2項の規定は、労働時間等設定改善指針の変更について準用する。

第3章　労働時間等の設定の改善の実施体制の整備等

（労働時間等の設定の改善の実施体制の整備）

第6条 事業主は、事業主を代表する者及び当該事業主の雇用する労働者を代表する者を構成員とし、労働時間等の設定の改善を図るための措置その他労働時間等の設定の改善に関する事項を調査審議し、事業主に対し意見を述べることを目的とする全部の事業場を通じて一の又は事業場ごとの委員会を設置する等労働時間等の設定の改善を効果的に実施するために必要な体制の整備に努めなければならない。

（労働時間等設定改善委員会の決議に係る労働基準法の適用の特例）

第7条 前条に規定する委員会のうち事業場ごとのものであって次に掲げる要件に適合するもの（以下この条において「労働時間等設定改善委員会」という。）が設置されている場合において、労働時間等設定改善委員会でその委員の5分の4以上の多数による議決により労働基準法第32条の2第1項、第32条の3第1項（同条第2項及び第3項の規定により読み替えて適用する場合を含む。以下この条において同じ。）、第32条の4第1

項及び第2項、第32条の5第1項、第34条第2項ただし書、第36条第1項、第2項及び第5項、第37条第3項、第38条の2第2項、第38条の3第1項並びに第39条第4項及び第6項の規定（これらの規定のうち、同法第32条の2第1項、第32条の3第1項、第32条の4第1項及び第2項並びに第36条第1項の規定にあっては労働者派遣事業の適正な運営の確保及び派遣労働者の保護等に関する法律（昭和60年法律第88号。以下この条において「労働者派遣法」という。）第44条第2項の規定により読み替えて適用する場合を、労働基準法第38条の2第2項及び第38条の3第1項の規定にあっては労働者派遣法第44条第5項の規定により読み替えて適用する場合を含む。以下この条において「労働時間に関する規定」という。）に規定する事項について決議が行われたときは、当該労働時間等設定改善委員会に係る事業場の使用者（労働基準法第10条に規定する使用者をいう。次条において同じ。）については、労働基準法第32条の2第1項中「協定」とあるのは「協定（労働時間等の設定の改善に関する特別措置法第7条に規定する労働時間等設定改善委員会の決議（第32条の4第2項及び第36条第8項において「決議」という。）を含む。次項、次条第4項、第32条の4第4項、第32条の5第3項、第36条第8項及び第9項、第38条の2第3項並びに第38条の3第2項を除き、以下同じ。）」と、同法第32条の4第2項中「同意」とあるのは「同意（決議を含む。）」と、同法第36条第8項中「代表する者」とあるのは「代表する者（決議をする委員を含む。次項において同じ。）」と、「当該協定」とあるのは「当該協定（当該決議を含む。）」として、労働時間に関する規定（同法第32条の4第3項並びに第36条第3項、第4項及び第6項から第11項までの規定を含む。）及び同法第106条第1項の規定を適用する。

一 当該委員会の委員の半数については、当該事業場に、労働者の過半数で組織する労働組合がある場合においてはその労働組合、労働者の過半数で組織する労働組合がない場合においては労働者の過半数を代表する者の推薦に基づき指名されていること。

二 当該委員会の議事について、厚生労働省令で定めるところにより、議事録が作成され、かつ、保存されていること。

三 前2号に掲げるもののほか、厚生労働省令で定める要件

（労働時間等設定改善企業委員会の決議に係る労働基準法の適用の特例）

第7条の2 事業主は、事業場ごとに、当該事業場における労働時間等の設定の改善に関する事項について、労働者の過半数で組織する労働組合がある場合においてはその労働組合、労働者の過半数で組織する労働組合がない場合においては労働者の過半数を代表する者との書面による協定により、第6条に規定する委員会のうち全部の事業場を通じて一の委員会であって次に掲げる要件に適合するもの（以下この条において「労働時間等設定改善企業委員会」という。）に調査審議させ、事業主に対して意見を述べさせることを定めた場合であって、労働時間等設定改善企業委員会でその委員の5分の4以上の多数による議決により労働基準法第37条第3項並びに第39条第4項及び第6項に規定する事項について決議が行われたときは、当該協定に係る事業場の使用者については、同法第37条第3項中「協定」とあるのは、「協定（労働時間等の設定の改善に関する特別措置法第7条の2に規定する労働時間等設定改善企業委員会の決議を含む。第39条第4

項及び第 6 項並びに第 106 条第 1 項において同じ。）」として、同項並びに同法第 39 条第 4 項及び第 6 項並びに第 106 条第 1 項の規定を適用する。

一 当該全部の事業場を通じて一の委員会の委員の半数については、当該事業主の雇用する労働者の過半数で組織する労働組合がある場合においてはその労働組合、当該労働者の過半数で組織する労働組合がない場合においては当該労働者の過半数を代表する者の推薦に基づき指名されていること。

二 当該全部の事業場を通じて一の委員会の議事について、厚生労働省令で定めるところにより、議事録が作成され、かつ、保存されていること。

三 前 2 号に掲げるもののほか、厚生労働省令で定める要件

　附　則（平 30.7.6 法律第 71 号）（抄）

（検討）

第 12 条　1　〈略〉

2　〈略〉

3　政府は、前 2 項に定める事項のほか、この法律の施行後 5 年を目途として、この法律による改正後のそれぞれの法律（以下この項において「改正後の各法律」という。）の規定について、労働者と使用者の協議の促進等を通じて、仕事と生活の調和、労働条件の改善、雇用形態又は就業形態の異なる労働者の間の均衡のとれた待遇の確保その他の労働者の職業生活の充実を図る観点から、改正後の各法律の施行の状況等を勘案しつつ検討を加え、必要があると認めるときは、その結果に基づいて所要の措置を講ずるものとする。

（罰則に関する経過措置）

第 29 条　この法律（附則第 1 条第 3 号に掲げる規定にあっては、当該規定）の施行前にした行為並びにこの附則の規定によりなお従前の例によることとされる場合及びこの附則の規定によりなおその効力を有することとされる場合におけるこの法律の施行後にした行為に対する罰則の適用については、なお従前の例による。

（2）　労働時間等の設定の改善に関する特別措置法施行規則（抄）

（平 4.8.28 労働省令第 26 号）

（最終改正　令 5.3.30 厚生労働省令第 39 号）

（過半数代表者の選任等）

第 1 条　労働時間等の設定の改善に関する特別措置法（平成 4 年法律第 90 号。以下「法」という。）第 7 条第 1 号並びに第 7 条の 2 各号列記以外の部分及び第 1 号に規定する労働者の過半数を代表する者（以下この条において「過半数代表者」という。）は、次の各号のいずれにも該当する者とする。

一 労働基準法（昭和 22 年法律第 49 号）第 41 条第 2 号に規定する監督又は管理の地位にある者でないこと。

二 法第 7 条第 1 号若しくは第 7 条の 2 第 1 号に規定する推薦又は同条各号列記以外の部分に規定する協定（第 3 項において「推薦等」という。）をする者を選出することを

　明らかにして実施される投票、挙手等の方法による手続により選出された者であって、使用者の意向に基づき選出されたものでないこと。

2　使用者は、労働者が過半数代表者であること若しくは過半数代表者になろうとしたこと又は過半数代表者として正当な行為をしたことを理由として不利益な取扱いをしないようにするものとする。

3　使用者は、過半数代表者が推薦等に関する事務を円滑に遂行することができるよう必要な配慮を行わなければならない。

（労働時間等設定改善委員会の議事録の作成及び保存）

第2条　法第7条第2号の規定による議事録の作成及び保存については、事業主は、同条に規定する労働時間等設定改善委員会の開催の都度その議事録を作成して、これをその開催の日（当該委員会の決議が行われた会議の議事録にあっては、当該決議に係る書面の完結の日（労働基準法施行規則（昭和22年厚生省令第23号）第56条第1項第5号に定める完結の日をいう。）（当該決議に係る賃金の支払期日が当該完結の日より遅い場合には、当該支払期日））から起算して5年間保存しなければならない。

（法第7条第3号の厚生労働省令で定める要件等）

第3条　法第7条第3号の厚生労働省令で定める要件は、同条に規定する労働時間等設定改善委員会の委員の任期及び当該委員会の招集、定足数、議事その他当該委員会の運営について必要な事項に関する規程が定められていることとする。

2　事業主は、前項の規程の作成又は変更については、当該労働時間等設定改善委員会の同意を得なければならない。

3　使用者は、法第7条に規定する労働時間等設定改善委員会の委員が同条の決議等に関する事務を円滑に遂行することができるよう必要な配慮を行わなければならない。

（準用規定）

第4条　第2条及び前条の規定は、法第7条の2に規定する労働時間等設定改善企業委員会について準用する。

　　　附　則　（令2.3.31厚生労働省令第76号）（抄）

第4条　第2条（第4条において準用する場合を含む。）の規定の適用については、当分の間、第2条中「5年間」とあるのは、「3年間」とする。

　　　附　則　（令5.3.30厚生労働省令第39号）（抄）

（施行期日）

第1条　この省令は、令和6年4月1日から施行する。

〈編注〉　令5.3.30厚生労働省令第39号により追加された第3条第3項の規定は、令和6年4月1日より施行される。

Ⅴ 労働安全衛生法関係法令

(1) 労働安全衛生法（抄）

（昭 47.6.8 法律第 57 号）

（最終改正　令 4.6.17 法律第 68 号）

第 3 章　安全衛生管理体制

（産業医等）

第 13 条　事業者は、政令で定める規模の事業場ごとに、厚生労働省令で定めるところにより、医師のうちから産業医を選任し、その者に労働者の健康管理その他の厚生労働省令で定める事項（以下「労働者の健康管理等」という。）を行わせなければならない。

2　産業医は、労働者の健康管理等を行うのに必要な医学に関する知識について厚生労働省令で定める要件を備えた者でなければならない。

3　産業医は、労働者の健康管理等を行うのに必要な医学に関する知識に基づいて、誠実にその職務を行わなければならない。

4　産業医を選任した事業者は、産業医に対し、厚生労働省令で定めるところにより、労働者の労働時間に関する情報その他の産業医が労働者の健康管理等を適切に行うために必要な情報として厚生労働省令で定めるものを提供しなければならない。

5　産業医は、労働者の健康を確保するため必要があると認めるときは、事業者に対し、労働者の健康管理等について必要な勧告をすることができる。この場合において、事業者は、当該勧告を尊重しなければならない。

6　事業者は、前項の勧告を受けたときは、厚生労働省令で定めるところにより、当該勧告の内容その他の厚生労働省令で定める事項を衛生委員会又は安全衛生委員会に報告しなければならない。

第 13 条の 2　事業者は、前条第 1 項の事業場以外の事業場については、労働者の健康管理等を行うのに必要な医学に関する知識を有する医師その他厚生労働省令で定める者に労働者の健康管理等の全部又は一部を行わせるように努めなければならない。

2　前条第 4 項の規定は、前項に規定する者に労働者の健康管理等の全部又は一部を行わせる事業者について準用する。この場合において、同条第 4 項中「提供しなければ」とあるのは、「提供するように努めなければ」と読み替えるものとする。

第 13 条の 3　事業者は、産業医又は前条第 1 項に規定する者による労働者の健康管理等の適切な実施を図るため、産業医又は同項に規定する者が労働者からの健康相談に応じ、適切に対応するために必要な体制の整備その他の必要な措置を講ずるように努めなければならない。

第7章　健康の保持増進のための措置

（面接指導等）

第66条の8　事業者は、その労働時間の状況その他の事項が労働者の健康の保持を考慮して厚生労働省令で定める要件に該当する労働者（次条第1項に規定する者及び第66条の8の4第1項に規定する者を除く。以下この条において同じ。）に対し、厚生労働省令で定めるところにより、医師による面接指導（問診その他の方法により心身の状況を把握し、これに応じて面接により必要な指導を行うことをいう。以下同じ。）を行わなければならない。

2　労働者は、前項の規定により事業者が行う面接指導を受けなければならない。ただし、事業者の指定した医師が行う面接指導を受けることを希望しない場合において、他の医師の行う同項の規定による面接指導に相当する面接指導を受け、その結果を証明する書面を事業者に提出したときは、この限りでない。

3　事業者は、厚生労働省令で定めるところにより、第1項及び前項ただし書の規定による面接指導の結果を記録しておかなければならない。

4　事業者は、第1項又は第2項ただし書の規定による面接指導の結果に基づき、当該労働者の健康を保持するために必要な措置について、厚生労働省令で定めるところにより、医師の意見を聴かなければならない。

5　事業者は、前項の規定による医師の意見を勘案し、その必要があると認めるときは、当該労働者の実情を考慮して、就業場所の変更、作業の転換、労働時間の短縮、深夜業の回数の減少等の措置を講ずるほか、当該医師の意見の衛生委員会若しくは安全衛生委員会又は労働時間等設定改善委員会への報告その他の適切な措置を講じなければならない。

第66条の8の2　事業者は、その労働時間が労働者の健康の保持を考慮して厚生労働省令で定める時間を超える労働者（労働基準法第36条第11項に規定する業務に従事する者（同法第41条各号に掲げる者及び第66条の8の4第1項に規定する者を除く。）に限る。）に対し、厚生労働省令で定めるところにより、医師による面接指導を行わなければならない。

2　前条第2項から第5項までの規定は、前項の事業者及び労働者について準用する。この場合において、同条第5項中「作業の転換」とあるのは、「職務内容の変更、有給休暇（労働基準法第39条の規定による有給休暇を除く。）の付与」と読み替えるものとする。

第66条の8の3　事業者は、第66条の8第1項又は前条第1項の規定による面接指導を実施するため、厚生労働省令で定める方法により、労働者（次条第1項に規定する者を除く。）の労働時間の状況を把握しなければならない。

第66条の8の4　事業者は、労働基準法第41条の2第1項の規定により労働する労働者であつて、その健康管理時間（同項第3号に規定する健康管理時間をいう。）が当該労働者の健康の保持を考慮して厚生労働省令で定める時間を超えるものに対し、厚生労働省令で定めるところにより、医師による面接指導を行わなければならない。

2　第66条の8第2項から第5項までの規定は、前項の事業者及び労働者について準用する。この場合において、同条第5項中「就業場所の変更、作業の転換、労働時間の短縮、深夜業の回数の減少等」とあるのは、「職務内容の変更、有給休暇（労働基準法第39条

の規定による有給休暇を除く。）の付与、健康管理時間（第66条の8の4第1項に規定する健康管理時間をいう。）が短縮されるための配慮等」と読み替えるものとする。

第66条の9 事業者は、第66条の8第1項、第66条の8の2第1項又は前条第1項の規定により面接指導を行う労働者以外の労働者であつて健康への配慮が必要なものについては、厚生労働省令で定めるところにより、必要な措置を講ずるように努めなければならない。

第11章 雑 則

（心身の状態に関する情報の取扱い）

第104条 事業者は、この法律又はこれに基づく命令の規定による措置の実施に関し、労働者の心身の状態に関する情報を収集し、保管し、又は使用するに当たつては、労働者の健康の確保に必要な範囲内で労働者の心身の状態に関する情報を収集し、並びに当該収集の目的の範囲内でこれを保管し、及び使用しなければならない。ただし、本人の同意がある場合その他正当な事由がある場合は、この限りでない。

2 事業者は、労働者の心身の状態に関する情報を適正に管理するために必要な措置を講じなければならない。

3 厚生労働大臣は、前2項の規定により事業者が講ずべき措置の適切かつ有効な実施を図るため必要な指針を公表するものとする。

4 厚生労働大臣は、前項の指針を公表した場合において必要があると認めるときは、事業者又はその団体に対し、当該指針に関し必要な指導等を行うことができる。

（健康診断等に関する秘密の保持）

第105条 第65条の2第1項及び第66条第1項から第4項までの規定による健康診断、第66条の8第1項、第66条の8の2第1項及び第66条の8の4第1項の規定による面接指導、第66条の10第1項の規定による検査又は同条第3項の規定による面接指導の実施の事務に従事した者は、その実施に関して知り得た労働者の秘密を漏らしてはならない。

（厚生労働省令への委任）

第115条の2 この法律に定めるもののほか、この法律の規定の実施に関し必要な事項は、厚生労働省令で定める。

第12章 罰 則

第120条 次の各号のいずれかに該当する者は、50万円以下の罰金に処する。

一 第10条第1項、第11条第1項、第12条第1項、第13条第1項、第15条第1項、第3項若しくは第4項、第15条の2第1項、第16条第1項、第17条第1項、第18条第1項、第25条の2第2項（第30条の3第5項において準用する場合を含む。）、第26条、第30条第1項若しくは第4項、第30条の2第1項若しくは第4項、第32条第1項から第6項まで、第33条第3項、第40条第2項、第44条第5項、第44条の2第6項、第45条第1項若しくは第2項、第57条の4第1項、第59条第1項（同条第2項において準用する場合を含む。）、第61条第2項、第66条第1項から第3項まで、

第66条の3、第66条の6、第66条の8の2第1項、第66条の8の4第1項、第87条第6項、第88条第1項から第4項まで、第101条第1項又は第103条第1項の規定に違反した者

二　第11条第2項（第12条第2項及び第15条の2第2項において準用する場合を含む。）、第57条の5第1項、第65条第5項、第66条第4項、第98条第2項又は第99条第2項の規定による命令又は指示に違反した者

三　第44条第4項又は第44条の2第5項の規定による表示をせず、又は虚偽の表示をした者

四　第91条第1項若しくは第2項、第94条第1項又は第96条第1項、第2項若しくは第4項の規定による立入り、検査、作業環境測定、収去若しくは検診を拒み、妨げ、若しくは忌避し、又は質問に対して陳述をせず、若しくは虚偽の陳述をした者

五　第100条第1項又は第3項の規定による報告をせず、若しくは虚偽の報告をし、又は出頭しなかつた者

六　第103条第3項の規定による帳簿の備付け若しくは保存をせず、又は同項の帳簿に虚偽の記載をした者

(2)　労働安全衛生規則（抄）

（昭47.9.30労働省令第32号）

（最終改正　令5.4.3厚生労働省令第66号）

第1編　通　則
第2章　安全衛生管理体制
第4節　産業医等

（産業医の選任等）

第13条　法第13条第1項の規定による産業医の選任は、次に定めるところにより行わなければならない。

一　産業医を選任すべき事由が発生した日から14日以内に選任すること。

二　次に掲げる者（イ及びロにあつては、事業場の運営について利害関係を有しない者を除く。）以外の者のうちから選任すること。

　　イ　事業者が法人の場合にあつては当該法人の代表者

　　ロ　事業者が法人でない場合にあつては事業を営む個人

　　ハ　事業場においてその事業の実施を統括管理する者

三　常時1,000人以上の労働者を使用する事業場又は次に掲げる業務に常時500人以上の労働者を従事させる事業場にあつては、その事業場に専属の者を選任すること。

　　イ　多量の高熱物体を取り扱う業務及び著しく暑熱な場所における業務

　　ロ　多量の低温物体を取り扱う業務及び著しく寒冷な場所における業務

　　ハ　ラジウム放射線、エックス線その他の有害放射線にさらされる業務

　ニ　土石、獣毛等のじんあい又は粉末を著しく飛散する場所における業務

　ホ　異常気圧下における業務

　ヘ　さく岩機、鋲打機等の使用によつて、身体に著しい振動を与える業務

　ト　重量物の取扱い等重激な業務

　チ　ボイラー製造等強烈な騒音を発する場所における業務

　リ　坑内における業務

　ヌ　深夜業を含む業務

　ル　水銀、砒素、黄りん、弗化水素酸、塩酸、硝酸、硫酸、青酸、か性アルカリ、石炭酸その他これらに準ずる有害物を取り扱う業務

　ヲ　鉛、水銀、クロム、砒素、黄りん、弗化水素、塩素、塩酸、硝酸、亜硫酸、硫酸、一酸化炭素、二硫化炭素、青酸、ベンゼン、アニリンその他これらに準ずる有害物のガス、蒸気又は粉じんを発散する場所における業務

　ワ　病原体によつて汚染のおそれが著しい業務

　カ　その他厚生労働大臣が定める業務

　四　常時 3,000 人をこえる労働者を使用する事業場にあつては、2 人以上の産業医を選任すること。

2　第 2 条第 2 項の規定は、産業医について準用する。ただし、学校保健安全法（昭和 33 年法律第 56 号）第 23 条（就学前の子どもに関する教育、保育等の総合的な提供の推進に関する法律（平成 18 年法律第 77 号。以下この項及び第 44 条の 2 第 1 項において「認定こども園法」という。）第 27 条において準用する場合を含む。）の規定により任命し、又は委嘱された学校医で、当該学校（同条において準用する場合にあつては、認定こども園法第 2 条第 7 項に規定する幼保連携型認定こども園）において産業医の職務を行うこととされたものについては、この限りでない。

3　第 8 条の規定は、産業医について準用する。この場合において、同条中「前条第 1 項」とあるのは、「第 13 条第 1 項」と読み替えるものとする。

4　事業者は、産業医が辞任したとき又は産業医を解任したときは、遅滞なく、その旨及びその理由を衛生委員会又は安全衛生委員会に報告しなければならない。

（産業医及び産業歯科医の職務等）

第 14 条　法第 13 条第 1 項の厚生労働省令で定める事項は、次に掲げる事項で医学に関する専門的知識を必要とするものとする。

　一　健康診断の実施及びその結果に基づく労働者の健康を保持するための措置に関すること。

　二　法第 66 条の 8 第 1 項、第 66 条の 8 の 2 第 1 項及び第 66 条の 8 の 4 第 1 項に規定する面接指導並びに法第 66 条の 9 に規定する必要な措置の実施並びにこれらの結果に基づく労働者の健康を保持するための措置に関すること。

　三　法第 66 条の 10 第 1 項に規定する心理的な負担の程度を把握するための検査の実施並びに同条第 3 項に規定する面接指導の実施及びその結果に基づく労働者の健康を保持するための措置に関すること。

　四　作業環境の維持管理に関すること。

　　五　作業の管理に関すること。

　　六　前各号に掲げるもののほか、労働者の健康管理に関すること。

　　七　健康教育、健康相談その他労働者の健康の保持増進を図るための措置に関すること。

　　八　衛生教育に関すること。

　　九　労働者の健康障害の原因の調査及び再発防止のための措置に関すること。

2　法第13条第2項の厚生労働省令で定める要件を備えた者は、次のとおりとする。

　　一　法第13条第1項に規定する労働者の健康管理等（以下「労働者の健康管理等」という。）を行うのに必要な医学に関する知識についての研修であつて厚生労働大臣の指定する者（法人に限る。）が行うものを修了した者

　　二　産業医の養成等を行うことを目的とする医学の正規の課程を設置している産業医科大学その他の大学であつて厚生労働大臣が指定するものにおいて当該課程を修めて卒業した者であつて、その大学が行う実習を履修したもの

　　三　労働衛生コンサルタント試験に合格した者で、その試験の区分が保健衛生であるもの

　　四　学校教育法による大学において労働衛生に関する科目を担当する教授、准教授又は講師（常時勤務する者に限る。）の職にあり、又はあつた者

　　五　前各号に掲げる者のほか、厚生労働大臣が定める者

3　産業医は、第1項各号に掲げる事項について、総括安全衛生管理者に対して勧告し、又は衛生管理者に対して指導し、若しくは助言することができる。

4　事業者は、産業医が法第13条第5項の規定による勧告をしたこと又は前項の規定による勧告、指導若しくは助言をしたことを理由として、産業医に対し、解任その他不利益な取扱いをしないようにしなければならない。

5　事業者は、令第22条第3項の業務に常時50人以上の労働者を従事させる事業場については、第1項各号に掲げる事項のうち当該労働者の歯又はその支持組織に関する事項について、適時、歯科医師の意見を聴くようにしなければならない。

6　前項の事業場の労働者に対して法第66条第3項の健康診断を行なつた歯科医師は、当該事業場の事業者又は総括安全衛生管理者に対し、当該労働者の健康障害（歯又はその支持組織に関するものに限る。）を防止するため必要な事項を勧告することができる。

7　産業医は、労働者の健康管理等を行うために必要な医学に関する知識及び能力の維持向上に努めなければならない。

（産業医に対する情報の提供）

第14条の2　法第13条第4項の厚生労働省令で定める情報は、次に掲げる情報とする。

　　一　法第66条の5第1項、第66条の8第5項（法第66条の8の2第2項又は第66条の8の4第2項において読み替えて準用する場合を含む。）又は第66条の10第6項の規定により既に講じた措置又は講じようとする措置の内容に関する情報（これらの措置を講じない場合にあつては、その旨及びその理由）

　　二　第52条の2第1項、第52条の7の2第1項又は第52条の7の4第1項の超えた時間が1月当たり80時間を超えた労働者の氏名及び当該労働者に係る当該超えた時間に関する情報

　　三　前2号に掲げるもののほか、労働者の業務に関する情報であつて産業医が労働者の健康管理等を適切に行うために必要と認めるもの

2　法第13条第4項の規定による情報の提供は、次の各号に掲げる情報の区分に応じ、当該各号に定めるところにより行うものとする。

　　一　前項第1号に掲げる情報　法第66条の4、第66条の8第4項（法第66条の8の2第2項又は第66条の8の4第2項において準用する場合を含む。）又は第66条の10第5項の規定による医師又は歯科医師からの意見聴取を行つた後、遅滞なく提供すること。

　　二　前項第2号に掲げる情報　第52条の2第2項（第52条の7の2第2項又は第52条の7の4第2項において準用する場合を含む。）の規定により同号の超えた時間の算定を行つた後、速やかに提供すること。

　　三　前項第3号に掲げる情報　産業医から当該情報の提供を求められた後、速やかに提供すること。

（産業医による勧告等）

第14条の3　産業医は、法第13条第5項の勧告をしようとするときは、あらかじめ、当該勧告の内容について、事業者の意見を求めるものとする。

2　事業者は、法第13条第5項の勧告を受けたときは、次に掲げる事項を記録し、これを3年間保存しなければならない。

　　一　当該勧告の内容

　　二　当該勧告を踏まえて講じた措置の内容（措置を講じない場合にあつては、その旨及びその理由）

3　法第13条第6項の規定による報告は、同条第5項の勧告を受けた後遅滞なく行うものとする。

4　法第13条第6項の厚生労働省令で定める事項は、次に掲げる事項とする。

　　一　当該勧告の内容

　　二　当該勧告を踏まえて講じた措置又は講じようとする措置の内容（措置を講じない場合にあつては、その旨及びその理由）

（産業医に対する権限の付与等）

第14条の4　事業者は、産業医に対し、第14条第1項各号に掲げる事項をなし得る権限を与えなければならない。

2　前項の権限には、第14条第1項各号に掲げる事項に係る次に掲げる事項に関する権限が含まれるものとする。

　　一　事業者又は総括安全衛生管理者に対して意見を述べること。

　　二　第14条第1項各号に掲げる事項を実施するために必要な情報を労働者から収集すること。

　　三　労働者の健康を確保するため緊急の必要がある場合において、労働者に対して必要な措置をとるべきことを指示すること。

（産業医の定期巡視）

第 15 条　産業医は、少なくとも毎月 1 回（産業医が、事業者から、毎月 1 回以上、次に掲げる情報の提供を受けている場合であつて、事業者の同意を得ているときは、少なくとも 2 月に 1 回）作業場等を巡視し、作業方法又は衛生状態に有害のおそれがあるときは、直ちに、労働者の健康障害を防止するため必要な措置を講じなければならない。

　一　第 11 条第 1 項の規定により衛生管理者が行う巡視の結果

　二　前号に掲げるもののほか、労働者の健康障害を防止し、又は労働者の健康を保持するために必要な情報であつて、衛生委員会又は安全衛生委員会における調査審議を経て事業者が産業医に提供することとしたもの

（産業医を選任すべき事業場以外の事業場の労働者の健康管理等）

第 15 条の 2　法第 13 条の 2 第 1 項の厚生労働省令で定める者は、労働者の健康管理等を行うのに必要な知識を有する保健師とする。

2　事業者は、法第 13 条第 1 項の事業場以外の事業場について、法第 13 条の 2 第 1 項に規定する者に労働者の健康管理等の全部又は一部を行わせるに当たつては、労働者の健康管理等を行う同項に規定する医師の選任、国が法第 19 条の 3 に規定する援助として行う労働者の健康管理等に係る業務についての相談その他の必要な援助の事業の利用等に努めるものとする。

3　第 14 条の 2 第 1 項の規定は法第 13 条の 2 第 2 項において準用する法第 13 条第 4 項の厚生労働省令で定める情報について、第 14 条の 2 第 2 項の規定は法第 13 条の 2 第 2 項において準用する法第 13 条第 4 項の規定による情報の提供について、それぞれ準用する。

第 6 章　健康の保持増進のための措置

第 1 節の 3　長時間にわたる労働に関する面接指導等

（面接指導の対象となる労働者の要件等）

第 52 条の 2　法第 66 条の 8 第 1 項の厚生労働省令で定める要件は、休憩時間を除き 1 週間当たり 40 時間を超えて労働させた場合におけるその超えた時間が 1 月当たり 80 時間を超え、かつ、疲労の蓄積が認められる者であることとする。ただし、次項の期日前 1 月以内に法第 66 条の 8 第 1 項又は第 66 条の 8 の 2 第 1 項に規定する面接指導を受けた労働者その他これに類する労働者であつて法第 66 条の 8 第 1 項に規定する面接指導（以下この節において「法第 66 条の 8 の面接指導」という。）を受ける必要がないと医師が認めたものを除く。

2　前項の超えた時間の算定は、毎月 1 回以上、一定の期日を定めて行わなければならない。

3　事業者は、第 1 項の超えた時間の算定を行つたときは、速やかに、同項の超えた時間が 1 月当たり 80 時間を超えた労働者に対し、当該労働者に係る当該超えた時間に関する情報を通知しなければならない。

（面接指導の実施方法等）

第 52 条の 3　法第 66 条の 8 の面接指導は、前条第 1 項の要件に該当する労働者の申出により行うものとする。

2　前項の申出は、前条第２項の期日後、遅滞なく、行うものとする。

3　事業者は、労働者から第１項の申出があつたときは、遅滞なく、法第66条の８の面接指導を行わなければならない。

4　産業医は、前条第１項の要件に該当する労働者に対して、第１項の申出を行うよう勧奨することができる。

（面接指導における確認事項）

第52条の４　医師は、法第66条の８の面接指導を行うに当たつては、前条第１項の申出を行つた労働者に対し、次に掲げる事項について確認を行うものとする。

一　当該労働者の勤務の状況

二　当該労働者の疲労の蓄積の状況

三　前号に掲げるもののほか、当該労働者の心身の状況

（労働者の希望する医師による面接指導の証明）

第52条の５　法第66条の８第２項ただし書の書面は、当該労働者の受けた法第66条の８の面接指導について、次に掲げる事項を記載したものでなければならない。

一　実施年月日

二　当該労働者の氏名

三　法第66条の８の面接指導を行つた医師の氏名

四　当該労働者の疲労の蓄積の状況

五　前号に掲げるもののほか、当該労働者の心身の状況

（面接指導結果の記録の作成）

第52条の６　事業者は、法第66条の８の面接指導（法第66条の８第２項ただし書の場合において当該労働者が受けたものを含む。次条において同じ。）の結果に基づき、当該法第66条の８の面接指導の結果の記録を作成して、これを５年間保存しなければならない。

2　前項の記録は、前条各号に掲げる事項及び法第66条の８第４項の規定による医師の意見を記載したものでなければならない。

（面接指導の結果についての医師からの意見聴取）

第52条の７　法第66条の８の面接指導の結果に基づく法第66条の８第４項の規定による医師からの意見聴取は、当該法第66条の８の面接指導が行われた後（同条第２項ただし書の場合にあつては、当該労働者が当該法第66条の８の面接指導の結果を証明する書面を事業者に提出した後）、遅滞なく行わなければならない。

（法第66条の８の２第１項の厚生労働省令で定める時間等）

第52条の７の２　法第66条の８の２第１項の厚生労働省令で定める時間は、休憩時間を除き１週間当たり40時間を超えて労働させた場合におけるその超えた時間について、１月当たり100時間とする。

2　第52条の２第２項、第52条の３第１項及び第52条の４から前条までの規定は、法第66条の８の２第１項に規定する面接指導について準用する。この場合において、第52条の２第２項中「前項」とあるのは「第52条の７の２第１項」と、第52条の３第１項中「前条第１項の要件に該当する労働者の申出により」とあるのは「前条第２項の期日

後、遅滞なく」と、第52条の4中「前条第1項の申出を行つた労働者」とあるのは「労働者」と読み替えるものとする。

(法第66条の8の3の厚生労働省令で定める方法等)

第52条の7の3 法第66条の8の3の厚生労働省令で定める方法は、タイムカードによる記録、パーソナルコンピュータ等の電子計算機の使用時間の記録等の客観的な方法その他の適切な方法とする。

2 事業者は、前項に規定する方法により把握した労働時間の状況の記録を作成し、3年間保存するための必要な措置を講じなければならない。

(法第66条の8の4第1項の厚生労働省令で定める時間等)

第52条の7の4 法第66条の8の4第1項の厚生労働省令で定める時間は、1週間当たりの健康管理時間（労働基準法（昭和22年法律第49号）第41条の2第1項第3号に規定する健康管理時間をいう。）が40時間を超えた場合におけるその超えた時間について、1月当たり100時間とする。

2 第52条の2第2項、第52条の3第1項及び第52条の4から第52条の7までの規定は、法第66条の8の4第1項に規定する面接指導について準用する。この場合において、第52条の2第2項中「前項」とあるのは「第52条の7の4第1項」と、第52条の3第1項中「前条第1項の要件に該当する労働者の申出により」とあるのは「前条第2項の期日後、遅滞なく、」と、第52条の4中「前条第1項の申出を行つた労働者」とあるのは「労働者」と読み替えるものとする。

(法第66条の9の必要な措置の実施)

第52条の8 法第66条の9の必要な措置は、法第66条の8の面接指導の実施又は法第66条の8の面接指導に準ずる措置（第3項に該当する者にあつては、法第66条の8の4第1項に規定する面接指導の実施）とする。

2 労働基準法第41条の2第1項の規定により労働する労働者以外の労働者に対して行う法第66条の9の必要な措置は、事業場において定められた当該必要な措置の実施に関する基準に該当する者に対して行うものとする。

3 労働基準法第41条の2第1項の規定により労働する労働者に対して行う法第66条の9の必要な措置は、当該労働者の申出により行うものとする。

(3) 働き方改革を推進するための関係法律の整備に関する法律による改正後の労働安全衛生法及びじん肺法の施行等について（抄）

(平30.9.7基発0907第2号)

第1 産業医・産業保健機能の強化（労働安全衛生法令及びじん肺法令関係）

2 内容

(6) 産業医等に対する健康管理等に必要な情報の提供（新安衛法第13条第4項及び第13条の2第2項並びに新安衛則第14条の2第1項及び第2項並びに第15条の2第3項関係）

　産業医又は新安衛法第13条の２第１項に規定する者（以下「産業医等」という。）が産業医学の専門的立場から労働者の健康の確保のためにより一層効果的な活動を行いやすい環境を整備するため、産業医を選任した事業者は、産業医に対し、労働者の労働時間に関する情報その他の産業医が労働者の健康管理等を適切に行うために必要な情報として、以下のアからウまでの情報を提供しなければならないこととしたものであること（新安衛法第13条第４項及び新安衛則第14条の２第１項）。

ア　既に講じた健康診断実施後の措置、長時間労働者に対する面接指導実施後の措置若しくは労働者の心理的な負担の程度を把握するための検査の結果に基づく面接指導実施後の措置又は講じようとするこれらの措置の内容に関する情報（これらの措置を講じない場合にあっては、その旨及びその理由）

イ　休憩時間を除き１週間当たり40時間を超えて労働させた場合におけるその超えた時間が１月当たり80時間を超えた労働者の氏名及び当該労働者に係る当該超えた時間に関する情報

ウ　ア及びイに掲げるもののほか、労働者の業務に関する情報であって産業医が労働者の健康管理等を適切に行うために必要と認めるもの

　なお、ウの情報の内容については、追って通知する予定であること。

　また、アからウまでの事業者から産業医への情報提供は、以下の情報の区分に応じ、それぞれに規定する時期に行わなければならないこととしたものであること（新安衛法第13条第４項及び新安衛則第14条の２第２項）。

　なお、以下の情報の区分の「イに掲げる情報」及び「ウに掲げる情報」に記載の「速やかに」とは、おおむね２週間以内をいうものであること（以下同じ。）。

アに掲げる情報：健康診断の結果についての医師等からの意見聴取、面接指導の結果についての医師からの意見聴取又は労働者の心理的な負担の程度を把握するための検査の結果に基づく面接指導の結果についての医師からの意見聴取を行った後、遅滞なく提供すること。

イに掲げる情報：当該超えた時間の算定を行った後、速やかに提供すること。

ウに掲げる情報：産業医から当該情報の提供を求められた後、速やかに提供すること。

　さらに、新安衛法第13条の２第１項に規定する者に労働者の健康管理等の全部又は一部を行わせる事業者は、当該規定する者に対して、アからウまでの情報について、各情報の区分に応じ情報提供するように努めなければならないこととしたものであること（新安衛法第13条の２第２項及び新安衛則第15条の２第３項）。

　なお、事業者から産業医への情報提供の方法については、書面により行うことが望ましく、具体的な情報提供の方法については、事業場ごとにあらかじめ事業者と産業医で事前に決めておくことが望ましいこと。

第２　面接指導等（労働安全衛生法令関係）

１　改正の趣旨

　安衛法に定められている面接指導は、長時間労働やストレスを背景とする労働者の

脳・心臓疾患やメンタルヘルス不調を未然に防止することを目的としており，医師が面
接指導において対象労働者に指導を行うだけではなく、事業者が就業上の措置を適切に
講じることができるよう、事業者に対して医学的な見地から意見を述べることが想定さ
れている。

　整備法においては、長時間労働やメンタルヘルス不調などにより、健康リスクが高い
状況にある労働者を見逃さないため、医師による面接指導が確実に実施されるようにし、
労働者の健康管理を強化するものである。

2　内容

(1)　医師による面接指導の対象となる労働者の要件（新安衛法第66条の8第1項及び
新安衛則第52条の2第1項関係）

　　過重労働により脳・心臓疾患等の発症のリスクが高い状況にある労働者を見逃さ
ないよう、労働者の健康管理等を強化するため、新安衛法第66条の8第1項に規定
する厚生労働省令で定める面接指導の対象となる労働者（新安衛法第66条の8の2
第1項に規定する者及び新安衛法第66条の8の4第1項に規定する者を除く。）の
要件を、休憩時間を除き1週間当たり40時間を超えて労働させた場合におけるその
超えた時間が1月当たり80時間を超え、かつ、疲労の蓄積が認められる者に見直し
たものであること。

　　なお、従前のとおり新安衛法第66条の8第1項の面接指導を行うに当たっては、
当該要件に該当する労働者の申出により行うものであること。

(2)　労働者への労働時間に関する情報の通知（新安衛則第52条の2第3項関係）

　　事業者は、(1)の超えた時間の算定を行ったときは、当該超えた時間が1月当たり
80時間を超えた労働者に対し、速やかに、当該労働者に係る当該超えた時間に関す
る情報を通知しなければならないものとしたものであること。

　　なお、当該通知については、研究開発業務に従事する労働者であって当該超えた
時間が1月当たり100時間を超えた労働者及び新安衛法第66条の8の4第1項に規
定する者を除き、新労基法第41条に規定する者及びみなし労働時間制が適用される
労働者を含め、全ての労働者に適用されるものであること。

　　また、従前のとおり第1の2の(6)により当該超えた時間に関する情報を産業医に
提供しなければならないものであること。

　　さらに、当該超えた時間の通知の方法等については、追って通知する予定である
こと。

(3)　研究開発業務に従事する労働者に対する医師による面接指導（新安衛法第66条の
8の2第1項及び第2項並びに新安衛則第52条の7の2第1項及び第2項関係）

　　研究開発業務に従事する労働者については、その業務の特殊性から、新労基法第
36条第11項において、1月について労働時間を延長して労働させ、又は休日におい
て労働させた場合の労働時間の上限の規定を適用しないものとされている。

　　このため、研究開発業務に従事する労働者の健康管理等が適切に行われるよう、
事業者は、その労働時間が休憩時間を除き1週間当たり40時間を超えて労働させた

場合におけるその超えた時間について、1月当たり100時間を超える労働者に対し、当該労働者の申出なしに医師による面接指導を行わなければならないこととしたものであること（新安衛法第66条の8の2第1項及び新安衛則第52条の7の2第1項）。

　また、当該労働者は、当該面接指導を受けなければならないものとするとともに、事業者は、当該面接指導の結果を記録しておかなければならないものとしたものであること。さらに、事業者は、当該面接指導の結果に基づく必要な措置について医師の意見を聴かなければならないものとするとともに、その必要があると認めるときは、就業場所の変更、職務内容の変更、有給休暇（年次有給休暇を除く。）の付与、労働時間の短縮、深夜業の回数の減少等の措置を講じなければならないものとしたものであること（新安衛法第66条の8の2第2項）。

　加えて、新安衛法66条の8第1項の規定による面接指導の実施方法等に係る規定は、研究開発業務に従事する労働者に対する面接指導について準用するとともに、必要な読替えに係る規定を設け、当該面接指導は当該超えた時間の算定の期日後、遅滞なく、労働者に対して行わなければならないこととしたものであること（新安衛則第52条の7の2第2項）。

　なお、休憩時間を除き1週間当たり40時間を超えて労働させた場合におけるその超えた時間が1月当たり100時間を超えない研究開発業務に従事する労働者であっても、当該超えた時間が80時間を超え、かつ、疲労の蓄積が認められる者については、新安衛法66条の8第1項の規定による面接指導の対象となることに留意すること。

⑷　労働時間の状況の把握（新安衛法第66条の8の3並びに新安衛則第52条の7の3第1項及び第2項関係）

　事業者は、新安衛法第66条の8第1項又は新安衛法第66条の8の2第1項の規定による面接指導を実施するため、タイムカードによる記録、パーソナルコンピュータ等の電子計算機の使用時間（ログインからログアウトまでの時間）の記録等の客観的な方法その他の適切な方法により、労働者の労働時間の状況を把握しなければならないこととしたものであること（新安衛則第52条の7の3第1項）。

　なお、新安衛則第52条の7の3第1項に規定するタイムカードによる記録等のほか、客観的な方法その他の適切な方法の具体的な内容については、労働時間の適正な把握のために使用者が講ずべき措置に関するガイドライン（平成29年1月20日策定）を参考に、追って通知する予定であること。

　また、事業者はこれらの方法により把握した労働時間の状況の記録を作成し、3年間保存するための必要な措置を講じなければならないこととしたものであること（新安衛則第52条の7の3第2項）。

3　罰　則（新安衛法第120条関係）

　新安衛法第66条の8の2第1項に違反した者は、新安衛法第120条第1号の罰則の適用があること。

4　施行期日（整備法附則第1条関係）

面接指導に係る改正規定の施行期日は、平成31年4月1日であること。

第3　経過措置

1　整備法附則第5条関係

事業者は、整備法附則第2条（附則第3条第1項の規定により読み替えて適用する場合を含む。）の規定によりなお従前の例によることとされた協定が適用されている労働者に対しては、新安衛法第66条の8の2第1項の規定にかかわらず、同項の規定による面接指導を行うことを要しないものであること。

2　整備令第7条関係

事業者は、新労基法第139条第2項又は第142条の規定により読み替えて適用する新労基法第36条の協定が適用されている労働者に対しては、新安衛法第66条の8の2第1項の規定にかかわらず、同項の規定による面接指導を行うことを要しないものであること。

3　整備則附則第2条関係

新安衛則第14条の2第1項第2号及び第2項第2号、第52条の2第1項及び第3項、第52条の3第1項及び第3項、第52条の4から第52条の7の3までの規定は、平成31年4月1日以降の期間のみを新安衛則第52条の2第1項の超えた時間の算定又は新安衛則第52条の7の2第1項の超えた時間の算定の対象とする場合について適用し、同年3月31日を含む期間をこれらの超えた時間の算定の対象とする場合については、なお従前の例によるものであること。

4　整備則附則第3条関係

新安衛則第14条の2第1項第1号及び第2項第1号の規定は、平成31年4月1日以降に新安衛法第66条の4、第66条の8第4項（新安衛法第66条の8の2第2項において準用する場合を含む。）又は第66条の10第5項の規定による医師又は歯科医師からの意見聴取を行った場合について適用するものであること。

(4)　働き方改革を推進するための関係法律の整備に関する法律による改正後の労働安全衛生法及びじん肺法関係の解釈等について（抄）

（平30.12.28基発1228第16号）

第1　産業医・産業保健機能の強化（労働安全衛生法令及びじん肺法令関係）

〈産業医等に対する健康管理等に必要な情報の提供（新安衛法第13条第4項及び第13条の2第2項並びに新安衛則第14条の2第1項及び第2項並びに第15条の2第3項関係）〉

問5　事業者が産業医等に提供する労働者の健康管理等を行うために必要な情報のうち、「休憩時間を除き1週間当たり40時間を超えて労働させた場合におけるその超えた時間（以下「時間外・休日労働時間」という。）が1月当たり80時間を超えた労働者の氏名、当該労働者に係る当該超えた時間に関する情報」とあるが、該当する労働者がいない場合においても、産業医に情報を提供しなければならないか。

答5 時間外・休日労働が1月当たり80時間を超えた労働者がいない場合においては、該当者がいないという情報を産業医に情報提供する必要がある。

問6 事業者が産業医等に提供する労働者の健康管理等を行うために必要な情報のうち、「労働者の業務に関する情報であって産業医が労働者の健康管理等を適切に行うために必要と認めるもの」には、どのようなものが含まれるか。

答6 「労働者の業務に関する情報であって産業医が労働者の健康管理等を適切に行うために必要と認めるもの」には、①労働者の作業環境、②労働時間、③作業態様、④作業負荷の状況、⑤深夜業等の回数・時間数などのうち、産業医が労働者の健康管理等を適切に行うために必要と認めるものが含まれる。

なお、必要と認めるものについては、事業場ごとに、あらかじめ、事業者と産業医とで相談しておくことが望ましい。

また、健康管理との関連性が不明なものについて、産業医等から求めがあった場合には、産業医等に説明を求め、個別に確認することが望ましい。

問7 事業者は、産業医等に労働者の健康管理等に必要な情報を書面により提供しなければならないのか。また、事業者が産業医等に提供した情報については、保存しておく必要があるか。

答7 事業者が産業医等に情報を提供する方法としては、書面による交付のほか、磁気テープ、磁気ディスクその他これらに準ずる物に記録して提供する方法や電子メールにより提供する方法等がある。

また、産業医等に提供した情報については、記録・保存しておくことが望ましい。

第2 面接指導等（労働安全衛生法令関係）
〈医師による面接指導の対象となる労働者の要件（新安衛法第66条の8第1項及び新安衛則第52条の2第1項関係）〉

問1 新安衛則第52条の2第1項の規定においては、時間外・休日労働時間が1月当たり80時間を超えた場合（かつ、当該労働者が疲労の蓄積の認められる者である場合）に面接指導の対象となるが、所定労働時間が1週間当たり40時間に満たない事業場においては、1週間当たり40時間（法定労働時間）と所定労働時間のどちらを基準として算定すればよいか。

答1 時間外・休日労働時間が1月当たり80時間を超えた時間については、1週間当たり40時間（法定労働時間）を基準として、新安衛法第66条の8の3に基づき把握した労働時間の状況により、当該超えた時間を算定すればよい。

問2 海外派遣された労働者（短期の海外出張などであって、整備法による改正後の労働基準法（昭和22年法律第49号。以下「新労基法」という。）が適用される場合に限る。）について、時間外・休日労働時間の算定後（労働者からの申出が必要な場合は申出後）、遅滞なく、面接指導を実施することが困難な場合には、面接指導の実施方法・時期はどのようにすればよいか。

答2 海外派遣された労働者が面接指導の対象となった場合には、平成27年9月15日付

け基発 0915 第 5 号「情報通信機器を用いた労働安全衛生法第 66 条の 8 第 1 項及び第 66 条の 10 第 3 項の規定に基づく医師による面接指導の実施について」に基づき、情報通信機器を用いた面接指導を実施することが適当である。

また、上記の対応が困難な場合には、書面や電子メール等により当該労働者の健康状態を可能な限り確認し、必要な措置を講じることが適当であり、この場合には、帰国後、面接指導の実施が可能な状況となり次第、速やかに実施する必要がある。

〈労働者への労働時間に関する情報の通知（新安衛則第 52 条の 2 第 3 項関係）〉

問 3 労働者に通知する「当該超えた時間に関する情報」（以下「労働時間に関する情報」という。）とは、どのようなものか。

答 3 「労働時間に関する情報」とは、時間外・休日労働時間数を指すものであり、通知対象は、当該超えた時間が 1 月当たり 80 時間を超えた労働者である。

当該通知は、疲労の蓄積が認められる労働者の面接指導の申出を促すものであり、労働時間に関する情報のほか、面接指導の実施方法・時期等の案内を併せて行うことが望ましい。

また、新労基法第 36 条第 11 項に規定する業務に従事する労働者（以下「研究開発業務従事者」という。）については、時間外・休日労働時間が 1 月当たり 100 時間を超えたものに対して、申出なしに面接指導を行わなければならないため、事業者は、対象労働者に対して、労働時間に関する情報を、面接指導の案内と併せて通知する必要がある。

問 4 労働者への労働時間に関する情報の通知は、どのような方法で行えばよいか。

答 4 事業者は、新安衛則第 52 条の 2 第 2 項の規定により、1 月当たりの時間外・休日労働時間の算定を毎月 1 回以上、一定の期日を定めて行う必要があり、当該時間が 1 月当たり 80 時間を超えた労働者に対して、当該超えた時間を書面や電子メール等により通知する方法が適当である。

なお、給与明細に時間外・休日労働時間数が記載されている場合には、これをもって労働時間に関する情報の通知としても差し支えない。

問 5 労働者に対する労働時間に関する情報の通知は、どのような時期に行えばよいか。

答 5 事業者は、新安衛則第 52 条の 2 第 3 項の規定により、時間外・休日労働時間が 1 月当たり 80 時間を超えた労働者に対して、当該超えた時間の算定後、速やかに（おおむね 2 週間以内をいう。）通知する必要がある。

問 6 時間外・休日労働時間が 1 月当たり 80 時間を超えない労働者から、労働時間に関する情報について開示を求められた場合には、応じる必要はあるか。

答 6 労働者が自らの労働時間に関する情報を把握し、健康管理を行う動機付けとする観点から、時間外・休日労働時間が 1 月当たり 80 時間を超えない労働者から、労働時間に関する情報について開示を求められた場合には、これに応じることが望ましい。

〈研究開発業務従事者に対する医師による面接指導（新安衛法第 66 条の 8 の 2 第 1 項及び第 2 項並びに新安衛則第 52 条の 7 の 2 第 1 項及び第 2 項関係）〉

問7 研究開発業務従事者に対する面接指導について、時間外・休日労働時間が1月当たり100時間を超える労働者のみが対象か。

答7 研究開発業務労働者の面接指導については、新安衛法第66条の8の2第1項の規定により、時間外・休日労働時間が1月当たり100時間を超えた場合には、当該労働者からの面接指導の申出なしに、事業者は、面接指導を行わなければならない。

　　また、時間外・休日労働時間が1月当たり100時間を超えない場合であっても、当該超えた時間が80時間を超え、かつ、疲労の蓄積が認められた場合には、新安衛法第66条の8第1項の規定により、面接指導の対象となるため、当該労働者から面接指導の申出があれば、事業者は、面接指導を行わなければならない。

〈**労働時間の状況の把握（新安衛法第66条の8の3並びに新安衛則第52条の7の3第1項及び第2項関係）**〉

問8 「労働時間の状況」として、事業者は、どのようなことを把握すればよいか。

答8 新安衛法第66条の8の3に規定する労働時間の状況の把握とは、労働者の健康確保措置を適切に実施する観点から、労働者がいかなる時間帯にどの程度の時間、労務を提供し得る状態にあったかを把握するものである。

　　事業者が労働時間の状況を把握する方法としては、原則として、タイムカード、パーソナルコンピュータ等の電子計算機の使用時間（ログインからログアウトまでの時間）の記録、事業者（事業者から労働時間の状況を管理する権限を委譲された者を含む。）の現認等の客観的な記録により、労働者の労働日ごとの出退勤時刻や入退室時刻の記録等を把握しなければならない。

　　なお、労働時間の状況の把握は、労働基準法施行規則（昭和22年厚生省令第23号）第54条第1項第5号に掲げる賃金台帳に記入した労働時間数をもって、それに代えることができるものである。

　　ただし、労基法第41条各号に掲げる者（以下「管理監督者等」という。）並びに労基法第38条の2に規定する事業場外労働のみなし労働時間制が適用される労働者（以下「事業場外労働のみなし労働時間制の適用者」という。）並びに労基法第38条の3第1項及び第38条の4第1項に規定する業務に従事する労働者（以下「裁量労働制の適用者」という。）については、この限りではない。

問9 面接指導の要否については、休憩時間を除き1週間当たり40時間を超えて労働させた場合におけるその超えた時間（時間外・休日労働時間）により判断することとされているが、個々の事業場の事情により、休憩時間や食事時間（以下「休憩時間等」という。）を含めた時間により、労働時間の状況を把握した場合には、当該時間をもって、面接指導の要否を判断することとしてよいか。

答9 面接指導の要否については、休憩時間を除き1週間当たり40時間を超えて労働させた場合におけるその超えた時間（時間外・休日労働時間）により、判断することとなる。

　　なお、個々の事業場の事情により、休憩時間等を除くことができず、休憩時間等を含めた時間により労働時間の状況を把握した労働者については、当該時間をもって、判断

することとなる。

問10 労働時間の状況を把握しなければならない労働者には、裁量労働制の適用者や管理監督者も含まれるか。

答10 労働時間の状況の把握は、労働者の健康確保措置を適切に実施するためのものであり、その対象となる労働者は、新労基法第41条の2第1項に規定する業務に従事する労働者（高度プロフェッショナル制度の適用者）を除き、①研究開発業務従事者、②事業場外労働のみなし労働時間制の適用者、③裁量労働制の適用者、④管理監督者等、⑤労働者派遣事業の適正な運営の確保及び派遣労働者の保護等に関する法律（昭和60年法律第88号）第2条第2号に規定する労働者（派遣労働者）、⑥短時間労働者の雇用管理の改善等に関する法律（平成5年法律第76号）第2条に規定する労働者（短時間労働者）、⑦労働契約法（平成19年法律第128号）第17条第1項に規定する労働契約を締結した労働者（有期契約労働者）を含めた全ての労働者である。

問11 労働時間の状況の把握方法について、新安衛則第52条の7の3第1項に規定する「その他の適切な方法」とは、どのようなものか。

答11 「その他の適切な方法」としては、やむを得ず客観的な方法により把握し難い場合において、労働者の自己申告による把握が考えられるが、その場合には、事業者は、以下のアからオまでの措置を全て講じる必要がある。

ア　自己申告制の対象となる労働者に対して、労働時間の状況の実態を正しく記録し、適正に自己申告を行うことなどについて十分な説明を行うこと。

イ　実際に労働時間の状況を管理する者に対して、自己申告制の適正な運用を含め、講ずべき措置について十分な説明を行うこと。

ウ　自己申告により把握した労働時間の状況が実際の労働時間の状況と合致しているか否かについて、必要に応じて実態調査を実施し、所要の労働時間の状況の補正をすること。

エ　自己申告した労働時間の状況を超えて事業場内にいる時間又は事業場外において労務を提供し得る状態であった時間について、その理由等を労働者に報告させる場合には、当該報告が適正に行われているかについて確認すること。

　　その際に、休憩や自主的な研修、教育訓練、学習等であるため労働時間の状況ではないと報告されていても、実際には、事業者の指示により業務に従事しているなど、事業者の指揮命令下に置かれていたと認められる時間については、労働時間の状況として扱わなければならないこと。

オ　自己申告制は、労働者による適正な申告を前提として成り立つものである。このため、事業者は、労働者が自己申告できる労働時間の状況に上限を設け、上限を超える申告を認めないなど、労働者による労働時間の状況の適正な申告を阻害する措置を講じてはならないこと。

　　また、時間外労働時間の削減のための社内通達や時間外労働手当の定額払等労働時間に係る事業場の措置が、労働者の労働時間の状況の適正な申告を阻害する要因となっていないかについて確認するとともに、当該阻害要因となっている場合において

は、改善のための措置を講ずること。

　さらに、新労基法の定める法定労働時間や時間外労働に関する労使協定（いわゆる36協定）により延長することができる時間数を遵守することは当然であるが、実際には延長することができる時間数を超えて労働しているにもかかわらず、記録上これを守っているようにすることが、実際に労働時間の状況を管理する者や労働者等において、慣習的に行われていないかについても確認すること。

問12 労働時間の状況の把握方法について、「やむを得ず客観的な方法により把握し難い場合」とは、どのようなものか。

答12 「やむを得ず客観的な方法により把握し難い場合」としては、例えば、労働者が事業場外において行う業務に直行又は直帰する場合など、事業者の現認を含め、労働時間の状況を客観的に把握する手段がない場合があり、この場合に該当するかは、当該労働者の働き方の実態や法の趣旨を踏まえ、適切な方法を個別に判断すること。

　ただし、労働者が事業場外において行う業務に直行又は直帰する場合などにおいても、例えば、事業場外から社内システムにアクセスすることが可能であり、客観的な方法による労働時間の状況を把握できる場合もあるため、直行又は直帰であることのみを理由として、自己申告により労働時間の状況を把握することは、認められない。

　また、タイムカードによる出退勤時刻や入退室時刻の記録やパーソナルコンピュータの使用時間の記録などのデータを有する場合や事業者の現認により当該労働者の労働時間を把握できる場合にもかかわらず、自己申告による把握のみにより労働時間の状況を把握することは、認められない。

問13 労働時間の状況を自己申告により把握する場合に、日々の把握が必要になるか。

答13 労働時間の状況を自己申告により把握する場合には、その日の労働時間の状況を翌労働日までに自己申告させる方法が適当である。

　なお、労働者が宿泊を伴う出張を行っているなど、労働時間の状況を労働日ごとに自己申告により把握することが困難な場合には、後日一括して、それぞれの日の労働時間の状況を自己申告させることとしても差し支えない。

　ただし、このような場合であっても、事業者は、新安衛則第52条の2第2項及び第3項の規定により、時間外・休日労働時間の算定を毎月1回以上、一定の期日を定めて行う必要があるので、これを遵守できるように、労働者が出張の途中であっても、当該労働時間の状況について自己申告を求めなければならない場合があることには、留意する必要がある。

問14 平成30年9月7日付け基発0907第2号の記の第2の2(4)で「また、事業者はこれらの方法により把握した労働時間の状況の記録を作成し、…」となっているが、パーソナルコンピュータ等の電子計算機の使用時間（ログインからログアウトまでの時間）の記録を紙媒体で毎月出力して記録するという趣旨か。

答14 労働時間の状況の記録・保存の方法については、紙媒体で出力することによる記録のほか、磁気テープ、磁気ディスクその他これに準ずるものに記録・保存することでも差し支えない。

⑸　労働時間の適正な把握のために使用者が講ずべき措置に関するガイドライン

（平 29.1.20 基発 0120 第 3 号）

1　趣旨

　　労働基準法においては、労働時間、休日、深夜業等について規定を設けていることから、使用者は、労働時間を適正に把握するなど労働時間を適切に管理する責務を有している。

　　しかしながら、現状をみると、労働時間の把握に係る自己申告制（労働者が自己の労働時間を自主的に申告することにより労働時間を把握するもの。以下同じ。）の不適正な運用等に伴い、同法に違反する過重な長時間労働や割増賃金の未払いといった問題が生じているなど、使用者が労働時間を適切に管理していない状況もみられるところである。

　　このため、本ガイドラインでは、労働時間の適正な把握のために使用者が講ずべき措置を具体的に明らかにする。

2　適用の範囲

　　本ガイドラインの対象事業場は、労働基準法のうち労働時間に係る規定が適用される全ての事業場であること。

　　また、本ガイドラインに基づき使用者（使用者から労働時間を管理する権限の委譲を受けた者を含む。以下同じ。）が労働時間の適正な把握を行うべき対象労働者は、労働基準法第 41 条に定める者及びみなし労働時間制が適用される労働者（事業場外労働を行う者にあっては、みなし労働時間制が適用される時間に限る。）を除く全ての者であること。

　　なお、本ガイドラインが適用されない労働者についても、健康確保を図る必要があることから、使用者において適正な労働時間管理を行う責務があること。

3　労働時間の考え方

　　労働時間とは、使用者の指揮命令下に置かれている時間のことをいい、使用者の明示又は黙示の指示により労働者が業務に従事する時間は労働時間に当たる。そのため、次のアからウのような時間は、労働時間として扱わなければならないこと。

　　ただし、これら以外の時間についても、使用者の指揮命令下に置かれていると評価される時間については労働時間として取り扱うこと。

　　なお、労働時間に該当するか否かは、労働契約、就業規則、労働協約等の定めのいかんによらず、労働者の行為が使用者の指揮命令下に置かれたものと評価することができるか否かにより客観的に定まるものであること。また、客観的に見て使用者の指揮命令下に置かれていると評価されるかどうかは、労働者の行為が使用者から義務づけられ、又はこれを余儀なくされていた等の状況の有無等から、個別具体的に判断されるものであること。

　ア　使用者の指示により、就業を命じられた業務に必要な準備行為（着用を義務付けられた所定の服装への着替え等）や業務終了後の業務に関連した後始末（清掃等）を事業場内において行った時間

　イ　使用者の指示があった場合には即時に業務に従事することを求められており、労働から離れることが保障されていない状態で待機等している時間（いわゆる「手待時間」）

　ウ　参加することが業務上義務づけられている研修・教育訓練の受講や、使用者の指示により業務に必要な学習等を行っていた時間

4　労働時間の適正な把握のために使用者が講ずべき措置

(1)　始業・終業時刻の確認及び記録

　　使用者は、労働時間を適正に把握するため、労働者の労働日ごとの始業・終業時刻を確認し、これを記録すること。

(2)　始業・終業時刻の確認及び記録の原則的な方法

　　使用者が始業・終業時刻を確認し、記録する方法としては、原則として次のいずれかの方法によること。

　ア　使用者が、自ら現認することにより確認し、適正に記録すること。

　イ　タイムカード、ICカード、パソコンの使用時間の記録等の客観的な記録を基礎として確認し、適正に記録すること。

(3)　自己申告制により始業・終業時刻の確認及び記録を行う場合の措置

　　上記(2)の方法によることなく、自己申告制によりこれを行わざるを得ない場合、使用者は次の措置を講ずること。

　ア　自己申告制の対象となる労働者に対して、本ガイドラインを踏まえ、労働時間の実態を正しく記録し、適正に自己申告を行うことなどについて十分な説明を行うこと。

　イ　実際に労働時間を管理する者に対して、自己申告制の適正な運用を含め、本ガイドラインに従い講ずべき措置について十分な説明を行うこと。

　ウ　自己申告により把握した労働時間が実際の労働時間と合致しているか否かについて、必要に応じて実態調査を実施し、所要の労働時間の補正をすること。

　　特に、入退場記録やパソコンの使用時間の記録など、事業場内にいた時間の分かるデータを有している場合に、労働者からの自己申告により把握した労働時間と当該データで分かった事業場内にいた時間との間に著しい乖離が生じているときには、実態調査を実施し、所要の労働時間の補正をすること。

　エ　自己申告した労働時間を超えて事業場内にいる時間について、その理由等を労働者に報告させる場合には、当該報告が適正に行われているかについて確認すること。

　　その際、休憩や自主的な研修、教育訓練、学習等であるため労働時間ではないと報告されていても、実際には、使用者の指示により業務に従事しているなど使用者の指揮命令下に置かれていたと認められる時間については、労働時間として扱わなければならないこと。

　オ　自己申告制は、労働者による適正な申告を前提として成り立つものである。このため、使用者は、労働者が自己申告できる時間外労働の時間数に上限を設け、上限を超える申告を認めない等、労働者による労働時間の適正な申告を阻害する措置を講じてはならないこと。

　　また、時間外労働時間の削減のための社内通達や時間外労働手当の定額払等労働時間に係る事業場の措置が、労働者の労働時間の適正な申告を阻害する要因となっていないかについて確認するとともに、当該要因となっている場合においては、改

善のための措置を講ずること。

　さらに、労働基準法の定める法定労働時間や時間外労働に関する労使協定（いわゆる 36 協定）により延長することができる時間数を遵守することは当然であるが、実際には延長することができる時間数を超えて労働しているにもかかわらず、記録上これを守っているようにすることが、実際に労働時間を管理する者や労働者等において、慣習的に行われていないかについても確認すること。

(4)　賃金台帳の適正な調製

　使用者は、労働基準法第 108 条及び同法施行規則第 54 条により、労働者ごとに、労働日数、労働時間数、休日労働時間数、時間外労働時間数、深夜労働時間数といった事項を適正に記入しなければならないこと。

　また、賃金台帳にこれらの事項を記入していない場合や、故意に賃金台帳に虚偽の労働時間数を記入した場合は、同法第 120 条に基づき、30 万円以下の罰金に処されること。

(5)　労働時間の記録に関する書類の保存

　使用者は、労働者名簿、賃金台帳のみならず、出勤簿やタイムカード等の労働時間の記録に関する書類について、労働基準法第 109 条に基づき、3 年間保存しなければならないこと。

(6)　労働時間を管理する者の職務

　事業場において労務管理を行う部署の責任者は、当該事業場内における労働時間の適正な把握等労働時間管理の適正化に関する事項を管理し、労働時間管理上の問題点の把握及びその解消を図ること。

(7)　労働時間等設定改善委員会等の活用

　使用者は、事業場の労働時間管理の状況を踏まえ、必要に応じ労働時間等設定改善委員会等の労使協議組織を活用し、労働時間管理の現状を把握の上、労働時間管理上の問題点及びその解消策等の検討を行うこと。

Ⅵ （参考）平成 30 年改正前の労働基準法第 36 条およびその関連法令等

⑴　労働基準法（抄）

（昭 22.4.7 法律第 49 号）

（最終改正　平 29.6.2 法律第 45 号）

（時間外及び休日の労働）

第 36 条　使用者は、当該事業場に、労働者の過半数で組織する労働組合がある場合においてはその労働組合、労働者の過半数で組織する労働組合がない場合においては労働者の過半数を代表する者との書面による協定をし、これを行政官庁に届け出た場合においては、第 32 条から第 32 条の 5 まで若しくは第 40 条の労働時間（以下この条において「労働時間」という。）又は前条の休日（以下この項において「休日」という。）に関する規定にかかわらず、その協定で定めるところによつて労働時間を延長し、又は休日に労働させることができる。ただし、坑内労働その他厚生労働省令で定める健康上特に有害な業務の労働時間の延長は、1 日について 2 時間を超えてはならない。

②　厚生労働大臣は、労働時間の延長を適正なものとするため、前項の協定で定める労働時間の延長の限度、当該労働時間の延長に係る割増賃金の率その他の必要な事項について、労働者の福祉、時間外労働の動向その他の事情を考慮して基準を定めることができる。

③　第 1 項の協定をする使用者及び労働組合又は労働者の過半数を代表する者は、当該協定で労働時間の延長を定めるに当たり、当該協定の内容が前項の基準に適合したものとなるようにしなければならない。

④　行政官庁は、第 2 項の基準に関し、第 1 項の協定をする使用者及び労働組合又は労働者の過半数を代表する者に対し、必要な助言及び指導を行うことができる。

⑵　労働基準法施行規則（抄）

（昭 22.8.30 厚生省令第 23 号）

（最終改正　平 30.3.9 厚生労働省令第 21 号）

〈時間外及び休日労働の協定〉

第 16 条　使用者は、法第 36 条第 1 項の協定をする場合には、時間外又は休日の労働をさせる必要のある具体的事由、業務の種類、労働者の数並びに 1 日及び 1 日を超える一定の期間についての延長することができる時間又は労働させることができる休日について、協定しなければならない。

②　前項の協定（労働協約による場合を除く。）には、有効期間の定めをするものとする。

③　前 2 項の規定は、労使委員会の決議及び労働時間等設定改善委員会の決議について準

用する。

〈時間外及び休日労働の届出〉

第17条 法第36条第1項の規定による届出は、様式第9号（第24条の2第4項の規定により法第38条の2第2項の協定の内容を法第36条第1項の規定による届出に付記して届け出る場合にあつては様式第9号の2、労使委員会の決議を届け出る場合にあつては様式第9号の3、労働時間等設定改善委員会の決議を届け出る場合にあつては様式第9号の4）により、所轄労働基準監督署長にしなければならない。

② 法第36条第1項に規定する協定（労使委員会の決議及び労働時間等設定改善委員会の決議を含む。以下この項において同じ。）を更新しようとするときは、使用者は、その旨の協定を所轄労働基準監督署長に届け出ることによつて、前項の届出にかえることができる。

〈時間外労働の時間の制限業務〉

第18条 法第36条第1項ただし書の規定による労働時間の延長が2時間を超えてはならない業務は、次のものとする。

一　多量の高熱物体を取り扱う業務及び著しく暑熱な場所における業務

二　多量の低温物体を取り扱う業務及び著しく寒冷な場所における業務

三　ラジウム放射線、エックス線その他の有害放射線にさらされる業務

四　土石、獣毛等のじんあい又は粉末を著しく飛散する場所における業務

五　異常気圧下における業務

六　削岩機、鋲打機等の使用によつて身体に著しい振動を与える業務

七　重量物の取扱い等重激なる業務

八　ボイラー製造等強烈な騒音を発する場所における業務

九　鉛、水銀、クロム、砒素、黄りん、弗素、塩素、塩酸、硝酸、亜硫酸、硫酸、一酸化炭素、二硫化炭素、青酸、ベンゼン、アニリン、その他これに準ずる有害物の粉じん、蒸気又はガスを発散する場所における業務

十　前各号のほか、厚生労働大臣の指定する業務

(3) 労働基準法第36条第1項の協定で定める労働時間の延長の限度等に関する基準

（平10.12.28労働省告示第154号）

（最終改正　平21.5.29厚生労働省告示第316号）

（業務区分の細分化）

第1条 労働基準法（以下「法」という。）第36条第1項の協定（労働時間の延長に係るものに限る。以下「時間外労働協定」という。）をする使用者及び労働組合又は労働者の過半数を代表する者（以下「労使当事者」という。）は、時間外労働協定において労働時間を延長する必要のある業務の種類について定めるに当たっては、業務の区分を細分化することにより当該必要のある業務の範囲を明確にしなければならない。

（一定期間の区分）

第2条　労使当事者は、時間外労働協定において1日を超える一定の期間（以下「一定期間」という。）についての延長することができる時間（以下「一定期間についての延長時間」という。）を定めるに当たっては、当該一定期間は1日を超え3箇月以内の期間及び1年間としなければならない。

（一定期間についての延長時間の限度）

第3条　労使当事者は、時間外労働協定において一定期間についての延長時間を定めるに当たっては、当該一定期間についての延長時間は、別表第一の上欄に掲げる期間の区分に応じ、それぞれ同表の下欄に掲げる限度時間を超えないものとしなければならない。ただし、あらかじめ、限度時間以内の時間の一定期間についての延長時間を定め、かつ、限度時間を超えて労働時間を延長しなければならない特別の事情（臨時的なものに限る。）が生じたときに限り、一定期間についての延長時間を定めた当該一定期間ごとに、労使当事者間において定める手続を経て、限度時間を超える一定の時間まで労働時間を延長することができる旨及び限度時間を超える時間の労働に係る割増賃金の率を定める場合は、この限りでない。

2　労使当事者は、前項ただし書の規定により限度時間を超える一定の時間まで労働時間を延長することができる旨を定めるに当たっては、当該延長することができる労働時間をできる限り短くするように努めなければならない。

3　労使当事者は、第1項ただし書の規定により限度時間を超える時間の労働に係る割増賃金の率を定めるに当たっては、当該割増賃金の率を、法第36条第1項の規定により延長した労働時間の労働について法第37条第1項の政令で定める率を超える率とするように努めなければならない。

（1年単位の変形労働時間制における一定期間についての延長時間の限度）

第4条　労使当事者は、時間外労働協定において法第32条の4の規定による労働時間により労働する労働者（3箇月を超える期間を同条第1項第2号の対象期間として定める同項の協定において定める同項第1号の労働者の範囲に属する者に限る。）に係る一定期間についての延長時間を定める場合は、前条の規定にかかわらず、当該労働者に係る一定期間についての延長時間は、別表第二の上欄に掲げる期間の区分に応じ、それぞれ同表の下欄に掲げる限度時間を超えないものとしなければならない。

2　前条第1項ただし書、第2項及び第3項の規定は、法第32条の4第1項の協定が締結されている事業場の労使当事者について準用する。

（適用除外）

第5条　次に掲げる事業又は業務に係る時間外労働協定については、前2条の規定（第4号に掲げる事業又は業務に係る時間外労働協定については、厚生労働省労働基準局長が指定する範囲に限る。）は適用しない。

一　工作物の建設等の事業

二　自動車の運転の業務

三　新技術、新商品等の研究開発の業務

四　季節的要因等により事業活動若しくは業務量の変動が著しい事業若しくは業務又は公益上の必要により集中的な作業が必要とされる業務として厚生労働省労働基準局長が指定するもの

別表第一（第3条関係）

期　　間	限度時間
1週間	15時間
2週間	27時間
4週間	43時間
1箇月	45時間
2箇月	81時間
3箇月	120時間
1年間	360時間

備考　一定期間が次のいずれかに該当する場合は、限度時間は、当該一定期間の区分に応じ、それぞれに定める時間（その時間に1時間未満の端数があるときは、これを1時間に切り上げる。）とする。
一　1日を超え1週間未満の日数を単位とする期間　15時間に当該日数を7で除して得た数を乗じて得た時間
二　1週間を超え2週間未満の日数を単位とする期間　27時間に当該日数を14で除して得た数を乗じて得た時間
三　2週間を超え4週間未満の日数を単位とする期間　43時間に当該日数を28で除して得た数を乗じて得た時間（その時間が27時間を下回るときは、27時間）
四　1箇月を超え2箇月未満の日数を単位とする期間　81時間に当該日数を60で除して得た数を乗じて得た時間（その時間が45時間を下回るときは、45時間）
五　2箇月を超え3箇月未満の日数を単位とする期間　120時間に当該日数を90で除して得た数を乗じて得た時間（その時間が81時間を下回るときは、81時間）

別表第二（第四条関係）

期　　間	限度時間
1週間	14時間
2週間	25時間
4週間	40時間
1箇月	42時間
2箇月	75時間
3箇月	110時間
1年間	320時間

備考　一定期間が次のいずれかに該当する場合は、限度時間は、当該一定期間の区分に応じ、それぞれに定める時間（その時間に 1 時間未満の端数があるときは、これを 1 時間に切り上げる。）とする。

一　1 日を超え 1 週間未満の日数を単位とする期間　14 時間に当該日数を 7 で除して得た数を乗じて得た時間

二　1 週間を超え 2 週間未満の日数を単位とする期間　25 時間に当該日数を 14 で除して得た数を乗じて得た時間

三　2 週間を超え 4 週間未満の日数を単位とする期間　40 時間に当該日数を 28 で除して得た数を乗じて得た時間（その時間が 25 時間を下回るときは、25 時間）

四　1 箇月を超え 2 箇月未満の日数を単位とする期間　75 時間に当該日数を 60 で除して得た数を乗じて得た時間（その時間が 42 時間を下回るときは、42 時間）

五　2 箇月を超え 3 箇月未満の日数を単位とする期間　110 時間に当該日数を 90 で除して得た数を乗じて得た時間（その時間が 75 時間を下回るときは、75 時間）

---

(4)　限度基準に関する行政解釈通達

【限度基準の遵守】　労使当事者は、時間外労働協定を締結する際には、その内容が限度基準に適合したものとなるようにしなければならないものとされたものであること。

（平 11.1.29 基発第 45 号）

【助言及び指導】　労働基準監督署長は、限度基準に適合しない時間外労働協定の届出がされた場合にその是正を求める等限度基準に関し、労使当事者に対し、必要な助言及び指導を行うことができるものであること。

（平 11.1.29 基発第 45 号）

【限度基準の遵守、助言及び指導】　法第 36 条第 3 項の規定に基づき、労使当事者は、時間外労働協定を締結する際には、その内容が限度基準に適合したものとなるようにしなければならないこととされており、法第 36 条第 4 項の規定に基づき、労働基準監督署長は、限度基準に適合しない時間外労働協定の届出がされた場合にその是正を求めるなど限度基準に関し、労使当事者に対し、必要な助言及び指導を行うことができることとされている。

このため、特別条項付き協定において限度時間を超える時間外労働に係る割増賃金率が定められていないなど特別条項付き協定が限度基準に適合していない場合には、労働基準監督署長による助言及び指導の対象となるものであること。

（平 21.5.29 基発第 0529001 号）

【限度基準で定めることができる事項】　使用者に対し経済的負担を課すことによって時間

外労働を抑制するという割増賃金の機能を踏まえ、法第36条第2項において、限度基準で定めることができる事項として、割増賃金の率に関する事項を追加したものであること。

（平21.5.29基発第0529001号）

【特別条項にいう「特別の事情」の意義】

一　改正の趣旨

　　限度基準において、「特別の事情」とは臨時的なものに限ることを明確にすること。

二　改正の内容

⑴　「特別の事情」は、臨時的なものに限ることとすること。

　　この場合、「臨時的なもの」とは、一時的又は突発的に時間外労働を行わせる必要があるものであり、全体として1年の半分を超えないことが見込まれるものであって、具体的な事由を挙げず、単に「業務の都合上必要なとき」又は「業務上やむを得ないとき」と定める等恒常的な長時間労働を招くおそれがあるもの等については、「臨時的なもの」に該当しないものであること。

⑵　「特別の事情」は「臨時的なもの」に限ることを徹底する趣旨から、特別条項付き協定には、1日を超え3箇月以内の一定期間について、原則となる延長時間を超え、特別延長時間まで労働時間を延長することができる回数を協定するものと取り扱うこととし、当該回数については、特定の労働者についての特別条項付き協定の適用が1年のうち半分を超えないものとすること。

⑶　「特別の事情」については、できる限り詳細に協定を行い、届け出るよう指導すること。

⑷　提出された協定に回数の定めがない場合は、「特別の事情」が「臨時的なもの」であることが協定上明らかである場合を除き、限度基準に適合しないものとして必要な助言及び指導の対象となるものであること。

（平15.10.22基発第1022003号）

【限度時間を超えている協定の効力】

問　延長時間が限度時間を超えている時間外労働協定の効力如何。

答　延長時間が限度時間を超えている時間外労働協定も直ちに無効とはならない。

　なお、当該協定に基づく限度時間を超える時間外労働の業務命令については、合理的な理由がないものとして民事上争い得るものと考えられる。

（平11.3.31基発第169号）

改訂8版　36協定締結の手引

平成5年3月15日　新版発行
令和5年10月31日　改訂8版発行
令和6年5月27日　改訂8版第2刷発行

編　者　　労　働　調　査　会
発行人　　藤　澤　直　明
発行所　　労　働　調　査　会

〒170-0004　東京都豊島区北大塚2-4-5
ＴＥＬ　03（3915）6401
ＦＡＸ　03（3918）8618
https://www.chosakai.co.jp/

ISBN978-4-86788-002-9　C2032